Blanca Rosenberg
»Versuch zu überleben ...«
Polen 1941-1945

Aus dem Amerikanischen von
Herbert Uhl und Fritz Kunle

Jüdischer Verlag
Frankfurt am Main

Titel der Originalausgabe:
To Tell at Last: Survival under False Identity, 1941–45
© 1993 by the Board of Trustees of the University of Illinois

Zweite Auflage 1996
© Jüdischer Verlag im Suhrkamp Verlag
Frankfurt am Main 1996
Alle Rechte vorbehalten
Satz: Bibliomania GmbH, Frankfurt am Main
Druck: Allgäuer Zeitungsverlag, Kempten
Printed in Germany

Inhalt

Wenn Du mich je in Deinem Herzen trugst
Bleib eine Zeit noch fern der Seligkeit
Und atm' in dieser rauhen Welt mit Müh'
Um zu berichten mein Geschick
Hamlet

*Zur Erinnerung für all meine Lieben
und für meine Kinder Alex und Mark und
meine Enkelkinder Adrianne und Eugene*

Vorwort

Wie begannen diese Erinnerungen? Welche Kräfte setzten den schmerzhaften Erinnerungsprozeß in Gang? In den ersten Jahren nach meiner Ankunft in Amerika, meinem neuen Adoptivland, war ich aufgewühlt und verwirrt. Ich dachte nach wie vor in meiner polnischen Muttersprache, während ich Englisch lernte. Meine Füße begannen auf neuem Boden zu gehen, während ich mich anzupassen und neue Wurzeln zu finden versuchte. Doch mein Herz gehörte immer noch dem Erdteil, in dem ich meine Jugend verbracht hatte. In jenen frühen Tagen und Jahren in der Neuen Welt war ich sehr einsam. Schreckliche Erinnerungen an den Krieg quälten mich, und ich lebte mit einem Schuldgefühl, weil zufällig ich überlebt hatte.

In jener Zeit, 1950–1952, lebte ich in West-Virginia auf dem Lande, dort arbeitete mein Mann in einer psychiatrischen Klinik. Spencer, diese kleine Stadt, war für mich ein gottverlassenes Nest, wo ich nicht eine Seele fand, mit der ich mich hätte anfreunden können.

Sicher, ich hatte ein neues Leben, einen Mann und zwei wundervolle kleine Zwillingsknaben, die in der Umgebung umherstreiften – all das hätte mir Glück und Frieden bringen sollen ... Warum war ich so unglücklich, von Leid erfüllt, so deprimiert und ohne Hoffnung? Tief in meinem Inneren wußte ich, was im Gange war: Ich müßte mir gestatten, über die Vergangenheit zu trauern, erst dann könnte ich wieder zu leben beginnen, andernfalls würde ich weiterhin mit den Geistern der Vergangenheit durch Nächte des Grauens wandern müssen. Ich würde dazu verurteilt sein, das Vergangene immer und immer wieder zu erleben. Stets sagte ich mir, daß ich mein Überleben teuer bezahlt hätte und daß ich das Leben wieder genießen sollte, aber tief in meinem Inneren blieb ein Gefühl der Schuld, Schuld, weil ich überlebt hatte, während all die anderen, alle jene, die ich liebte und die mir nahestanden, in Rauch aufgegangen oder eines schrecklichen Todes durch Hunger und Folterungen gestorben waren. Nicht einen Augenblick verließen mich diese Gedanken.

Eines Tages nahm ich Papier und Bleistift und begann, Gedanken und Erinnerungen an meine Kriegserlebnisse hinzukritzeln. Als sich die Seiten füllten, brauchte ich mehr und mehr Papier. Ich schrieb, ohne darüber nachzudenken. Ich war besessen von dem dringenden Bedürfnis, alles loszuwerden. Ich drang bis in mein Innerstes und ersparte mir nicht den Schmerz des Erinnerns. Lange Zeit las ich nicht nach, was ich geschrieben hatte, aber ich schrieb weiter. Allmählich merkte ich, daß der Schmerz nachließ. Mein Schuldgefühl wurde geringer.

Während ich auf der Eingangsveranda unseres kleinen Hauses saß – mit Blick auf die staatliche psychiatrische Klinik auf der gegenüberliegenden Straßenseite –, waren mein Herz und meine Gedanken beim Überlebenskampf im Ghetto. Manchmal war ich mir der unmittelbaren Wirklichkeit nicht bewußt. Genau wie die gequälten Patienten, die in der Welt ihrer eigenen Pein lebten, wanderte ich durch die Straßen meines Ghettos und starrte in die Gesichter lebender Leichname. Sie, die psychiatrischen Kranken, und ich schienen dazu verdammt, mit unseren Geistern und Ängsten zu leben. Ich aber war glücklicher als jene. Ich hatte einen Bleistift und Papier und die Fähigkeit zu schreiben. Also schrieb ich und erinnerte mich. Ich schrieb, als hinge mein Leben davon ab, und eigentlich war es auch so. Die Abschiedsworte meines Bruders Romek waren mir in all diesen Tagen gegenwärtig: »Blanca, versuch zu überleben, damit du der Welt unsere Geschichte berichten kannst.« Seine dringende Bitte veranlaßte mich, mit dem Schreiben weiterzumachen. Nur wenn meine beiden vier Jahre alten Söhne ins Haus gelaufen kamen, konnte ich mich von »meiner« Welt losreißen. Oft waren meine Kinder bestürzt, wenn sie sahen, wie Tränen meine Wangen netzten, und wollten wissen, warum Mami weinte. Ich umarmte sie fest, konnte ihnen aber nicht erklären, daß ich noch nicht fertig war mit einem anderen Leben, einem Leben, das einem anderen Kind und all unseren toten Verwandten gehörte. Ich beschloß, eines Tages sollten sie alles wissen. Inzwischen erzählte ich ihnen in meinem immer noch gebrochenen Englisch Einschlafgeschichten aus unserer Familie. So bevölkerte sich ihr kleines Kinderzimmer mit nahen Verwandten: einer Großmutter, einem Großvater, Onkel, lauter Menschen, die sie nie kennenlernen würden. Meine kleinen Söhne liebten diese Familiensagen, häufig baten sie mich, ihnen zu erzählen, »wie es war«. Jede Geschichte begann mit diesem Thema. Ich war ihnen so dankbar dafür, daß sie wissen wollten, obschon sie noch nicht verstehen konnten.

Über dreißig Jahre sind vergangen seit jenen Tagen und Nächten, als ich mit der Niederschrift begann. Jene Jahre ermöglichten es mir, ins Leben zurückzufinden. Was aus mir in diesen Nachkriegsjahren in meiner neuen Heimat wurde, ist eine andere Geschichte.

Jahrelang drängten mich meine beiden Söhne, die Bruchstücke meiner Vergangenheit kannten, meine Erinnerungen abzuschließen und sie ins Englische zu übersetzen. Ich versprach ihnen, es zu tun, sobald ich mehr Zeit haben würde. Schließlich einigten wir uns auf einen Zeitplan. Ich würde erst beginnen, wenn ich mit dem Unterrichten aufgehört hätte. 1983 ging ich in Ruhestand und erfüllte mein Versprechen. Ich bin glücklich, daß ich meiner Verpflichtung gegenüber Mark und Alex und all den Lieben, die ich verlor, habe nachkommen können.

Prolog
Herkunft und Prägung

Obwohl diese Geschichte erst beginnt, als der Krieg mich 1942 erreichte, gehen ihre Wurzeln weit zurück bis zum Anfang meines Lebens und darüber hinaus.

Ich wurde in der kleinen Stadt Gorlice in Polen kurz vor dem ersten Weltkrieg geboren und wuchs in Nowy Sacz auf. Ich, Blanca Nebenzahl, war nicht nur das erste Kind meiner jungen Eltern Eli und Elenore, sondern auch das erste Enkelkind meiner Großeltern mütterlicherseits. Als einziges Enkelkind wurde ich geliebt und verwöhnt. Ich sehe das großelterliche weiße Haus in der Garbarskastraße noch vor mir – mit seinem großen Garten, seinen Gemüsebeeten und dem nahe vorbeifließenden Ropa-Fluß. Dieses Zuhause wird mir immer in Erinnerung bleiben als das Nest, in das hinein ich geboren wurde und in dem ich viele glückliche Jahre verbrachte. Dort fühlte ich mich am meisten geliebt und lernte, meiner Umgebung zu vertrauen.

Als der schöne, lebhafte Romek sechs Jahre später geboren wurde, änderte sich mein Leben. Es kam mir so vor, als nähme dieses männliche Kind meine Stelle ein in der Liebe jener, die mir am meisten bedeuteten – und das nahm ich ihm übel. Als meine Zwillingsbrüder Bernie und Izak einige Jahre später ankamen, war es anders. Ich war mittlerweile zwölf Jahre alt und viel zu sehr mit mir selbst beschäftigt, um mich um die Neuankömmlinge zu kümmern. Als ich mein Zuhause verließ, um zu heiraten, waren sie gerade zehn Jahre alt, ich kannte sie kaum. Romek dagegen liebte ich sehr, obwohl ich manchmal gemischte Gefühle hatte. Er war mir überlegen durch sein glanzvolles Wesen, und seine Güte weckte in mir Schuldgefühle wegen meines Geltungsdrangs und meiner Neigung, mich häufig zu ärgern.

Meine Großeltern David und Rachel Ehrenreich waren fromme und sehr angesehene Bürger. Meine Großmutter war eine leibhaftige Matriarchin mit einem starken Charakter und einer dominierenden Persönlichkeit. Jeden Sabbatabend versammelte sich die ganze Familie um ihren Tisch. Das war die Zeit, um Großmutter Rachel all die Ereignisse der Woche zu erzählen: Naches (Freuden), Sorgen und Beschwerden. Wir alle besprachen alles mit Großmutter Rachel und bekamen Ratschläge, Lob oder Vorwürfe, je nachdem. Sie war die Königin unserer Sippe, geachtet und gefürchtet. Die Erinnerungen an unseren Sabbat sind mir noch gegenwärtig. Ich rieche den Duft der Speisen und fühle die Wärme, die mich umgab. Mein Großvater war viel weicher und weniger fordernd. Er war ein durch eigene Kraft emporgekommener Mann und stolz darauf, obwohl er sich oft an seine bescheidene Herkunft erinnerte. Mit sechs Jahren hatte er zu arbeiten begonnen, indem er für ein paar Pfennige kleine Arbeiten verrichtete. Mit Intelligenz und Fleiß baute er sich eine Existenz auf. Als ich jung war, war er Besitzer einer Gerberei und eines schönen Heims sowie mehrerer Häuser in der Stadt. Großvater hatte einen liebenswerten Charakter und besaß Humor, man mochte und respektierte ihn. Er war niemals bitter, obwohl er voller Geschichten über seine früheren Mühen steckte.

Viele Jahre nach dem Kriege erfuhr ich, wie Großvaters Sinn für Humor ihm während der Besetzung durch die Nazis geholfen hatte. Als orthodoxer Jude trug er einen grauen Bart und kurze Schläfenlocken. Eines Tages, als er, wie gewöhnlich, unterwegs zur Synagoge war, begegnete ihm ein junger Gestapomann. Damals war es ein gewisser Sport für die Angehörigen der »Herrenrasse«, sich damit zu vergnügen, Juden anzuhalten und ihnen die Bärte abzuschneiden. Großvater wurde aufgefordert stehenzubleiben, und der Deutsche befahl ihm in einem rauhen Kommandoton: »Komm her, du Judenschwein!« Ohne Angst reagierte Großvater auf den Befehl, trug seinen Bart hoch und hielt sich sehr gerade ohne sichtbare Furcht. Der Nazi nahm ein Messer, faßte Großvater an den Kopf und schnitt ihm den Bart und die Schläfenlocken ab. Dann wandte er sich an die Passanten und sagte: »Sieht dieser Jude jetzt nicht viel jünger und besser aus?« Unbeeindruckt griff Großvater in seine Tasche und fragte in fehlerfreiem Deutsch: »Wieviel bin ich Ihnen schuldig?« Der junge Nazi wurde verlegen und platzte schließlich heraus: »Oh, für diesen Dienst verlange ich nichts.«

In jenen Zeiten grenzte es an ein Wunder, daß mein Großvater nicht geschlagen wurde oder noch Schlimmeres erlebte. Wahrhaftig, Großvater war seines Namens würdig: Ehrenreich.

Meine Großeltern hatten drei Kinder. Meine Mutter Elenore war die älteste. Sie hatte zwei jüngere Brüder, die eine gute Erziehung bekamen und höhere Schulen besuchten, während meine Mutter mit 17 Jahren eine den wirtschaftlichen und gesellschaftlichen Verhältnissen der Eltern entsprechende Aussteuer bekam und verheiratet wurde. Der Mann, den die Eltern für sie aussuchten, war ein gutaussehender, anständiger, gewandter, aber armer junger Geschäftsmann. Mit Hilfe der Aussteuer versuchten sie, ihm den Start ins Leben zu erleichtern. Meine Mutter beklagte sich ihr Leben lang darüber, daß man sie einfach herausgeworfen hätte, während ihre Brüder eine Hochschulausbildung bekommen hätten. Sie war sehr verbittert wegen dieser Benachteiligung. Für den Rest ihres Lebens lag sie mit ihren Eltern in einem Streit über eine geldliche Entschädigung. Sie drängte uns alle, uns um eine gute Ausbildung zu bemühen. Für mich wollte sie nur das Beste. Der ständige Streit zwischen meiner Mutter und meiner Großmutter um Geld wurde mir zum Verhängnis. Meine Mutter benutzte mich als Vermittlerin. Sie wußte, wie sehr meine Großeltern mich liebten, und glaubte, daß sie auf meine Bitten eingehen würden. Später sagte sie dann: »Du mußt soviel lernen, wie du kannst, denn deine einzige Aussteuer wird deine Bildung sein.«

Als ich älter wurde, bemühte ich mich, meinen Eltern zu Gefallen zu sein, hauptsächlich meiner Mutter. Mein Vater schien mir verständiger und weniger verkrampft. Er arbeitete hart, um in seinem Geschäft Erfolg zu haben, doch versagte er wiederholt. Konjunkturschwächen der Wirtschaft und die extravagante Lebensweise meiner Mutter trugen zu seinen Schwierigkeiten bei. Er war ein stiller Mann und nicht gemacht, dem Druck des wachsenden Antisemitismus und der Auswirkungen auf sein Geschäft zu widerstehen. Ein »Christliches Erwachen« bewirkte, daß Käufer jüdische Geschäfte mieden. Der Slogan hieß: »Kauf bei Deinen Leuten.« Darunter litt meines Vaters Geschäft sehr, denn seine besten Kunden waren Bauern gewesen, die der neuen »Christlichen Ethik«, der Lehre von den Juden als »Christenmördern«, sehr zugänglich waren.

All dies bewirkte, daß ich Probleme beim Lernen hatte und nicht mein Bestes geben konnte. Das einzige Gymnasium für Mädchen war eine Privatschule, die sich nur Wohlhabende leisten konnten. Als ich mit elf Jahren eintrat, waren nur wenige jüdische Schülerinnen dort. Zunächst waren meine Eltern, wenn auch mit Mühe, in der Lage, mein Schulgeld zu bezahlen, aber dann kamen Monate, in denen sie mir die vierzig Zloty, die ich brauchte, nicht geben konnten. Mir graute davor, in die Schule zu gehen. Ich erinnere mich noch, wie Professor Gottman in meine Klasse stürmte und mir mit unverhohlener Freude befahl, die Klasse zu verlassen und nicht ohne Geld wiederzukommen. »Hinaus mit dir!« schrie er und sagte noch zusätzlich, daß er meine Abwesenheit nicht entschuldigen würde. Weinend lief ich nach Hause und bat um das Geld, um in die Schule zurückgehen zu können. Mein Vater beruhigte mich und versuchte dann, meiner Mutter klarzumachen, daß sie es sich nicht leisten könnten, mich in diese Schule zu schicken. Meine Mutter schrie, daß es einen Abbruch meiner Ausbildung nur über ihre Leiche geben würde. Ich war auf seiten meines Vaters, denn ich konnte es nicht ertragen, ihn meinetwegen leiden zu sehen. Es gab nur eine Lösung: Ich mußte mir das Schulgeld selbst verdienen. Als ich vierzehn Jahre alt war, gab ich jüngeren Kindern Nachhilfeunterricht für zehn bis zwanzig Zloty im Monat. Innerhalb von zwei Jahren verdiente ich genug, um das ganze

Schulgeld selbst zu bezahlen. Trotz eines steigenden Antisemitismus, den die Professoren unterstützten, bestand ich die Schlußexamina mit Auszeichnung.

Nun wollte ich Medizin studieren. Meine Freunde und meine Familie versuchten mir zu erklären, daß ich, als jüdisches Mädchen, niemals zugelassen werden würde. Naiv und enthusiastisch, wie ich war, dachte ich, ich würde die Hürde des Numerus clausus überwinden. Ich meldete mich zur Aufnahmeprüfung an der Universität Warschau.

Ich verdrängte völlig, daß die wenigen Studienplätze für Juden nicht an jene vergeben wurden, die ihre Examen bestanden, sondern an jene, die in der Lage waren, Bestechungsgelder zu zahlen, oder deren Familien politischen Einfluß hatten. Mein Name stand nicht auf der Liste der aufgenommenen Studenten. Ich war verzweifelt. Da ich wußte, daß die Jagiellonische Universität in Krakau Juden zum Studium von Philosophie und Jura zuließ, beschloß ich, Jura zu studieren. Ich würde bei meinen Eltern leben, arbeiten und studieren und hin und wieder für die Examina nach Krakau fahren. Meine Eltern fanden meinen Plan absurd und sagten, ich solle lieber heiraten und Kinder kriegen. Ich studierte trotzdem.

In der Zwischenzeit hieß das bereits antisemitische Polen die Nazipropaganda willkommen: Täglich gab es Ausschreitungen gegen jüdische Studenten.

Es gab viele Verletzte, einige Tote. Man zwang die jüdischen Studenten, sich separat auf die linke Seite der Bänke zu setzen. Polnische Rowdies befestigten Rasierklingen an den Spitzen ihrer Spazierstöcke, brachen in jüdische Gruppen ein und schlugen wahllos um sich. Als ich eines Tages eine Vorlesung verließ, begegnete ich einem Freund aus Nowy Sacz. Er war katholisch; daß ich Jüdin war, hatte ihn früher nie gestört. Jetzt versuchte er mir auszuweichen. Als ich die Treppe hinunterging, hörte ich mit Entsetzen, wie er einem anderen Studenten sagte: »Sie sieht slawisch aus, aber ich weiß, daß sie Jüdin ist. Sie muß ihre Lektion lernen, also tu's!« Binnen Minuten wurde ich angegriffen, jemand packte mich an den

Haaren und zog mich zu einem nahegelegenen Brunnen. Meinen Kopf drückte er unter die Wasserleitung, das Wasser lief mir über das Gesicht, und ich konnte nicht mehr sehen. Dann stieß er mich die Treppe hinunter in den Hof. Naß, verwirrt und immer noch halbblind stolperte ich, während er mich noch ein paarmal schlug. Dann half mir ein anderer Student aus meiner Heimatstadt. Es war ein jüdischer Medizinstudent in seinem letzten Semester. Er ging auf meinen Angreifer los, aber bald warf ihn eine Bande von Katholiken zu Boden. Ich schrie, und andere jüdische Studenten kamen zu Hilfe. Henry Mashler, bald Dr. Mashler, hatte einen gebrochenen Arm und Schnitte von Rasierklingen im Gesicht. Nach diesen Ereignissen mied ich Krakau so weit wie möglich.

Meine Eltern begannen, sich ernstlich über meine Heiratsaussichten Gedanken zu machen. Meine Jugendlieben waren alle nicht annehmbar, da ich ärmere, intellektuelle und künstlerische Typen bevorzugte.

Die Zeiten waren schwer, und meine Eltern nahmen einen Untermieter auf. Ich lernte ihn ganz gut kennen, er hieß Max Rosenkranz. Eines Tages erzählte er mir von seinem älteren Bruder Wolf. »Ihr würdet euch gern haben«, sagte er. Kurz darauf besuchte uns Wolf. Er war ein hochgewachsener schlanker junger Mann, sehr ernst und still. Wir fanden Interesse aneinander, und obwohl ich umgänglicher war als er, fühlte ich mich in seiner Gesellschaft wohl. Er war ein Intellektueller, ein Sozialist und ein Idealist; er schien mir anders zu sein als die Männer, die ich bisher gekannt hatte. Nach der Rückkehr in seine Heimatstadt Kolomyja begann er mir zu schreiben. Wolf konnte gut schreiben, und seine Briefe begeisterten mich, weil sie die Hoffnung enthielten, die Welt für alle zu verbessern. Persönlich war er zurückhaltend und behielt seine Gefühle meistens für sich. In den folgenden Monaten schrieben wir uns regelmäßig und sahen uns gelegentlich bei kurzen Besuchen.

Unsere jeweiligen persönlichen Bedürfnisse brachten es mit

sich, daß wir uns von Anfang an gut verstanden. Unser Verhältnis entwickelte sich ganz nach dem Muster von »Gebender« und »Nehmendem«. Da ich das älteste von vier Geschwistern war, hatte man von mir schon mit jungen Jahren erwartet, daß ich mich um die anderen Kinder kümmerte. Ich übernahm gern die Rolle der »Gebenden«. Wolf andererseits war einer jüdisch-orthodoxen Familie nach siebenjährigem Beten und Warten auf ein Kind beschert worden. Die begeisterten Eltern hätschelten ihn. Als er noch jung war, starb seine Mutter, und Wolf wuchs mit seinem ihn anbetenden Vater und zwei jüngeren Geschwistern auf. Er revanchierte sich für die Liebe seiner Familie, indem er im Studium der Beste war. Unser Verhältnis entwickelte sich bald in eine Richtung, die zu unseren angestammten Rollen paßte. Selbst in unseren Briefen redete mich Wolf mit »Mutti« an, und ich gebrauchte einen Spitznamen, der »Liebes Kind« bedeutete. Von Anfang an war ich die Mutter, die er verloren, und er für mich das Kind, das ich noch nicht bekommen hatte.

Wolf war sechs Jahre älter als ich, und ich blickte zu ihm auf. Ich war das erste Mädchen, das ihn »romantisch« interessierte, und diese Art Beziehung war ihm neu. Ich war ziemlich schüchtern, aber begierig darauf, meine sexuellen Erfahrungen zu machen. Wolf stellte mir Bücher vor, hauptsächlich Übersetzungen russischer Klassiker. In seinen Briefen bezog er mich in seine Erörterungen von Ideen in einer Weise ein, die mir das Gefühl gab, außerordentlich wichtig und etwas Besonderes zu sein. Als er zur Universität Warschau zugelassen wurde, um auf das Staatsdiplom hin zu studieren, was eine außerordentliche Auszeichnung war, bat er um meine Hand und um meine Hilfe. Ich unterbrach meine Jura-Studien und half ihm während der nächsten zwei Jahre; zunächst arbeitete ich, um Geld für unseren Unterhalt zu verdienen, als Rechtsanwaltsgehilfin, dann als Hausdame.

Nach unserer Heirat im Jahre 1936 zog ich zu ihm nach Warschau. Dort gerieten wir in einen Kreis von anspruchsvollen Freunden, Studenten, Schriftstellern und Dichtern. In dieser Gruppe war es wichtiger, Ideen und Gedanken untereinander auszutauschen, als über physisches Begehren oder Liebe zu sprechen. Diese Einschränkung kam Wolf zupaß. Ich glaubte, der Mangel an Leidenschaft in meiner Ehe würde sich mit der Zeit geben. Ich machte mir daher nicht allzuviel Sorgen darüber. Im übrigen war ich sehr beschäftigt, so daß wenig Zeit für »dumme Gedanken« blieb.

Noch träumte Wolf von einer wissenschaftlichen Karriere an der Universität, aber bald mußte er einsehen, daß ihm durch einen vehementen Antisemitismus alle Türen verschlossen waren. Das traf ihn hart, denn von früh an hatte er sich von den Wissenschaften angezogen gefühlt. Er träumte davon, in das Pasteur-Institut in Paris aufgenommen zu werden, dort wollte er den ganzen Tag arbeiten und forschen, mit nur drei kurzen Unterbrechungen: wenn ihm jemand auf einem Tablett eine Mahlzeit servierte. Das war seine Vorstellung von einem vollkommenen Leben. Da jedoch weitere wissenschaftliche Arbeit nicht möglich war, beschloß er, nach Kolomyja zurückzukehren, um dort eine Arztpraxis zu eröffnen. Wolf wurde wegen seiner Gewissenhaftigkeit und seiner Freundlichkeit sehr geschätzt. Ich fand, daß ich alles mir Mögliche für ihn getan hatte und daß jetzt der Zeitpunkt da war, an dem er mir zu Hilfe kommen mußte.

Bald lernte ich Wolfs Freundeskreis kennen. Auch da gab es junge und idealistische Leute, aber viele waren nicht so ernst wie er. Ich erinnere mich an Wanderungen in den Karpaten an Wochenenden und während kurzer Ferien. Unsere Freunde neckten dann manchmal Wolf, weil er das Lernen nicht lassen konnte, während wir anderen Lieder sangen oder uns Geschichten erzählten.

Unser Leben verlief friedlich bis zu dem Tag ungefähr ein Jahr später, als sein Freund Sam Rosenberg von seinen Studien im Ausland zurückkehrte und uns besuchte. Wie andere, die ein ausländisches Diplom erworben hatten, durfte Sam in Polen nicht praktizieren. Sam war ein umgänglicher junger Mann, zwei Jahre älter als ich, von Anfang an fühlte ich mich physisch von ihm angezogen. Er war das Gegenteil von Wolf, vergnügt und emotional, er liebte Musik und Poesie. Ich konnte ihm nicht widerstehen. Schon bald nachdem wir uns kennengelernt hatten, merkten wir, daß wir uns ineinander verliebt hatten. Für Sam war ich die schönste Frau der Welt. Noch nie hatte ich zu einem Mann eine solche Beziehung gehabt. Ich hatte das Gefühl, meine Lebensuhr sei zurückgedreht worden, und daß ich erst jetzt ein junges Mädchen geworden sei mit der Bereitschaft wirklich, mit ganzem Herzen zu lieben. Zum ersten Mal begann ich daran zu zweifeln, ob ich den richtigen Mann gewählt hatte. Ich dachte an Scheidung und an einen Neubeginn mit Sam. Aber ich wollte meinen Eltern und Schwiegereltern nicht weh tun und Wolf nicht, der sich deprimiert zurückzog, aber weder um mich noch mit mir kämpfen konnte. Es gab auch praktische Gründe gegen eine Heirat mit Sam, denn er hatte in Polen keine Möglichkeit, seinen Lebensunterhalt zu verdienen. Ich hatte soeben zwei Jahre, in denen ich einen Mann unterhielt, hinter mich gebracht, und ich kannte die Schwierigkeiten eines derartigen Lebens – und fürchtete sie.

Meine Erinnerungen an Frühling und Sommer 1938 sind eine Mischung von höchster Freude und tiefstem Schmerz. Sam und ich sprachen stundenlang über unsere Liebe und was wohl daraus werden würde. Erst waren wir sentimental, dann stritten wir uns, um uns wieder zu versöhnen, aber wir blieben frustriert. Wir wußten, daß nichts zu machen war, jeder von uns würde seinen eigenen Weg gehen müssen. Sam war zu Tode betrübt, ärgerlich und enttäuscht. Er verließ Kolomyja und ging nach Warschau, wo er sich auf Gynäkologie spezialisieren wollte.

1939 marschierte die Sowjetunion in Ostpolen ein. Sam kehrte zurück und eröffnete eine Arztpraxis, was die sowjetische Besatzungsmacht jetzt erlaubte. 1940 heiratete er seine Jugendliebe Gina Niederhoffer. Gina war unsere gute Freundin. Zufällig kamen unsere Erstgeborenen am selben Tag im selben Krankenhaus zur Welt. Unser Sohn Zygmund

und ihre Tochter Anna wurden am 19. Februar 1941 geboren.

Die ersten vier Monate im Leben Zygmunds waren herrlich für mich und für mein Baby. Damals konnten wir noch nicht wissen, daß uns das Ungeheuer des Krieges schon bald verschlingen würde.

Erstes Kapitel
Wie der Krieg zu uns kam

Der Zweite Weltkrieg erreichte Ostpolen so richtig erst etwa zwei Jahre nachdem er im September 1939 begonnen hatte. Am 23. August 1939 hatten Deutschland und die UdSSR einen Nichtangriffspakt unterzeichnet, der eine Geheimklausel enthielt, wonach Polen unter diesen zwei Mächten aufgeteilt werden sollte. Am 1. September 1939 überfiel Deutschland Polen, der Zweite Weltkrieg hatte begonnen. Am 17. September marschierten sowjetische Truppen in Ostpolen ein. Für diejenigen von uns, die im sowjetisch besetzten Teil Polens wohnten, hatte sich der Ausbruch des Kriegs um 22 Monate verzögert. Unsere Stadt und unsere Region waren in dieser Zeit nicht mehr polnisch, wir waren ein Teil der ukrainischen Republik, des westlichsten Teils der Sowjetunion. Ethnisch war dieser Landstrich mehr ukrainisch und jüdisch als polnisch. Auch heute noch findet man unsere Stadt Kolomyja auf den europäischen Landkarten. Sie liegt eingebettet in Berge, in sanften Windungen fließt der Fluß Prut vorbei. Unsere Stadt hatte 50 000 Einwohner, davon etwa 15 000 Juden, der Rest bestand aus Ukrainern und ein paar Polen. Wir – mein Mann Wolf, mein Baby Zygmund und ich, Blanca – waren »die Rosenkranzes«.

Der 22. Juni 1941 war ein warmer und sonniger Tag in Kolomyja. Ich erinnere mich daran, wie ich mein Baby im Kinderwagen vor mir her schob, nach einem Nachmittag im Park, wo andere Mütter und ich uns über die Fortschritte unserer Kleinen unterhalten hatten. Wir begegneten einer Gruppe junger Leute, die, lachend und sich gegenseitig neckend, unterwegs zum Ufer des nahegelegenen Flusses waren, um zu baden. Meine beste Freundin Gina ging mit ihrem Kinderwagen neben mir, langsam rollten die kleinen Wägelchen weiter, während wir den Frieden dieses Abends genossen.

»Gina, manchmal denke ich, daß es eine Sünde ist, wie wir hier in Frieden leben, während der Rest Europas mit Töten beschäftigt ist.«

Gina sah mich nachdenklich an: »Beiß dir auf die Zunge, um Gottes willen! Ja, immer denke ich daran. Mein Herz setzt aus, wenn ich daran denke, was überall sonst passiert.«

Sie blieb stehen, dann gingen wir ein paar Schritte weiter. Wir beugten uns zu unseren Kindern hinunter, sie waren beide gerade vier Monate alt. Ich versuchte, meinen kleinen Zygmund anzulächeln, aber meine Augen füllten sich mit Tränen; auch Gina weinte. »Was haben wir uns bloß für eine Zeit ausgesucht, um Kinder zu kriegen!«

Wir wischten uns die Tränen ab und gingen auseinander: »Bis morgen!« – »Mach dir keine Sorgen, wir werden schon durchkommen!«

Ich war erst ein paar Schritte weit gekommen, als plötzlich die Luftschutzsirenen aufheulten. Ich lief schneller, und als ich unser Mietshaus betrat, hörte ich, wie Leute Nachrichten austauschten: »Die Deutschen haben angegriffen – ja, es ist tatsächlich ein Luftangriff!« Ich war wie gelähmt durch diese Worte und konnte mich nicht bewegen, bis ein Schrei Zygmunds mich aus meiner Erstarrung befreite. Ich hob ihn aus dem Kinderwagen und rannte die Treppe hinauf.

In unserer Wohnung saß mein Mann mit mehreren Freunden zusammen. Ihre Unterhaltung war resigniert und leidenschaftlich zugleich: Pläne, Ratschläge, Warnungen und Widerreden, alle sprachen durcheinander. Als ich das Wort *Krieg* hörte, stürzte ich zu meinem Kind, drückte es an meine Brust, als ob ich es allein schon vor dem Wort schützen müßte.

Die Auseinandersetzungen gingen weiter, und mehr Freunde kamen zu uns mit neuen Nachrichten. »Der Luftangriff war nur eine weitere Warnung. Die Deutschen haben angegriffen, aber das ist kein Grund, den Kopf zu verlieren. An der Grenze stehen sowjetische Truppen den Deutschen gegenüber. Sie werden sie nicht bis zu uns vordringen lassen.«

Wieder kam ein Freund herein. »Einer der unseren hat gerade einen Stellungsbefehl bekommen.« Es war ein Arzt, den wir alle kannten.

Wolf zeigte Interesse. »Ach, so ist das, vielleicht werden sie mich auch einberufen.« Seine Stimme war voller Hoffnung.

Das konnte ich nicht ertragen. »Was redest du denn da, Wolf? Was wird aus mir und meinem Baby, wenn du eingezogen wirst?« Mein Schrei weckte Zygmund, er begann zu weinen. Ich konnte mich auf nichts mehr konzentrieren. Meine Hände zitterten, ich hatte rasende Kopfschmerzen, nichts paßte mehr zusammen. Ich konnte den Gesprächen im Zimmer nicht mehr folgen. Das einzige, was mir im Kopf herumging, war: »Warum jetzt, warum Krieg?!« Alles war verkehrt. Warum hatte ich mir diese Zeit ausgesucht, um seßhaft zu werden, die Universität zu verlassen und eine Familie zu gründen?

Mein Bruder Romek kam herein und sah sich um. Er war ein junger Mann von 22 Jahren. »Was werdet ihr jetzt tun?« Diese Frage schien an keinen Bestimmten gerichtet.

Jemand sagte: »Die Männer werden mit den Sowjets ausrücken müssen.« Romek setzte sich zu den anderen, meine Augen ruhten auf ihm in der Hoffnung auf Beistand.

Romek begriff sicher, was im Gange war. Im Jahre 1939 hatte er sich weiter in Gorlice aufgehalten, wo unsere Eltern wohnten. Er hatte noch fliehen können, bevor die Nazis den westlichen Teil Polens, den die Deutschen im Jahre 1919 verloren hatten, wieder in Besitz nahmen. Da er sechs Jahre jünger war als ich, betrachtete ich ihn immer noch als Kind. Für sein Alter war er aber sehr reif, und oft suchte ich bei ihm Trost und Beistand. Er war mein engster Freund, und wir verstanden einander auch ohne Worte. Als ich ihn anblickte, dachte ich an den besorgten Brief meiner Mutter aus dem besetzten Polen: »Paß auf das Kind auf, ich flehe dich an, ich bin tieftraurig und einsam ohne ihn!«

Dieses 22 Jahre alte »Kind« war durch die Herausforderungen des Lebens schon gestählt worden. Mit 17 Jahren hatte er sein Abitur gemacht und begonnen, in einer Bank als Kassierer zu arbeiten; er wollte seinen Eltern und seinen Brüdern helfen. Trotz seiner Arbeit fand er noch Zeit, um an einer Universität Jura zu studieren. Ein Jahr fehlte ihm noch zum Abschluß, da brach der Krieg aus. Der »Blitzkrieg« überholte seinen Einberufungsbefehl. Im Oktober 1939 ging er über die Grenze zum sowjetisch besetzten Teil und stand bald darauf vor meiner Haustür. Nach wenigen Tagen hatte er Arbeit gefunden und war jetzt Hauptbuchhalter in einer Vorhangfabrik am Ort.

Als mein Blick von meinem Baby zu Romek ging, dachte ich: Was wird jetzt aus meinem Kind? Aber an welches Kind dachte ich – an Romek oder an Zygmund?

Am Abend verließen uns unsere Freunde, und wir saßen allein in tödlicher Stille, hin und wieder unterbrochen durch Zygmunds Wimmern. Als Mitternacht kam, hatten wir noch keine Entscheidung getroffen. Wir hatten nichts anderes getan, als versucht, die Ungeheuerlichkeit der Ereignisse zu begreifen. Das Läuten der Türglocke unterbrach die Stille.

»Wahrscheinlich jemand, der einen Arzt braucht«, stöhnte Wolf und räkelte sich in seinem Stuhl. Die Glocke läutete weiter.

»Vielleicht ist es die Militärpolizei!« sagte Romek. Langsam ging ich zur Eingangstür. Dort stand Frau Kahn, die Gattin eines anderen Arztes in der Stadt, sie war in Tränen aufgelöst. Sie taumelte in das Zimmer, umarmte mich, weinend wandte sie sich an Wolf.

»Mein Mann wurde einberufen, aber er hat furchtbare Herzschmerzen, er will sich jedoch trotzdem melden. Wolf, du weißt ja, daß er ein Herzleiden hat, und außerdem gibt es noch mich und Jerry!« Der Junge war sieben Jahre alt. »Du mußt mir für ihn ein Attest geben. Sie dürfen ihn nicht nehmen. Er würde niemandem von Nutzen sein.« – »Ja, gern!« sagte Wolf begütigend. Er ging zu seinem Schreibtisch und schrieb das Attest. »Das dürfte genügen; sie werden ihn nicht einziehen, wenn sie das lesen.« Das Attest erwies sich als Dr.

Kahns Todesurteil. Zwei Wochen später wurde er ein Opfer der Nazis.

Wolf wachte am nächsten Morgen früh auf, er erwartete seinen Einberufungsbefehl. Als der Tag fortschritt und immer noch keine Order gekommen war, begann er zu verzweifeln. Als Romek andeutete, daß er als Direktor der hiesigen Klinik wahrscheinlich freigestellt werden würde, wandte Wolf sich gereizt an ihn: »Was soll ich tun? Es wird mir nichts anderes übrigbleiben, als mir das Leben zu nehmen.«

Mittlerweile begann ich wieder klarer zu denken. Als Direktor der Klinik war Wolf ein Mitglied der sowjetischen Verwaltung. Wenn die Deutschen kämen, würden sie ihn auf Grund dieser Tatsache unweigerlich verhaften und beseitigen. Es war klar: Er durfte nicht bleiben, er mußte mit den Sowjets den Rückzug antreten. Ich würde dem Krieg allein begegnen müssen.

»Das einzige, Wolf, was du tun kannst, ist, dich freiwillig zu melden. Du kannst ja Kahns Stelle einnehmen. Nach deiner politischen Zuverlässigkeit wird man nicht fragen.« Romek sah mich bewundernd an. Ich fühlte mich nicht besonders edel, ich hatte nur Angst. Wie ein Ertrinkender, der nach einem Seil greift, ergriff Wolf diese Idee und hielt an ihr fest. Allzu schnell überzeugte er sich selbst, daß es das einzig richtige wäre, so zu handeln. Er sprang auf, nahm von seinem Schreibtisch einige Dokumente und ging, fast ohne ein weiteres Wort zu sagen, ins Schlafzimmer, um zu packen.

An diesem Morgen bot die Straße unten ein Bild fieberhafter Betriebsamkeit. Vom Balkon aus konnte ich einen nach Osten ziehenden, nicht enden wollenden Strom von Autos und Pferdewagen sehen, vollbepackt mit Sowjets und ihrem armseligen Besitz. Zwischen den Fahrzeugen irrten Zivilisten umher, um ihre letzten Einkäufe für die Flucht zu tätigen.

Ich ging wieder hinein und begann Romeks Sachen zu pakken. »Nimmst du einen Extraanzug mit? Und wieviel Paar Schuhe?«

Meine Frage unterbrach seine Gedanken. Er sah mich an »Für mich brauchst du nicht zu packen, ich bleibe hier.«

»Bist du verrückt? Hier kannst du nicht bleiben. Es kann Tage, vielleicht nur Stunden dauern, dann sind die Deutschen hier.« Ich sah ihn verwundert an.

»Ich bleibe«, sagte er ruhig.

»Hör mir zu! Bist du deswegen aus der besetzten Zone geflohen? Habe ich dich deshalb aufgenommen, damit du wieder in ihre Fänge gerätst? Sogar mein Mann geht fort. Du darfst dein Leben nicht an seiner Stelle opfern. Das Kind ist nicht deines, und ich werde nicht dulden, daß du meinetwegen geschnappt wirst.«

Er sah müde aus und wollte sich nicht streiten. »Mitten im Krieg werde ich eine Frau und ein Baby nicht allein lassen. Punktum!« Wenn ich später an diesen Tag zurückdachte, machte ich mir oft Vorwürfe, weil ich Romek nicht dazu hatte bringen können, uns zu verlassen.

Es war noch früh am Morgen, als Wolf und ich zum Rekrutierungsbüro aufbrachen. Der sowjetische Offizier schien nicht zu bemerken, daß ich neben Wolf stand. »Ja, was kann ich für Sie tun?« Wolf richtete sich zu seiner vollen Größe auf. »Ich melde mich als Freiwilliger zur Sowjetischen Armee.« Er fuhr fort und nannte seinen Beruf und die Stellung, die er zur Zeit bekleidete. »Und ich werde in der Lage sein, Dr. Kahns Stellung einzunehmen.«

Der Offizier schien etwas überrascht: »Gut, wenn Sie sich freiwillig melden, werden wir Sie nehmen. Hier ist der Gestellungsbefehl, füllen Sie ihn aus.« Wolf riß dem Offizier das kleine Papier beinahe aus der Hand. »Melden Sie sich heute nachmittag am Bahnhof!« Als wir uns zum Gehen wandten, sah uns der Offizier an: »Sie sind wohl alleinstehend, Doktor, wie?« Wolf drehte sich um, er sah verdutzt aus. »Warum glauben Sie das?«

Der Offizier hatte Wolfs Gesichtsausdruck richtig ausgelegt. »Nun, Sie haben es sehr eilig, die Stadt zu verlassen. Sie haben wohl keine Familie?«

Wolf sah mich an und antwortete: »Doch, das ist meine Frau.«

»Wohl keine Kinder?«

»Wir haben einen kleinen Jungen.«

Der Mann zuckte mit den Achseln, er sah betreten aus. »Nun, ich wünsche Ihnen viel Glück, meine Dame. Durch seine freiwillige Meldung leistet Ihr Mann einen heroischen Beitrag zur Härtung des sowjetischen Vaterlands.«

Ich konnte nur noch an meinen jungen Bruder denken, er war der wirkliche Held, dabei war mir soviel daran gelegen, sein Heldentum zu verhindern. Aber ich sagte nichts und wir verließen den Raum. Als wir zu unserer Wohnung zurückgingen, war ich zuerst verletzt, dann ärgerlich und schließlich ängstlich.

Es blieben uns nur noch zwei Stunden bis zur Abfahrt des Zugs nach Osten. Wolf und ich verabschiedeten uns eilig. »Liebling, du weißt, wie sehr ich dich liebe. Wenn ich den Krieg überlebe, das schwöre ich, werde ich zurückkommen und dich finden. Dann werden wir wieder zusammen sein, damit rechne ich ganz bestimmt.« Mir blieb nur, zu nicken. Meine Gedanken waren nicht bei Wolf, sondern bei meinem Kind, für das ich meine ganze Kraft und meinen ganzen Mut brauchen würde.

Dieser erste Monat des Kriegs im Osten war wie ein Tornado, der durch die Stadt raste und die Menschen, beinahe wahnsinnig vor Angst und Unentschlossenheit, mit sich riß. Einige wandten sich an die Rekrutierungsbüros, wo sie verzweifelt nach einer Fahrgelegenheit Richtung Osten suchten. Andere versuchten, Vorräte zu hamstern, noch einen Sack Mehl oder Zucker, um etwas zu haben, wenn die Besatzung kommen würde. Geld war wertlos geworden. Riesige Summen wurden für Lappalien hinausgeworfen. Alles, was sich in einer unsicheren Zukunft zum Tausch eignen würde, verschwand schnell aus den Regalen.

Am Bahnhof warteten wir auf Wolfs Militärzug. Fetzen sorgenvoller Unterhaltungen drangen an mein Ohr. Fragen,

Bitten um Nachrichten, Schreie, Drohungen und rührendes Flehen. Kinder, die einen Vater oder ältere Brüder hatten, baten, man möge sie nicht verlassen oder mitnehmen. Einige Menschen fluchten, einige schrien, andere wandten sich resigniert ab und verließen zögernd den Bahnsteig. Auch andere Frauen waren da, die sich, wie ich, von ihren Männern verabschiedeten.

Wieder erklangen Luftschutzsirenen. Ihr hysterisches Geheule übertönte das Schluchzen und Seufzen auf der Straße. Keiner schien es zu beachten. Damals konnten wir es noch nicht wissen, aber, obwohl keine Bomben fielen, verkündeten diese Sirenen für viele von uns, die an diesem Tag allein auf dem Bahnsteig zurückblieben, den Tod.

Langsam fuhr Wolfs Zug aus dem Bahnhof. Ziellos wanderte ich durch die Straßen und begegnete zufällig einer Freundin, Mala, der Frau eines Arztes, der mit demselben Zug die Stadt verlassen hatte. Wir blieben stehen und sahen einander an.

»Was wirst du jetzt tun?« – »Meine Familie ist beim Packen, wir wollen fort von hier, bevor die Deutschen kommen.« Sie zögerte einen Moment und fuhr dann fort, als ob sie mit sich selber spräche: »Wer weiß, wie weit wir kommen werden. Die Straßen sind verstopft, die Deutschen werden uns sicher einholen, bevor wir sehr weit entfernt sind. Aber was sollen wir sonst tun? Julius ist fort.«

»Du hast sicher recht. Ich würde das gleiche tun, aber ich habe mein Baby.« Wir reichten uns die Hand, gaben uns schnell einen Kuß, dann war sie weg. Es blieb mir nichts anderes übrig, als nach Hause zu gehen.

Als die Nacht kam, war die Stadt wie ausgestorben, eine Geisterstadt in Erwartung des Sturms. Schweigend saßen Romek und ich im verdunkelten Wohnzimmer. Es gab nichts mehr zu sagen. Man konnte nichts anderes tun als warten und versuchen, die Angst zu verdrängen.

Drei Tage vergingen. Wir aßen kaum etwas, und Zygmund schien nur dann zu weinen, wenn er an meiner Brust lag, die nun keine Milch mehr gab. Schließlich, als nichts Eßbares mehr im Haus war, ließ ich ihn bei Romek und ging auf den Markt. Der Marktplatz war verlassen. Ich beschloß, Gina zu besuchen, sie war auch allein mit ihrem vier Monate alten Kind. Ihr Mann Sam war wie Wolf eingezogen worden. Als ich die Treppe zu ihrer Wohnung hinaufging, konnte ich das Baby weinen hören. Drinnen fühlte ich mich überwältigt von derselben Verzweiflung, die auch in meiner Wohnung herrschte.

»Wie sieht's auf der Straße aus, Blanca?«

»Die Straßen sind leer, es gibt keine Nachrichten, nichts ist passiert.«

»Das wird nicht so bleiben«, antwortete Gina. »Früh genug wird die ›neue Ordnung‹ hier sein.« Wir schwiegen. Mit einemmal hellte sich Ginas Gesicht auf. »Sieh mal, bevor mich mein Mann gestern verließ, schleppte er noch einige Säcke Mehl heran; nimm einen!« Ich lächelte. Wenigstens würden wir bis zur Ankunft der Deutschen nicht hungern. Ginas Baby fing wieder an zu weinen, und plötzlich erinnerte ich mich an Zygmund.

Als ich nach Hause rannte, war die Straße von einer Menschenmenge erfüllt. Freudestrahlend beobachteten die Menschen, wie sich ukrainische Jugendliche zu einer Marschsäule formierten und zum Rathaus marschierten. Ich folgte ihnen und sah, wie die sowjetische Fahne eingezogen und die ukrainische gehißt wurde. Die Ukrainer nahmen die Stadt in Besitz.

Ich kehrte um und eilte heimwärts. Als ich die Treppe hinaufrannte, stieß ich beinahe mit Romek zusammen, der hinaus wollte, um mich zu suchen. »Mein Gott, wo bist du denn gewesen?« Seine Stimme klang sorgenvoll. »Weißt du nicht, was los ist? Juden werden von ukrainischen Banden angegriffen. Sie ergreifen sie auf der Straße, holen sie aus ihren Häusern, treiben sie in Gruppen zusammen, die sie dann in den Park führen. Dort hängt ein großes Schild: Tod den Juden und Bolschewiken!«

Schnell nahmen wir Zygmund und kletterten die Treppe zum Dachboden hinauf. Dort konnten wir die Vorgänge auf der Straße aus größerer Sicherheit beobachten.

Unter uns fielen junge Halbstarke Passanten an und trieben sie, mit Stöcken wild um sich schlagend, die Straße entlang bis zum Rande der Stadt. Man wußte nicht, wohin sie ihre Opfer brachten. Noch zwei Stunden lang hörte man die Rufe und Schreie, dann war alles wieder still.

Im weiteren Verlauf des Abends kamen die Juden, die man verschleppt hatte, langsam wieder in die Stadt zurück, benommen stolperten sie durch die Straßen. Romek und ich stiegen den Dachboden hinunter und hielten einen von ihnen an.

»Was ist Ihnen passiert, was haben sie mit Ihnen gemacht?«

»Insgesamt etwa zweihundert von uns mußten zum Platz marschieren, wo die Sowjets letztes Jahr das Denkmal von Lenin und Stalin errichteten. Dann banden sie uns Seile um die Brust und befahlen uns, die Statuen umzureißen. Sie schlugen uns mit Seilen und Peitschen. Die Denkmäler bewegten sich nicht. Und sie peitschten weiter auf uns ein. Einige fielen, nach Atem ringend und von Schlägen getroffen, um. Auf einigen wurde herumgetrampelt. Endlich begannen sich die Statuen zu bewegen, bis sie schließlich umfielen. Dann ließen sie uns gehen. ›Bis zum nächsten Mal‹, sagten sie.«

Am nächsten Tag traf ich Ginas Schwager, wund, zusammengeschlagen und bewegungsunfähig, weil seine Hüfte gebrochen war. Er war einer von denen, die sie geschnappt hatten. Als er seine Geschichte erzählte, fühlte ich eine nicht mehr zu beherrschende Wut in mir aufsteigen. Die Brutalität, mit der er behandelt worden war, schien mir jedes Maß zu übersteigen. Und doch: Es würde sich zeigen, daß diese Behandlung verhältnismäßig harmlos gewesen war, verglichen mit dem, was die »Herrenrasse« noch mit uns vorhatte.

Zweites Kapitel
Die neue Ordnung

Am 30. Juni 1941 zog sich die sowjetische Armee aus Kolomyja zurück, und am 3. Juli erreichte eine Einheit der Gestapo und der SS unsere Stadt. Am nächsten Morgen waren die Mauern in der ganzen Stadt mit Plakaten bepflastert, die die neue Ordnung verkündeten. In drei Sprachen – Deutsch, Polnisch und Ukrainisch – schrien die Plakate ihre Botschaft:

TOD DEN JUDEN UND DEN BOLSCHEWIKEN!

1. Gesetz und Ordnung werden strikt aufrechterhalten.

2. Alle Befehle der Besatzungsmacht müssen sofort befolgt werden.

3. Öffentliche Veranstaltungen sind ohne ausdrückliche Genehmigung der Besatzungsmacht nicht erlaubt.

4. Die jüdische Bevölkerung hat für die städtischen Verwaltungskosten aufzukommen.

5. Waffen sind sofort abzugeben.

6. Juden verlieren mit sofortiger Wirkung alle zivilen Rechte oder juristischen Ansprüche.

7. Es wird ein Judenrat gebildet, der die alleinige Vertretung der jüdischen Bevölkerung sein wird.

Die Bekanntmachungen endeten, wie sie begonnen hatten, mit ebenso großen Buchstaben: »Tod den Juden und Bolschewiken«.

An dem Tag, an dem die Plakate angeschlagen wurden, rollte eine ungarische Militäreinheit in die Stadt. Das Auto des Kommandanten hielt vor dem großen Haus des jüdischen Arztes Dr. Teicher an. Ein ungarischer Offizier ging zur Tür und bat höflich darum, daß seiner Einheit erlaubt würde, ein Zimmer als Quartier für einen Offizier zu benutzen. Das schien ein hoffnungsvolles Zeichen; es war nur ein Zimmer, und er hatte darum gebeten. Bald kamen Gerüchte auf, daß die Deutschen weitermarschieren und die Verwaltung ihren ungarischen Verbündeten überlassen würden. Als aber die ukrainische Fahne eingeholt und die Hakenkreuzfahne gehißt wurde, sah die Botschaft anders aus.

Die Ungarn requirierten einzelne Zimmer, aber die Deutschen beschlagnahmten ganze Häuser, setzten die rechtmäßigen Bewohner einfach auf die Straße. Sie durften nur die Möbel mitnehmen, für die die Deutschen keine Verwendung hatten. Auf der Straße aber blieb es ruhig: Immer noch gab es Optimisten, die hofften. Als die zweite Woche der Besatzung anfing, wurden ihre Illusionen zerstört. Die Jagd auf die Juden begann.

Ukrainische Strolche wurden von der SS zu Staffeln zusammengezogen, die dann in der Stadt umherstreiften und Juden von der Straße wegfingen. Später gingen sie in die Häuser, und bald waren an die zweihundert Männer zusammengetrieben, die sie auf Lastwagen luden, um sie nach Korolowka, einem nahegelegenen Weiler, zu transportieren.

Die Familien dieser Unglücklichen setzten sich mit Frau Teicher in Verbindung und baten sie, mit dem ungarischen Offizier zu sprechen, der in ihrem Haus einquartiert war, um zu erfahren, ob er intervenieren könne. Und er intervenierte wirklich. Als sein Kommandant in dem Dorf Korolowka ankam, fand er die zweihundert Männer nackt vor Gräbern stehen, die sie für sich selbst hatten schaufeln müssen. Tatsächlich wären sie schon tot gewesen, wenn sich nicht die SS und die Ukrainer einen Spaß daraus gemacht hätten, mit ihren Opfern zu spielen und sie zu verhöhnen.

Nach einem kurzen Wortwechsel zwischen der SS und dem ungarischen Kommandanten wandte sich einer der deutschen Offiziere an die Männer, die in ihren Gräbern standen, und sagte: »Gut, ihr Judenschweine, holt eure Kleider und macht, daß ihr hier hinauskommt!« Die Juden waren dermaßen überrascht, daß sie sich kaum bewegen konnten, bis der ungarische Offizier sie drängte, den Ort zu verlassen.

Einer von denen, die aus den Gräbern geklettert und nach Kolomyja zurückgekehrt waren, war der sechzig Jahre alte Herr Hacker, der Besitzer des Hauses, in dem wir wohnten. Sein Sohn war schon während des Abtransports das Opfer einer verirrten ukrainischen Kugel geworden. Der alte Mann erreichte das Wohnhaus, ging hinein und brach zusammen. Im Bett liegend erzählte er mir abends, was in Korolowka geschehen war: von Terror und Erniedrigung und der plötzlichen Freilassung. Diese Nacht überlebte er nicht; es war alles zuviel für ihn gewesen. Er starb nach einem Herzanfall. Wir sollten es erleben, daß wir ihn zu den Glücklichen zählen würden.

Jeder Jude in der Stadt begann zu hoffen, daß die Ungarn die Besatzungsmacht werden würden, aber nach einigen Tagen zog die ungarische Einheit ab. Die ganze Macht lag jetzt in den Händen der SS.

In Übereinstimmung mit den Verordnungen wurde ein Judenrat gebildet. Ihr Leiter war ein Herr Horowitz. Er wurde zur einzigen Verbindung zwischen den Deutschen und der jüdischen Bevölkerung. Der erste Befehl an die Gemeinde bestand aus der Forderung, vierzigtausend Zloty zu den deutschen Kriegskosten beizutragen. Um den Geldeingang sicherzustellen, wurden vierzig Juden als Geiseln genommen. Die Summe sollte innerhalb sieben Tagen bezahlt werden. Bargeld, Silber, Juwelen und Goldmünzen wurden dem Judenrat übergeben. Der Betrag wurde schnell zusammengebracht und ordnungsgemäß übergeben. Aber die Geiseln wurden nicht freigelassen. Einmal in den Fängen der Gestapo, so schien es, war man so gut wie tot.

Die zweite Anordnung, die der Judenrat an uns weitergab, war die Forderung, daß jeder Mann, jede Frau und jedes über sechs Jahre alte Kind eine weiße Armbinde, versehen mit einem gelben Davidstern, zu tragen hätten. Und drittens: Jede

Person mußte beim Judenrat registriert sein und bekam eine Nummer zugeteilt. Viertens durften nur noch »Arier« auf dem Bürgersteig gehen, Juden mußten mit dem Rinnstein vorliebnehmen. Jeder Tag brachte neue Anordnungen, neue Verluste.

Der Judenrat mußte täglich eine Liste der arbeitsfähigen Männer und Frauen bereitstellen, die dann »öffentliche Arbeiten«, hauptsächlich auf dem Bahngelände, verrichten mußten. Am Anfang meldeten sich viele Freiwillige in der Hoffnung, die Gemeinde würde dann in Frieden leben können. Als sie mit der Arbeit begannen, nämlich die Gleise mit russischer Spurweite auf die deutsche Spur umzustellen, wurden sie von ukrainischen Strolchen mit Schlagstöcken drangsaliert. Eile tat not, die Arbeit mußte schnell vorangehen. Die neue Spurweite war entscheidend für den Nachschub der Deutschen bei ihrem Angriffskrieg gegen die Sowjetunion. Aber die jungen Freiwilligen waren den Anforderungen an Schnelligkeit und Präzision nicht gewachsen. Wegen ihrer Schwierigkeiten lachten die ukrainischen Wachen sie aus und verprügelten sie.

Wer eine Brille trug, wurde besonders scharf beobachtet: für die Ukrainer waren Brillen ein Zeichen für Zugehörigkeit zur »bolschewistischen Intelligenz«. Am Anfang meldete sich Romek einmal zur Arbeit an den Bahngleisen. In jener Nacht kam er nach Hause, bedeckt mit menschlichen Exkrementen. Ich ließ ihm ein Bad ein, und während er in der Badewanne saß, nahm ich seine Kleider und verbrannte sie. Als ich zurückkam, sagte er mir, was geschehen war: »Es war ein langer Tag, aber es gelang mir, Schwierigkeiten aus dem Weg zu gehen. Als wir fertig waren, befahl einer der SS-Unteroffiziere den ukrainischen Strolchen, sich einen Juden auszusuchen und ihn in eine Abortgrube zu werfen – nur so zum Spaß, damit er nach des Tages Arbeit abkühlen könne. Ausgerechnet mich suchten sie aus. Als ich immer tiefer und tiefer sank, dachte ich, daß sie mich ertrinken lassen würden. Als nur noch mein Kopf herausragte, sagte einer der Deutschen:

›Laßt den Scheiße fressenden Juden an Land!‹ Sie warfen ein paar Schaufeln über die Grube, und ich kletterte heraus.«

Bald fanden sich keine Freiwilligen mehr, die die »öffentlichen Arbeiten« verrichten wollten; diese Quelle war versiegt. Die jungen Menschen begannen, sich jeden Morgen zu verstecken, und der Judenrat konnte sein tägliches Pensum nicht mehr erfüllen. Der Ältestenrat sandte Bevollmächtigte in das Hauptquartier der Gestapo. Sie hatten den Auftrag, um menschenwürdigere Behandlung der Betroffenen zu bitten, damit sie die erforderlichen Arbeitskräfte beschaffen könnten. Man sagte ihnen, daß die Deutschen die erforderlichen Arbeiter hinfort zwangsrekrutieren würden. Daraufhin fuhr ukrainische Miliz jeden Vormittag durch die Straßen, um Juden aus ihren Verstecken, die sie überall in der Stadt hatten, herauszutreiben und unter Stock- und Karabinerschlägen im Gänsemarsch an ihren Arbeitsplatz zu führen.

Eines Morgens wurde die Eingangstür zu meiner Wohnung von einem wütenden Deutschen aufgebrochen. Er richtete sein Gewehr auf mich. »So, Judensau, wo ist dein Mann?« Hinter ihm stand ein ukrainischer Gauner. Sie stürzten herein. Der Ukrainer ging zu den Schränken und begann sie auszuräumen. Romek hatte sich auf der Toilette versteckt. Ich rannte zu meinem Kinderbett in der Hoffnung, daß mein Baby und ich zusammen sterben würden. Der Deutsche brüllte irgend etwas, ich drehte ihm den Rücken zu und umarmte Zygmund. Da fiel ein Schuß, und ich wurde ohnmächtig.

Als ich wieder zu mir kam, lag ich auf dem Boden. Romek streichelte meinen Kopf, ich war von einer Kugel gestreift worden. Als Romek den Schuß hörte, hatte er sein Versteck verlassen, aber die Eindringlinge waren schon verschwunden. Unten im Hof lag die Leiche eines sechzehnjährigen Jungen. War er das Ziel der Kugel gewesen, vielleicht, als er versuchte, aus dem Gebäude zu fliehen? Oder hatte die für mich bestimmte Kugel ein anderes Opfer gefunden?

Ein neues Wort vergrößerte unseren Wortschatz: *Aktion.*

Bald wurde es für uns das gefürchtetste Wort, das wir kannten. Es bedeutete, daß wir zusammengetrieben wurden und daß Opfer an Plätze gebracht wurden, wie sie sich damals noch niemand vorstellen konnte.

Wir gaben jeder Aktion einen Decknamen, den wir später brauchten, um unsere Verluste zu vermerken. Die meisten Aktionen wurden nach jüdischen Feiertagen benannt. Die Nazis feierten diese eifrig, indem sie Menschen zusammentrieben. Aber die erste nannten wir einfach die wilde Aktion. Sie zeichnete sich durch Chaos und Willkür aus und wirkte auf die Gemeinde wie wahlloser Beschuß.

Die Besetzung befand sich noch in einem frühen Stadium, und man hatte die Bevölkerung von Kolomyja noch nicht ins Ghetto getrieben. Für die Deutschen war es schwer festzustellen, welche Häuser von Juden bewohnt wurden, denn wir wohnten verstreut in allen Bezirken der Stadt. Hätten sie keine Helfershelfer gehabt, wären sie ratlos gewesen. Aber die Ukrainer kamen ihnen zu Hilfe. Einige von ihnen, die für wohlhabende jüdische Familien gearbeitet hatten, brannten darauf, den Deutschen zu helfen. Selbst jene von uns, die nicht besonders wohlhabend waren, konnten von unseren ukrainischen Nachbarn wenig Schutz erwarten. Die junge Ukrainerin, die uns morgens immer die Milch gebracht hatte, war immer freundlich gewesen. Eines Morgens, nachdem die Besetzung begonnen hatte, trafen wir uns zufällig. Sie spuckte mich an und schwor, sich an mir zu rächen – nie werde ich zu wissen bekommen, wofür.

Irgendwie wußten die Leute meistens, wenn eine Aktion bevorstand. Kurz bevor die erste begann, eilten Juden durch die Stadt, um ein Versteck zu suchen. Dann marschierten SS-Offiziere und ukrainische Miliz durch die Straßen, wahllos die Türen einschlagend, um die Juden, die sie fanden, auf die Straße zu treiben. Den ganzen Morgen saßen wir schweigend in unserer Wohnung.

Mittags schien die Aktion zu Ende zu sein, und voller Sorge über das Schicksal von Freunden und Verwandten begannen die Juden, ihre Wohnungen zu verlassen. Bald erfuhren wir, daß die meisten Verschleppten Frauen und Kinder gewesen waren. Wir konnten nicht verstehen, was das bedeutete. Für uns war der Krieg immer noch eine Sache, die unter Männern ausgetragen wurde.

Ungefähr um zwei Uhr rollten Lastwagen mit den Opfern der ersten Aktion durch die Straßen. Als die Lastwagen an meiner Tür vorbeifuhren, sah ich die Gesichter einer Nachbarin mit ihren beiden Kindern, dreizehn und vierzehn Jahre alt. Ihre weitaufgerissenen Augen, erfüllt von Furcht und Schrecken, verfolgten mich. Ich konnte ihnen nicht einmal zuwinken, als sie vorbeifuhren.

Als die Lastwagen die Stadt verließen, begann eine Menge sich vor dem Judenrat zu versammeln. Sie verlangten, er solle intervenieren. Selbst die Familien des Judenrats waren nicht geschont worden. Eine Abordnung wurde beauftragt, sich mit dem Gestapo-Kommandanten Leideritz in Verbindung zu setzten. Er versicherte ihnen, daß keiner der am heutigen Nachmittag »Weggegangenen« zu Schaden kommen würde. Man habe sie nur ausgesucht, um auf Bauernhöfen zu arbeiten, ihre Kinder würden in gemeindeeigenen Kindergärten betreut werden.

Diese Nachricht beruhigte uns tatsächlich; noch konnten wir nicht ahnen, welche Ausmaße das Ungeheuerliche annehmen würde. Aber der Judenrat wollte weitere Informationen. Ukrainer wurden gegen hohe Belohnung beauftragt, die Umgebung abzusuchen, um die »Bauernhöfe« zu finden und uns zu erzählen, was dort vorging. Sie berichteten, daß unsere Leute tatsächlich auf den Feldern arbeiteten und daß es ihnen verhältnismäßig gut ging.

»Sie leben« – diese Nachricht verbreitete sich in der Gemeinde. Weitere Ukrainer wurden beauftragt, gegen noch höheren Lohn, den Verschleppten Nachrichten von ihren Familien zu überbringen. Die Nachrichten, die diese Ukrainer zurückbrachten, waren für die Familienangehörigen nicht zu verstehen. Trotzdem glaubten viele weiterhin daran, daß ihre

Lieben zumindest noch am Leben wären. Dieser Handel, den die Ukrainer mit den Botschaften trieben, war sehr einträglich, bis die zweite »Aktion« begann.

Diese wurde »Aktion der Intelligentsia« genannt. Sie fing damit an, daß die Gestapo vom Judenrat die Namen von zweihundert Ärzten, Anwälten, Ingenieuren, Lehrern, Buchhaltern und anderen Akademikern aus dem Melderegister der in Kolomyja wohnenden Juden verlangten. Diese zweihundert wurden von der ukrainischen Miliz schnell gefunden und zusammengetrieben. Einer von ihnen war Dr. Kahn, der Mann, der aufgrund des Attests, das Wolf seiner weinenden Frau gegeben hatte, der sowjetischen Rekrutierung entgangen war. Er und seine Frau wurden aus ihrem Heim verschleppt; übrig blieb nur ihr sieben Jahre alter Sohn, der nun ohne Essen und Unterkunft durch die Straßen streifte.

Frau Kahn, die erst vor einer Woche einen so hilflosen Eindruck gemacht hatte, zeigte sich über Erwarten stark. Zufällig war der einzig Überlebende dieser Aktion mein Schwager. Er war freigelassen worden, weil er Mitglied des Judenrats war. Er sagte mir, daß Frau Kahn auch im Gefängnis stolz und ungebeugt geblieben sei. Sie habe versucht, andere mit der Versicherung zu trösten, ihr heldenhafter Märtyrertod werde das Gewissen der Welt wecken.

Die Wälder waren nahe bei der Stadt, so daß wir die Schüsse hören konnten, mit denen die Opfer umgebracht wurden. Jetzt kümmerten sich die Nazis nicht mehr um den Eindruck in der Öffentlichkeit: Es gab keine Märchenerzählungen mehr über gesunde Arbeit in frischer Luft auf Bauernhöfen.

Da kaum mehr Kontakte zu der nichtjüdischen Bevölkerung bestanden, wurde die Beschaffung von Lebensmitteln zu einem ernsten Problem für die jüdische Gemeinschaft. Als die Vorräte an Mehl und Kartoffeln zu Ende gingen, mußten wir das Risiko auf uns nehmen, auf die Straße zu gehen, und setzten uns damit der Gefahr aus, von der SS und ihren ukrainischen Schlägern je nach Laune brutal mißhandelt zu werden. Gelang es einem, einen Nichtjuden zu finden, der bereit war, Lebensmittel zu verkaufen, konnte die Strafe für dieses Geschäft der Tod sein.

Romeks größte Sorge wurde das Dach über unseren Köpfen. Wir waren mit der Miete für unsere Wohnung schon einige Monate im Rückstand. Die war nicht an die jüdische Familie zu zahlen, der das Haus gehörte, sondern an die örtliche deutsche Verwaltung, die das Haus enteignet hatte. Zwangsräumung, das wußten wir, käme einem Todesurteil gleich. Verzweifelt suchten wir nach Mitteln, um unsere Wohnung halten zu können.

Freunde stellten uns einen deutschen Juden vor, Dr. Hertzstein. Er war ein Journalist, der, als der Krieg ausbrach, in Kolomyja gestrandet war. Wir nahmen ihn als Untermieter auf, er zahlte drei Wochen Miete im voraus.

Am Tag, als er einzog, erzählte er uns seine Geschichte: Anfang der dreißiger Jahre war er ein bekannter Rechtsanwalt, Wirtschaftswissenschaftler und Journalist in Deutschland. 1935 wurde er für sechzig furchtbare Tage in Dachau eingesperrt. Es war das erste Mal, daß ich hörte, was die Insassen der Nazi-Konzentrationslager durchmachten.

Nachdem er freigelassen worden war, flohen Hertzstein und seine nichtjüdische Frau nach Prag. Ihre beiden Töchter waren schon in England, wo anglikanische Geistliche sie in ihre Familien aufgenommen hatten. In Prag begann Hertzstein, auf der Suche nach Einreisevisa die Runde durch die Botschaften und Konsulate zu machen. Es dauerte Jahre, aber im Frühjahr 1939 gelang es ihm, die Einreiseerlaubnis für die Vereinigten Staaten zu bekommen. Aber die Deutschen besetzten Prag, bevor er Gebrauch von dem Visum machen konnte. Auf Rat seiner Frau verließ er Prag, um nach Polen zu gehen, in der Hoffnung, über Warschau nach Amerika auswandern zu können. Aber um Polen zu verlassen, brauchte er ein polnisches Ausreisevisum. An dem Tag, an dem Polen von Deutschland angegriffen wurde, bekam er das Ausreisevisum. Wieder mußte er fliehen und fand sich schließlich in der von den Sowjets besetzten Stadt Kolomyja wieder. Fast zwei Jahre lang bemühte er sich um gültige Ausreisepapiere. Aber wieder wurde er von der deutschen Armee eingeholt, als diese die Sowjetunion angriff. Hertzstein hatte sich in dieser Zeit über Wasser halten können, indem er Englischunterricht gab.

Als ich seiner Odyssee zuhörte und mir den frühzeitig gealterten und verbrauchten Mann ansah, schämte ich mich, daß wir die Miete im voraus verlangt hatten. Schnell gelang es uns, ihm das Gefühl zu geben, er sei Mitglied unserer Familie. Solange er bei uns war, gestalteten sich unsere Abende abwechslungsreich, denn er erzählte viele Geschichten und von seinen unterschiedlichen Erfahrungen.

Als die Probleme der Lebensmittelversorgung und der Miete beinahe unlösbar wurden, wendete sich unser Schicksal zum Besseren. Romek bekam seine Stellung als Buchhalter in der Vorhangfabrik, die er schon während der russischen Besetzung bekleidet hatte, zurück. Die Deutschen hatten aus ihr eine Uniformfabrik gemacht und sie unter der früheren ukrainischen Leitung wiedereröffnet. Eine Frau, die wir nur unter dem Namen Lydia kannten, leitete die Fabrik. Sie hatte Romek immer gern gehabt und brachte seiner Arbeit volles Vertrauen entgegen. Romek lag viel an der Stellung. Sie gab ihm die Möglichkeit, mit Nichtjuden in Verbindung zu treten, die uns vielleicht helfen würden, Lebensmittel und Gebrauchsgegenstände zu bekommen. Und seine Stellung schützte ihn vor der Zwangsrekrutierung für die Gleisbauarbeiten, die jeden Tag auf den Straßen stattfand.

Als die Intelligentsia-Aktion langsam aus unserem unmittelbaren Bewußtsein verschwand, atmeten die Menschen etwas freier. Aber nur allzu bald schlug die Angst wieder zu. Es ging das Gerücht um, die Deutschen seien auf der Suche nach einem jungen Juden, der während der Besetzung mit der örtlichen sowjetischen Miliz zusammengearbeitet habe. Aus welchen Gründen auch immer war er nicht mit den Besetzern geflohen, sein Leben war daher in den Händen der ukrainischen Miliz.

Trotz einer gründlichen Durchsuchung der Stadt fanden die Deutschen den Gesuchten nicht. Daher wurde dem Judenrat befohlen, ihn innerhalb von zwei Stunden auszuliefern, ansonsten würde eine neue Suche beginnen, aber diesmal eine blutige.

Aus Angst vor einer neuen Aktion sammelte sich eine Menschenmenge vor der Wohnungstür der achtzigjährigen Großmutter des jungen Mannes. Man bat sie, doch zu sagen, wo man den jungen Mann finden könnte. Sie antwortete verzweifelt, sie wisse es selbst nicht, und machte kläglich den Vorschlag, ihr Leben an Stelle des seinen zu opfern.

Während die Menge noch vor dem Haus herumlungerte, kam die Nachricht, die Deutschen hätten selbst mit der Suche begonnen. Sie hätten eine Milizeinheit mit Wachhunden in die Mokrastraße geschickt, den ärmsten jüdischen Stadtbezirk. Als die Hunde bellend und knurrend auf sie losgingen, liefen die Männer Deckung suchend davon. Die wenigen Frauen und Kinder, die sie an der Straße aufspürten, wurden von den Hundeführern, die in die Verstecke einbrachen, aufs Pflaster geworfen, dann trampelten sie auf ihnen herum und gaben ihnen Fußtritte. Wer sich nicht sofort ergab, wurde erschossen. Innerhalb einer Stunde lagen Tote und Sterbende über die Seitenstraßen verstreut, während die SS eine weitere Gruppe von Opfern zum Stadtgefängnis trieb.

Als die Aktion beendet war, schwamm die Mokrastraße in Blut. Wir haben nie erfahren, ob der frühere sowjetische Milizionär gefunden wurde. Es interessierte auch niemanden mehr. Andere hatten für seine Freiheit einen hohen Blutzoll bezahlt. Der Wald von Szeparowce wurde Zeuge einer weiteren Massenhinrichtung. Als keine Schüsse mehr zu hören waren, bekam die Aktion ihren Namen: Aktion Mokrastraße.

Am späten Abend kam ein achtzehn Jahre alter jüdischer Junge ins jüdische Krankenhaus. Er zitterte und sprach unzusammenhängend. Man fand ein Bett für ihn. Am nächsten Morgen ging ich ins Krankenhaus, um meinen Schwiegervater zu besuchen. Der Leiter des kleinen Hauses, Dr. Zeiger, bat mich in sein Büro. Sein Gesichtsausdruck war leidend, und als wir uns setzten, flossen ihm die Tränen über die Wangen.

Der Junge war mit anderen in der Mokrastraße zusammengetrieben worden. Spät in der Nacht brachte man sie auf Lastwagen vom Gefängnis in den Wald. Wie schon frühere Gruppen von Gefangenen mußten sie im Lichte der Laternen, die die Ukrainer über sie hielten, ihre eigenen Gräber schaufeln. Dann befahl man ihnen, sich nackt auszuziehen. Einer von den Wachen spielte auf seiner Mundharmonika, und den Opfern wurde zu tanzen befohlen. Wenn die Juden nicht gehorchten, wurden sie verprügelt. Im Anschluß an diese Unterhaltung mußten sie exerzieren. Ein deutscher Offizier kommandierte: Achtung! – Rührt euch! – Hinlegen! – Auf! – Im Laufschritt Marsch ...

Als der Spaß vorüber war, wurde den Juden befohlen, sich vor die Gräber zu stellen, die sie gegraben hatten. Schüsse peitschten, und als die Körper fielen, entgingen einige den Kugeln, indem die Toten im Fallen die Lebenden unter sich begruben. Der Junge war einer von denen, die durch die Leichen anderer gerettet worden waren. Nach Atem ringend zwängte er sich durch die über ihm liegenden Toten und tauchte über dem Erdboden auf, hatte aber nicht an die Wachen gedacht, die sich noch dort befanden.

Als er seinen Kopf hob, sah er, daß die Deutschen nicht mehr da waren und die Ukrainer sich damit beschäftigten, die Kleider der Opfer zu durchsuchen. Sie tranken und stritten um die Beute. Es gelang ihm, unbemerkt in den Wald zu flüchten. Von dort beobachtete er, wie die Grube mit Erde gefüllt und geglättet wurde. Nachdem die Miliz in Lastwagen weggefahren war, gelang es ihm, nach Kolomyja zurückzukehren.

Ich war sprachlos. Der Direktor stand auf und legte seine Hand auf meine Schulter. »Noch einige Aktionen wie diese, und die Deutschen werden eine Stadt ohne Juden haben. Hätten wir uns nur mehr um Gewehre als um Nahrungsmittel gekümmert und mit militärischer Ausbildung statt mit dem Talmud beschäftigt, dann wäre es uns vielleicht gelungen, einigermaßen ehrenhaft zu sterben ... Jetzt aber ...« Er brach ab, in Gedanken versunken. »Bleiben Sie tapfer. Sie sind jung und blond. Vielleicht wird man Sie schonen.«

Wir hatten drei Aktionen erlebt. Nach einer jeden lasen wir die Bruchstücke unseres Lebens auf und versicherten einander, daß wir überleben würden, und sei es nur, um Zeugnis abzulegen. Mütter trafen sich, unterhielten sich über ihre Kinder, teilten Nahrung und Hoffnungen; sie sahen zu, wie ihre Kinder spielten, lachten und wuchsen – als stünde ihnen ein lebenswertes Leben bevor.

Drittes Kapitel
Gegenwart und Vergangenheit

Inzwischen konnte Romek sich kaum noch dazu bringen, zur Arbeit zu gehen und – in Anbetracht bevorstehender Aktionen – mich und mein Baby allein zu lassen. Es mußte schon als ein Wunder angesehen werden, daß man uns, als die »Intelligentsia« zusammengetrieben wurde, in Ruhe gelassen hatte. Am Tag, an dem Wolf abgereist war, hatte der örtliche sowjetische Rundfunk seinen heldenhaften Beschluß bekanntgegeben, freiwillig in der sowjetischen Armee zu dienen. Sicher wußten einige der Ukrainer, die diese Sendung gehört hatten, daß er eine Familie zurückließ. Einige meiner Freunde rieten mir, die Wohnung zu verlassen und mich zu verstecken. Aber beide Aktionen hatten wir überstanden, und so blieben wir in der großen Arztwohnung mit dem Sprechzimmer und seinem Namensschild unten an der Haustür.

Romek wollte nicht, daß wir unser Glück weiter herausforderten. Er machte sich auf die Suche nach einem Ort außerhalb der Stadt, wohin wir ziehen könnten. Mehrere jüdische Familien hatten ein Obdach bei der Landbevölkerung gefunden. Nach einiger Zeit hatte Romek eine Familie ausfindig gemacht, die einige Kilometer außerhalb der Stadt wohnte. Sie hatten einen Schuppen, bestehend aus einem Zimmer und einer Küche. Wir drei würden in dem Zimmer schlafen und Dr. Hertzstein in der Küche.

Nachdem wir eingezogen waren, fühlten Romek und ich uns etwas erleichtert. Auch Zygmund war weniger ängstlich und begann, draußen im Garten zu spielen, wo er Blumen pflückte und einen jungen Hund necken konnte. Eine weitere Wohltat für uns war, daß die Familie eine Kuh besaß, so konnten wir täglich für ihn Milch kaufen, ab und zu gab es auch etwas Geflügel und Eier.

Mit Romeks Talent, in der »arischen Welt« durch Tauschhandel Nahrungsmittel zu besorgen, und mit Dr. Hertzsteins dürftigen Einnahmen aus seinen privaten Nachhilfestunden gelang es uns, uns über Wasser zu halten. Hin und wieder brachte Dr. Hertzstein ein Stück Schinken oder etwas Speck mit nach Hause, das ihm seine polnischen Freunde in Zahlung gegeben hatten.

Als der Herbst nahte, hatte ich das Gefühl, das Schlimmste vielleicht überstanden zu haben; vielleicht würden wir doch überleben. Wir begannen, uns Gedanken darüber zu machen, wie wir unseren kleinen Schuppen im Winter warmhalten würden.

Früh im Herbst kam Romek eines Tages ohne seine weiße Armbinde nach Hause. Er hatte einen besorgten Ausdruck auf seinem Gesicht. Das konnte nur bedeuten, daß in der Stadt wieder etwas vorgefallen war.

»Gott sei Dank geht es dir gut. In der Stadt hat eine neue Aktion begonnen, die bisher schlimmste. Sie haben die Synagoge in Brand gesteckt und treiben Juden in die Flammen. Soweit ich es beurteilen kann, haben sie auf der Straße kein Haus ausgelassen.

Etwa hundert ukrainische Milizmänner werden von einigen SS-Männern angeführt. Sie sind in die Fabrik eingedrungen und haben Hunderte von jüdischen Arbeitern verschleppt.«

Ich unterbrach ihn: »Wie ist es dir gelungen, herauszukommen?« »Kurz vor der Ankunft der SS kam jemand in mein Büro und sagte mir, man hätte dich mit deinem Baby im Arm unter den Zusammengetriebenen gesehen. Ich riß meine Armbinde ab und bin so schnell wie möglich hergekommen.« Er beugte sich zu dem auf dem Boden spielenden Baby hinunter, umarmte und küßte Zygmund und ging dann zur Tür.

Ich fragte: »Warum noch eine Aktion?« Aber er hörte mir nicht zu.

»Nimm das Baby und laß uns in den Schuppen gehen.«

Warum eine neue Aktion? Ganz einfach: wegen Rosch Haschana und Jom Kippur. Allein in meinem Schuppen, hatte ich ganz einfach jedes Zeitgefühl verloren. Aber die gläubigen Juden in Kolomyja hatten die Feste nicht vergessen. Obwohl öffentliche Versammlungen verboten waren, versammelte sich eine kleine Gruppe orthodoxer Männer in der Wohnung ihres Rabbiners. Sie beteten inbrünstig, aber heimlich. Wie hatte die Gestapo das erfahren können? Wir kamen zu dem Schluß, daß Ukrainer aus der Stadt von dem Verbrechen, das diese Versammlung darstellte, erfahren hatten, um es dann pflichtschuldigst ihren Herren zu melden. Als sie mitten in ihren Gebeten waren, wurden die Haustüren aufgebrochen und die alten Männer, eingehüllt in ihre Gebetstücher, auf die Straße geworfen. Dort schlug man sie mit Gewehrkolben und trieb sie mit Tritten zur Synagoge, die bereits brannte. Sie wurden in die Flammen gestoßen, dabei fuhren die Wachen sie an: »So, nun betet zu eurem Gott um Gnade, während ihr zu Asche werdet!« Unter den Schreien der Opfer erklang das Schma Israel.

Wir erfuhren später, daß einige hundert Juden im Feuer verbrannten oder auf der Straße ermordet wurden. Andere, die den Flammen entgangen waren, starben einen menschlicheren Tod: Nachdem man sie in die Szeparowce-Wälder verschleppt hatte, gleich außerhalb der Stadt, wurden sie einfach erschossen.

Nach dieser »Jom-Kippur-Aktion« wurde es für einige Zeit ruhiger. Es gab einige unbedeutende Zwischenfälle: Gefängnisstrafen wurden verhängt, weil man den Bürgersteig anstatt den Rinnstein benutzte oder weil man verbotene Lebensmittel gehortet hatte. Wir aber machten uns über die Ziele der Deutschen keine Illusionen mehr: Sie wollten die Stadt »judenrein« machen. Zuerst aber mußten sie die Weiler rings um Kolomyja säubern und die dort lebenden Juden zwingen, in die Stadt zu ziehen, wo sie besser unter Kontrolle zu halten waren. Dadurch bekam die Stadt eine Atempause.

Mittlerweile war es Winter geworden. Die Abende verbrachten wir bei schwachem Kerzenlicht zusammengekauert um den Kochherd und hörten, wie der Wind leise durch die lockeren Bretter pfiff. Keiner von uns brachte die Energie auf, ein Buch zu lesen oder sich zu unterhalten. Im besten Fall sahen wir uns Propagandablätter an, die Romek oder Dr. Hertzstein mit nach Hause gebracht hatten. Sie waren voll von Siegesmeldungen und Helden. Vergebens versuchten wir, zwischen den Zeilen zu lesen, um herauszufinden, ob es wohl jemanden gab, der etwas über uns wußte oder sich gar um uns Sorgen machte. War es möglich, daß die Briten und die Amerikaner unserer Vernichtung aus der Ferne tatenlos zusahen? Wußten sie überhaupt Bescheid über das Ausmaß der Morde? Selbst wenn Hitler den Krieg verlöre, würden wir dessen unschuldige Opfer sein.

Dr. Hertzstein war der älteste von uns, aber häufig schien er auch der stärkste und der optimistischste zu sein. Er war es, der unser trostloses Brüten mit Ablenkungen und Vorschlägen unterbrach. Eines Tages machte er uns den Vorschlag, während der langen Abende Englisch zu lernen. Wir sahen ihn nur an. Er verstand die Frage in unseren Augen: Gibt es denn noch eine Welt, in der man Englisch spricht?

Oft warf ich Dr. Hertzstein vor, zu nachgiebig zu sein. »Warum haben Sie nicht gegen sie gekämpft? Sie sind eigentlich ein typischer Deutscher: Alles, was sie können, ist, auf Befehl zu gehorchen.«

Er hörte sich meine Sticheleien gutmütig an. »Blanca, ich bin älter. Ich habe Dachau hinter mir.« Er zuckte mit den Achseln. Was hätten Romek und ich dafür gegeben, hinter einem Maschinengewehr sitzen zu können und uns, unseren Haß laut herausschreiend, zu verteidigen.

Nach dem Krieg traf ich oft Menschen, die in Sibirien oder sonstwo überlebt hatten und mich allen Ernstes fragten: »Warum habt ihr nicht zurückgeschlagen, warum habt ihr euch nicht verteidigt und einen Deutschen mit in den Tod genommen?« – »Warum«, fragten sie, »ließen sich Millionen polnischer Juden demütig abschlachten?« Auf diese Frage hatten wir keine Antwort. Wir erzählten ihnen von Frauen mit Babys in den Armen, deren kleine Hände sie umklammerten, und von ihren Männern, die beim Versuch, sie mit bloßen Händen zu verteidigen, umgekommen waren. Wer von uns hätte es gewagt, eine Wache anzugreifen? Denn wir wußten, was das bedeutete: daß nicht nur wir, sondern noch weitere hundert den Tod finden würden, obwohl sie doch alle am Leben hingen. Wir konnten nicht für andere Entscheidungen treffen, daher konnten wir auch für uns selbst nicht entscheiden.

Anfang 1942 gab es neue Gerüchte. Alles deutete darauf hin, daß die Deutschen die in Kolomyja und Umgebung lebenden Juden in ein Ghetto einweisen würden. Ende Januar kam Dr. Hertzstein mit einer ernsten Nachricht nach Hause. »Der Judenrat hat eine neue deutsche Verordnung bekanntgegeben. Alle ehemaligen Reichsdeutschen, die 1939 nach Polen deportiert wurden, müssen sich morgen im Gestapo-Hauptquartier melden, um sich registrieren zu lassen.« Ich starrte ihn an: »Sie werden doch nicht hingehen? Das würde den sicheren Tod für Sie bedeuten.«

»Machen Sie sich um mich keine Sorgen, es wird alles in Ordnung gehen. Schließlich sind wir deutsche Staatsbürger. Sie können uns nicht einfach liquidieren. Im übrigen ist es ein Befehl.«

Romek unterstützte meinen Einwand. »Gehen Sie sofort weg, fliehen Sie in den Wald und verstecken Sie sich! Irgendwo werden Sie die Möglichkeit haben, sich den Partisanen anzuschließen.«

Es half alles nichts. Pflichtgemäß ging Hertzstein am nächsten Tag zur Gestapo, um sich als früherer deutscher Staatsbürger registrieren zu lassen. Er überlebte den Tag nicht. Er wurde im Hauptquartier empfangen, in die Szeparowce-Wälder geführt und erschossen. Am selben Tag tötete man insgesamt zwölfhundert Juden, die ausländische Pässe besaßen.

Für Romek und mich war es das erste Mal, daß ein Mitglied unserer »Familie« den Tod gefunden hatte. Hertzstein hatte mit uns zusammengelebt und alles, was er hatte, mit uns geteilt. Er war immer hilfsbereit gewesen und hing sehr an Zygmund. Manchmal spielte er stundenlang mit dem kleinen Jungen. Während wir uns vor Angst verzehrten, fand er immer Zeit für dieses kleine, den falschen Eltern zur falschen Zeit geborene Wesen.

An diesem Abend saßen Romek und ich vor unserem spärlichen Abendessen, wir waren nicht imstande, unser Brot zu verzehren; in Gedanken waren wir bei dem Mann, dessen Stuhl jetzt leer war.

»Wirklich begreifen konnte ich den Mann nie«, sagte Romek. »Er schien mir immer mehr Deutscher als Jude zu sein.«

Ich wußte genau, was er meinte. »Ja, so sehr liebte er ihre Kultur, ihre Literatur, ihre Musik. In seinen Augen waren die Nazis keine Deutschen.«

»Ich konnte es nicht ertragen, ihm zuzuhören, wenn er die deutsche Nation gegen uns verteidigte, wenn er überheblich wurde: ›Ich bin ein Jude, stimmt, aber vor allem bin ich ein Deutscher.‹ Ich konnte dann nicht anders, ich mußte mich abwenden.

Manchmal diskutierten wir darüber. Ich sagte ihm, die Juden in Deutschland hätten einfach vergessen, wer sie sind. Hätte Hitler sie nicht so sehr gehaßt, hätten sie ebenso treu zum Reich gestanden wie jede andere Gruppe.

Es muß eine harsche Erfahrung für all jene deutschen Juden gewesen sein, die durch Zufall oder aus Versehen Polen waren und darum im Jahre 1939 über die Grenze abgeschoben wurden. Aber selbst nach diesem Erlebnis wollten sie mit uns anderen nichts zu tun haben.«

Ich nickte. »Am Ende blieb Hertzstein einer Fiktion treu. Er war froh darüber, als ehemaliger deutscher Staatsbürger zusammen mit seinen Landsleuten sterben zu können, abgesondert von den armen polnischen Juden, die in denselben Wäldern ihr Leben lassen mußten.«

Solche Unterhaltungen trugen wenig dazu bei, unsere Trauer über den Tod unseres Freundes zu lindern. Noch viel trauriger war Zygmund, der noch tagelang nach seinem

Freund suchte und klagend nach »Der Tag« fragte. So hatte Zygmund ihn genannt. Hertzstein hatte jeden Morgen das Kind mit Schwung aufgehoben und gesagt: »Guten Tag!« Und wenn er abends nach Hause kam, brachte er ihm oft eine kleine Überraschung mit – ein Stückchen Weißbrot, etwas Konfekt oder ein Stück Zucker.

Während Zygmund nach »Der Tag« suchte, dachte ich darüber nach, wie ich ihn wohl trösten könnte. Wenn ich das Wort *Deutscher* aussprach, um es ihm zu erklären, rannte er davon und versteckte sich. Dieses Wort bedeutete für ihn nur, daß man still sein und sich verstecken mußte.

Später in der Nacht, als ich einzuschlafen versuchte, mußte ich daran denken, wer wohl der Nächste sein würde. Ich fiel in einen unruhigen Schlaf, aus dem ich durch lautes Klopfen an der Tür geweckt wurde. Im gleichen Augenblick sprang Romek aus seinem Bett. Das konnte nur die Gestapo sein. Ich begann, einige Kleider für Zygmund zusammenzulegen, so daß er wenigstens warm in seinen Tod würde gehen können.

Als Romek die Türe öffnete, erblickten wir nicht die Gestapo, sondern meine Cousine Paula Bergman. Frierend und atemlos stand sie vor unserer Tür. Paula lebte mit ihrem Mann, einem Arzt, in Zablotow, einer Hunderte von Kilometern entfernten Stadt. Sie zitterte vor Kälte und brach erschöpft am Tisch zusammen. Dann begann sie uns zu erzählen, was geschehen war.

»Es war die Liquidations-Aktion.« Sie schien zu wissen, daß wir sie verstehen würden. »Es gelang mir zu fliehen, und seitdem bin ich ununterbrochen gelaufen, um bis hierher zu kommen. Was mit dem Rest meiner Familie geschehen ist, weiß ich nicht.«

In dieser Nacht konnten wir nicht mehr schlafen. Wir saßen fast bis zur Morgendämmerung an unserem Tisch und hörten erst Paulas Geschichte und dann ihren Plan an. Er war einfach und mutig. Sie würde ihre Armbinde mit dem gelben Davidstern abnehmen, sich eine falsche Geburtsurkunde besorgen mit einem nichtjüdischen Namen. Dann würde sie mit ihrem Mann und mit ihrer Familie, falls sie sie finden würde, in irgendeine große Stadt in Ostpolen ziehen.

Während des Zuhörens begann mich der Plan zu interessieren. »Sicher könnten wir das auch tun«, sagte ich zu Romek.

»Nein, das können wir nicht«, antwortete er. »Du hast einen kleinen Jungen, der beschnitten ist. Es würde uns nie gelingen, verstehst du nicht? Gäbe es Zygmund nicht, hätte ich dich nie so lange hierbleiben lassen. Du bist blond und blauäugig und würdest selber nie Schwierigkeiten haben. Aber mit ihm wärst du erledigt, sobald du von hier fortgehst.« Er hatte recht. Ich konnte nur mein Baby umarmen und seufzen.

Paula blieb eine Woche bei uns. Die Nächte vergingen mit langen Unterhaltungen. Unsere Gespräche reichten von Erinnerungen an unsere Kindheit und Heimat bis zu der jetzigen Tragödie, in der wir lebten. Irgendwie schien mir Paula nicht einfach mehr meine Cousine zu sein, sie kam mir vor wie eine ferne Heldin, die dem Tod ein Schnippchen geschlagen hatte.

Meistens sprachen wir von glücklicheren Zeiten, von unserem Leben als junge Mädchen und Frauen. Ich hatte Paulas Faszination für den Zionismus und für Palästina immer bewundert, ihren Idealismus und ihr Engagement. Aber sie sprach auch davon, daß sie mich bewundere. Wir hatten in unserer Jugend beide darum gekämpft, etwas im Leben zu erreichen.

Nach jenen Abenden mit Paula dachte ich wieder viel an mein vergangenes Leben. Es fielen mir Ereignisse ein, die ich in den Monaten nach Juni 1941 beinahe vergessen hatte. Was war aus all unseren Hoffnungen und Plänen, unseren Opfern und unserer Selbstverleugnung geworden? Daß ich mich mit meinem Baby und meinem Bruder in einem Schuppen versteckte. War dies das Ende?

Ich beschloß, nicht zuzulassen, daß alles so enden würde.

Ich würde bis zum bitteren Ende kämpfen, für Romek und für Zygmund.

Nach einer Woche verließ uns Paula. Sie wollte nach Zablotow zurückgehen, um herauszufinden, ob ihre Familie und ihr Mann überlebt hätten.

Viertes Kapitel
Ghetto 1

Als der Frühling nahte und die Tage länger wurden, ließen wir uns von der wärmenden Sonne in einen selbstzufriedenen Optimismus einlullen. Aber unsere Illusionen wurden am allerersten Tag des Frühlings 1942 durch eine neue Anordnung zerstört, die in deutscher Fraktur und auf polnisch von Plakaten, die in der ganzen Stadt verteilt waren, ausgerufen wurde.

Vom 21. März an waren alle Juden vepflichtet, in eines der drei amtlich eingerichteten Stadtghettos umzuziehen. Eines lag in dem Abschnitt zwischen Kopernik- und Walowastraße, ein zweites an der Mokrastraße und das dritte an der Dzieduszyckistraße. Jedes sollte von der Umgebung durch einen Zaun getrennt werden, der nur einen Ein- bzw. Ausgang haben würde. Jüdische Polizei unter Aufsicht des Judenrats sollte für Ordnung sorgen. Man durfte nur soviel, wie man auf den Armen tragen konnte, in das Ghetto mitnehmen. Im Ghetto durften Fahrzeuge weder benutzt noch sonstwie eingesetzt werden.

Ich stand inmitten einer Gruppe und las mit ihnen die vor dem Judenrat angeschlagenen Ausführungsbestimmungen der Verordnung; dabei hörte ich die Verwünschungen, die Klagen und die Seufzer der Verzweiflung.

Unterwegs zu meinem Schuppen außerhalb der Stadt konnte ich die wirkliche Bedeutung dieser Maßnahmen noch nicht ganz begreifen. Als ich weiterging, den jetzt verbotenen Bürgersteig sorgsam meidend, sah ich vor mir zwei alte Freunde gehen, Lonek und Celia Rothenberg. Sie trugen etwas. Als ich näher kam, sah ich, daß es ein Sarg war. Sie bewegten sich schnell und unauffällig durch die Straßen, wobei sie versuchten, die Blicke der Passanten zu meiden. Es war aber, trotz allem, ein Begräbnis. Als ich sie eingeholt hatte, blieb Celia nicht stehen, sondern erklärte mir: »Es ist meine

Mutter. Sie starb letzte Nacht, und wir müssen sie beerdigen, solange wir noch die Möglichkeit haben.«

Ich hatte Celias Mutter gekannt und drückte meine Anteilnahme aus.

Celia dankte und meinte: »Wenigstens durfte sie in ihrem Bett sterben, umgeben von ihren Kindern. Und sie wird auf dem jüdischen Friedhof in einem gekennzeichneten Grab beigesetzt werden.«

Celia hatte recht. Ihre Mutter hatte Glück. In den folgenden dreieinhalb Jahren habe ich kein ordnungsgemäßes jüdisches Begräbnis mehr gesehen.

Der nächste Tag zeichnete sich durch hektische Betriebsamkeit Tausender von Juden aus, die sich in die leeren Ghettos drängten, auf der Suche nach einem Platz, den sie für sich beanspruchen könnten. Alle drei Bezirke gehörten zu den ärmsten jüdischen Vierteln, ihre Gebäude waren beengt und alt. Um mit dem zur Verfügung stehenden Platz auszukommen und um die Neuankömmlinge unterzubringen, mußten sich die bisherigen Bewohner mit noch weniger Wohnraum begnügen.

Die Straßen erinnerten an ein Tollhaus: Frauen, vollbepackt mit Kleidern, mit kleinen Kindern im Schlepptau; Männer, die Brennholz oder Lebensmittel trugen, einen Tisch oder einen Stuhl. Einer taumelte stöhnend unter dem Gewicht einer Couch, die er sich auf seinen Rücken gebunden hatte. Die Glücklicheren schoben Hand- und Kinderwagen, vollbeladen mit ihrem Eigentum. Die Deutschen hatten irgendwie »vergessen«, Handkarren zu verbieten.

Dieser Tag beschwor den Juden als den ewig Wandernden. Jeder einzelne mühte sich, mit dem, was er tragen oder fahren konnte, ab, wohl wissend, daß sehr bald der Besitz eines Hemdes als Tauschobjekt den Unterschied zwischen Hungern und Verhungern ausmachen würde.

Als es Nacht wurde, sah es so aus, als wären die Umzüge abgeschlossen. Die Juden von Kolomyja hatten ihre Unterkünfte bezogen, und wo gerade Platz war, schliefen sie ein.

Vor dem Krieg hatten wir einige Leute gekannt, die an der Kopernikstraße ein Haus besaßen. Man hatte ihnen erlaubt zu bleiben – in einem einzigen Zimmer. Mit ihrer Hilfe gelang es Romek, eines der nunmehr leerstehenden Zimmer zu bekommen. Wir hatten Glück, denn Kopernik war das beste Ghetto. Damals konnten wir noch nicht wissen, was für eine glückliche Fügung das war. Die Rückseite des Hauses an der Kopernikstraße stieß nämlich an den Zaun des Ghettos, ein Umstand, der unser Leben mehr als einmal rettete.

Wir bekamen Platz für vier Personen zugeteilt, daher nahmen Romek, Zygmund und ich ein neues Familienmitglied auf, einen jungen Rechtsanwalt, den ich schon von Gorlice her kannte. Herman Kramer und ich hatten beide im Büro eines Anwalts gearbeitet, bevor ich mit Wolf nach Warschau zog. Ebenso wie Romek war er 1939 geflohen, um der deutschen Besatzung zu entkommen. So ließen wir vier uns in einem winzigen Zimmer nieder, das als einzige Möblierung ein Sofa enthielt. Später, als das Ghetto sich immer mehr füllte, wuchs unsere Familie auf acht Personen an.

Wir saßen auf dem Sofa und überblickten unsere irdischen Güter. Jeder von uns hatte soviel wie irgend möglich in das Ghetto mitgenommen. Zygmund war es gelungen, seinen Teddybär und seinen kleinen Plüschhund mitzunehmen. Er konnte nicht ahnen, daß seine Kostbarkeiten auch die unseren waren. Romek hatte ein paar Ringe, Armbänder und Armbanduhren eingenäht. Für die kommenden schweren Zeiten waren das unsere einzigen Tauschobjekte.

Überdies war es Romek und mir gelungen, aus unserer Wohnung einen kleinen Liegesessel, zwei Stühle und einen Sekretär zu retten. Aber als immer mehr Menschen in unser Zimmer zogen, mußten sogar diese Möbel weichen. Zum Schluß hatte nur noch Zygmund eine Matratze, wir anderen schliefen nebeneinander auf dem Boden.

Von dem Augenblick an, in dem die Ghettotore geschlossen wurden, beherrschte uns alle nur noch ein einziger Gedanke: hinauszukommen. Juden, die Arbeit hatten, bekamen einen Arbeitsausweis. Damit durften sie das Ghetto verlassen, um im nichtjüdischen Teil der Stadt zu arbeiten. Die Arbeit der Juden – an den Straßen, in den Fabriken und beim Gleisbau – war für die deutschen Kriegsanstrengungen unentbehrlich. Jene, die arbeiteten, wurden der kriegswichtige Teil der jüdischen Bevölkerung genannt. Obwohl sie vom Morgengrauen bis in die Nacht ohne Ruhepause und ohne Essen arbeiteten und ständig mit Schlägen bedroht wurden, waren diese Juden die vom Glück begünstigten. Allein aus dem Ghetto herauszukommen, war Entschädigung genug für ihre Arbeit.

Romek arbeitete in der Kleiderfabrik, offiziell als Buchhalter, inoffiziell als stellvertretender Direktor. Weitere hundert Juden arbeiteten dort als Schneidermeister oder als Schuster und fertigten Uniformen für die Wehrmacht.

Nur junge Männer kamen für einen Arbeitsausweis in Frage. Die Alten, Frauen mit Kindern und die Kranken hatten keine Möglichkeit, einen zu bekommen. Jene, die versuchten, mit Hilfe ihres Arbeitsausweises ihr eigenes oder das Leben ihrer Familien zu erleichtern, nahmen ein großes Risiko auf sich. Ein Arbeiter konnte zwar kommen und gehen, aber niemand durfte Brennmaterial oder Lebensmittel oder sonst etwas Wichtiges in das Ghetto mitnehmen. Jede Person bekam ein halbes Kilo Brot in der Woche. Wenn die Arbeiter abends von der Arbeit zurückkehrten, wurden sie von der jüdischen Polizei und von der ukrainischen Miliz durchsucht. Wer versuchte, seine Ration damit aufzubessern, daß er von draußen etwas mitbrachte, wurde erschossen.

Den Mitgliedern der jüdischen Hilfspolizei – des »Jüdischen Ordnungsdienstes« – schien ihre grausige Pflicht ein besonderes Vergnügen zu bereiten. Zuerst hatten sich verantwortungsbewußte Mitglieder der jüdischen Gemeinde zum Dienst im Judenrat und in der jüdischen Polizei gemeldet. Sie vertraten loyal die jüdischen Interessen und versuchten, die Härte der deutschen Vorschriften zu mildern. Aber als ihnen klar wurde, daß ihre Arbeit, insbesondere bei der jüdischen Polizei, auf Kollaboration hinauslief, gaben sie ihre Posten auf. Übrig blieben dann nur noch Schläger und Kreaturen, die eifrig versuchten, die Grausamkeiten und Mißhandlungen ihrer Herren und Meister noch zu übertreffen.

Ins Ghetto eingesperrt, sahen wir jedem neuen Tag in der Angst, eine neue Aktion könnte bevorstehen, entgegen. Die Weitsichtigen begannen, sorgfältig Verstecke herzurichten, in welchen sie einen neuen Angriff vielleicht unentdeckt würden überleben können. Ganz besonders fürchteten wir uns vor den jüdischen Feiertagen. Diese waren oft der Anlaß für besonders grauenvolle Aktionen. Der erste im Ghetto zu begehende Feiertag war das Pessachfest. Wie im Vorjahr hatten die Juden eine Vorahnung. Wilde Gerüchte zirkulierten. Männer und Frauen überprüften ihre Verstecke und versuchten mitzubekommen, ob es auf den Straßen besondere Aktivitäten oder Störungen gab. Am Vorabend des Pessachfestes erfüllte tiefes Schweigen das Ghetto. Man tauschte Gerüchte aus, eine mitgehörte Unterhaltung der Gestapo oder unzusammenhängende Berichte des Judenrats. Ein Nachbar kam vorbei. »Sie kommen. Morgen. Ich habe einen Freund bei der Polizei. Er hat gestern abend seine Familie aus dem Ghetto herausgeholt. – Also, seid auf der Hut!«

Was sollten wir tun? Wir konnten nicht davonlaufen, wir konnten uns nicht verstecken. Voller Angst flohen die Menschen von den Ghettostraßen, als die ukrainische Miliz sich dem Eingangstor näherte.

Vor einiger Zeit hatten wir eine Art Loch in das Fundament gegraben, um uns verstecken zu können. Aber als ich Zygmund in meine Arme nahm, wurde mir klar, daß den anderen, die sich schon darin befanden, eine Mutter mit ihrem weinenden Kind nicht willkommen sein würde. Es blieb mir nichts anderes übrig, als in meinem Zimmer auszuharren und darauf zu warten, gefangengenommen oder einfach mit meinem Baby an Ort und Stelle erschossen zu werden. Ich tröstete mich damit, daß wenigstens Romek und Herman davonkommen würden, da sie beide bei ihrer Arbeit in der Fabrik waren.

Zygmund sah mich an. »Warum weinst du, Mami? War ich ein böser Junge?«

»Nein, Liebling, es sind die Deutschen, die mich traurig machen.«

Plötzlich begann die Tür unter heftigen Schlägen zu zittern. Aber als sie sich öffnete, war es nicht die Gestapo oder eine ukrainische Wache, sondern Romek stand da.

»Gib mir das Baby, laß uns gehen!« Romek führte mich die Treppe hinunter auf die Straße in Richtung des Ghettotors. Als wir dort ankamen, knurrte uns die ukrainische Wache an. »Zurück, niemand darf hinaus. Befehl!«

Als wir wieder vor unserer Tür standen, griff ich Romek an: »Dummkopf, in der Fabrik warst du in Sicherheit. Jetzt werden wir alle zusammen sterben.«

Ohne mir zu antworten, riß er seine Armbinde mit dem Davidstern ab und griff nach meiner.

»Was machst du da?« Aber ich begriff. Der Gedanke an eine Flucht lähmte mich.

Aber Romek war schon unterwegs in Richtung des Zaunes hinter unserem Haus. Ich folgte ihm mit Zygmund auf dem Arm. Auf beiden Seiten des Zauns waren keine Wachen zu sehen. Romek nahm mir das Baby ab und half mir, über den Zaun zu klettern. Dann gab er mir Zygmund und kletterte ebenfalls hinüber.

Wir standen auf einer einsamen Straße außerhalb des Ghettos. Auf der gegenüberliegenden Seite stand das Haus Lydias, der Direktorin der Fabrik, in der Romek arbeitete. Wir überquerten die Straße. Auf unser Klopfen öffnete Lydias Mutter.

»Kommt bitte herein!« sagte sie lächelnd und sah hinunter auf meinen verängstigten Jungen. »Geht doch ins Badezimmer, um euch frisch zu machen.«

Später ging Lydias Mutter mit uns dreien in die Fabrik. Ich war nicht daran gewöhnt, ohne Armbinde auf dem »arischen« Bürgersteig zu gehen, und zitterte wegen einer Unternehmung, die mir noch vor kurzem nicht einmal in den Sinn gekommen wäre. Im Gehen versuchte die ältere Frau wiederholt, mich zu beruhigen. »Rennen Sie nicht so, entspannen Sie sich. Kümmern Sie sich nicht um die Passanten. Benehmen Sie sich so, als wären Sie meine Gäste, denen ich die Stadt zeige.«

Erst als wir die Fabrik erreichten, atmete ich erleichtert auf. Dann standen wir im Büro der Direktion, mit Blick in die Arbeitshalle, und ich sah zum Fenster hinaus, von dem ich einen kleinen Teil des Ghettos sehen konnte. Ich war sicher, Schüsse und durchdringende Schreie von Frauen und Kindern zu hören. Als ich mich wieder der Arbeitshalle unten zuwandte, sah ich die jüdischen Arbeiter wie angegossen auf ihren Bänken. Sie wußten, was im Gange war. Jeder von ihnen hatte eine Familie innerhalb der Ghettomauern. Ihr verzweifelter Gesichtsausdruck war nicht zu ertragen. Einige hatten ihre Selbstbeherrschung verloren und weinten.

Mir blieb nur übrig, hinter einem Berg von Kleidern und Nähzeug eine Nische zu finden. Ich setzte mich und hielt mein verängstigtes Kind auf dem Schoß. Ich versuchte es zu beruhigen, meine Gedanken waren aber im Ghetto, bei meinen Freundinnen und ihren Kindern.

Zygmund und ich saßen noch lange nach Einbruch der Dunkelheit in unserer Ecke. In anderen Teilen der Fabrik war nur noch wenig Betrieb. Die meisten Männer waren wie versteinert. Manchmal kam einer bei mir vorbei auf dem Weg in den Waschraum, um ein Glas Wasser zu trinken. Ganz in der Nähe stöhnte eine Frau, sie hatte drei Kinder im Ghetto gelassen. Später fiel eine Frau in Ohnmacht. Einige in ihrer Nähe machten Wiederbelebungsversuche. Als sie aufwachte, war alles, was sie sagen konnte: »Es ist mein Fehler, meine Schuld ...«

Als die Dämmerung langsam hereinbrach, hörten wir Stimmen, die immer lauter wurden. Bald merkten wir, daß es schreiende und fluchende deutsche Soldaten waren. Wir liefen zu den Fenstern. Die beginnende Dunkelheit wurde vom

Licht der Straßenlampen durchbohrt. Und unter diesen konnten wir eine trostlose Kolonne von Juden aus dem Ghetto erkennen. Es waren Hunderte von Familien, die von Wachen vorwärtsgetrieben wurden.

Ich versuchte wie die anderen, in den Reihen ein bekanntes Gesicht zu erkennen. Ich hörte die Seufzer jener, die das Gesicht eines Freundes oder eines Kindes, einer Mutter oder eines Onkels erkannten. Die »Glücklichen«, die jenseits der Fabrikfenster ein bekanntes Gesicht in der Dunkelheit zu sehen glaubten, brachen bald darauf zusammen. Wenn sie, ihr Schicksal verfluchend, ihre Fensterplätze fluchtartig verließen, kamen andere und nahmen ihren Platz ein. Wie Leute in einer Schlange, traten diejenigen, die schließlich einen Fensterplatz ergattert hatten, ihren Platz an andere ab und warfen sich zu Boden, zerrissen ihre Kleider und beklagten unter Tränen ihre Ohnmacht. Für uns hier drinnen waren die Menschen draußen schon gestorben. Wir sahen nur noch Gespenster.

Ich setzte Zygmund in einer Ecke ab und kehrte zu einem der Fenster zurück. Ein tiefer Schmerz durchbohrte mich, als ich diese Hunderte von Opfern sah, die wie Vieh durch die Straßen getrieben wurden, manche weinend, manche still duldend. Als ich sah, wie auf die Nachzügler eingeprügelt wurde, zuckte ich zusammen. Jedoch, als ich die Gesichter absuchte, erkannte ich niemanden. Alle Gesichter sahen gleich aus, alle waren vom Tod gezeichnet.

Als ich weiter hinunterschaute, stolperte eine alte Frau und fiel um. Ein SS-Offizier ging zu ihr hin, sah auf den am Boden liegenden Körper, zog seine Pistole und schoß ihr in den Kopf. Ich hörte den Schuß nicht, sah aber, wie der Körper zuckte und regungslos liegen blieb. Die anderen in der Kolonne mußten an dem Leichnam vorbeimarschieren.

Plötzlich hörte ich wie von weit her Romeks Stimme. »Gott sei Dank konnten wir dich retten. Allein im Ghetto müssen sie Hunderte getötet haben.« Die Zahlen bedeuteten mir nichts, ich war zu abgestumpft.

Am frühen Abend waren die Straßen wieder leer. Die Arbeiter wanderten ziellos umher und dachten daran, was wohl der Morgen bringen würde. Einige zogen ihre Mäntel an und gingen zum Ghetto, um gegen alle Hoffnung dort ihre Familien zu finden, die sich in den Bunkern und Kellern versteckt hatten. Jene, die ihre Familien von den Fenstern aus erkannt hatten, blieben zurück. Still saßen sie auf dem Boden und trauerten.

Die Putzkräfte waren hereingekommen, um die Halle für einen neuen Arbeitstag herzurichten, einen Tag, der für sie nicht anders verlaufen würde wie die vorangegangenen. Die übriggebliebenen Arbeiter standen auf und gingen, wohl wissend, daß sie am nächsten Tag wieder zur Arbeit erscheinen würden, um einen weiteren Tag zu überleben.

Als Romek und ich uns zum Gehen fertigmachten, kam Lydia zu uns. »Blanca, Romek: Es gibt keinen Grund zu gehen. Bleibt über Nacht hier. Ich glaube, es wird weitere Unruhen geben. Wenn ihr zurückgeht, werden sie nicht gestatten, daß Blanca und Zygmund morgen das Ghetto verlassen, wenn sie die Tore für die Arbeiter öffnen.«

Wir stimmten zu. Lydia führte uns in eine kleine Wohnung, die der Nachtwächter bewohnte, ein älterer Jude, der hier mit seiner Familie lebte. Er hieß uns herzlich willkommen.

»Meine Frau und meine Töchter bereiten einen Seder vor. Dürfen wir Sie dazu einladen?«

Als ich zum Eßtisch hinübersah, wurde mir klar, daß es der erste Abend des Pessachfests war. Ich konnte ein weißes Tischtuch und ein paar angelaufene silberne Leuchter sehen. Unser Gastgeber gab jedem von uns eine Haggada und führte uns zu Tisch.

Als der alte Herr uns durch den traditionellen Gottesdienst führte, mußte ich an die Seder in meiner alten Heimat denken. Wir feierten sie voller Wärme und Freude im Kreise der Familie. Dann sah ich meinen Sohn an, der auf meinem Schoß sitzend mitlächelte und sich am Gesang beteiligte.

Als unser Gastgeber die Bitterkräuter herumreichte, die uns an unsere Sklaverei in Ägypten erinnern sollten, konnte ich nicht mehr. Ich mußte den Tisch verlassen. War es denn möglich, die damalige Bitterkeit mit der unsrigen zu vergleichen? Ich erinnerte mich daran, daß in unserer Familie beim Seder uns Kindern das Essen der Bitterkräuter erlassen worden war. Damals konnten wir sicher sein, daß Mutter und Vater niemals auch nur einen Schatten auf ihre Kinder würden fallen lassen. Und heute, nach dem Massaker an so vielen Kindern, saß ich mit Fremden am Pessachtisch. Welchen Schutz, welche Freude konnte ich meinem Kind noch geben? Ich wußte, es würde nicht lang genug leben, um am Sedertisch seines Vaters die vier Fragen zu stellen.

Fünftes Kapitel

Ghetto 2

Nach einer schlaflosen Nacht, in der wir um den Tisch saßen und die langsam abbrennenden Kerzen beobachteten, kamen mit dem Morgen die ersten Arbeiter. Ihnen Fragen zu stellen war zwecklos, die Antworten standen ihnen unauslöschlich ins Gesicht geschrieben. Sie hoben ihre Nadeln, Scheren und Zollstöcke auf und begannen mit ihrer Arbeit.

Fast jeder hatte Mitglieder seiner Familie verloren. In den Straßen lagen zahlreiche Leichen. Niemand hatte sie weggeschafft. Es gab keinen Platz, wo man sie hätte beerdigen können. Jene, die in Verstecken überlebt hatten, blieben, wo sie waren. Niemand wußte, ob die Aktion zu Ende war oder nicht. Da das Pessachfest noch eine Woche dauerte, vermuteten wir, daß unsere Peiniger mit ihrem Feiern noch nicht am Ende waren.

Sie waren es wirklich nicht. Nachdem die Arbeiter zur Arbeit gegangen und die Ghettotore an diesem Morgen geschlossen waren, umzingelte eine Postenkette der ukrainischen Miliz die Mauern des Ghettos. Niemand konnte mehr in Sicherheit springen. Die letzten, die zur Arbeit gingen, sahen Gruppen von SS in das Ghetto eindringen, diesmal mit Spürhunden, die mit ihren Nasen am Boden vorwärtsstrebten, nach Menschenfleisch schnüffelnd. Es würde nicht mehr lange dauern, bis auch die letzten Verstecke gefunden wären.

Wir in der Fabrik wußten nicht, was im Gange war. Es wurde wenig gearbeitet, und als die Dunkelheit hereinbrach, stand nicht einmal jemand auf, um das Licht anzuzünden.

Aber plötzlich bemerkte jemand außerhalb der Fenster einen hellen Schein. Wieder liefen wir an die Fenster der Arbeitshalle. Das Kopernik-Ghetto stand in Flammen, es brannte lichterloh. Als wir in ungläubigem Entsetzen dastanden, wurde eine Türe aufgerissen und ein junger Mann stürzte herein. Einige Arbeiter wandten sich ihm zu und wollten ihm Fragen stellen, aber sie kamen nicht dazu, denn er fing sofort an zu reden.

»Ich konnte fliehen. Die Deutschen brennen alles nieder.« Er schluchzte: »Als sie die Verstecke entdeckten, wurden sie wütend. Also beschlossen sie, die Menschen in ihren Verstecken einfach zu braten. Jeder, der herauskam, wurde von den ukrainischen Wachen erschossen. Sie erschossen sie, wenn sie aus den Fenstern sprangen oder aus den Kellern heraufkamen.«

Während er weitererzählte, wurde er immer verzweifelter. »Frauen warfen ihre Kinder aus den Fenstern der brennenden Häuser. Die Fachwerkhäuser brannten wie Zunder. Der Wind trieb die Flammen an. Es müssen an die tausend Menschen gewesen sein, die dort lebendigen Leibes verbrannten.«

Nachdem der Junge seine Erzählungen beendet hatte, läutete das Telefon im Direktionsbüro. Lydia nahm ab, Romek ging zu ihr. Nach einem Augenblick deckte sie die Sprechmuschel ab. »Die SS ist unterwegs zu uns.«

Romek drehte sich um und kam zu mir und Zygmund. Er packte mich am Arm und riß das Kind hoch. »Komm mit«, befahl er und ging in Lydias Büro. Lydia folgte. Als die Tür sich hinter uns schloß, sah er sie flehend an und schob Zygmund und mich in einen Schrank. In der Dunkelheit hörte ich, wie er den Schlüssel umdrehte.

Nach ungefähr ein oder zwei Minuten hörte ich Stiefelknallen, dann begannen deutsche Stimmen zu sprechen.

»Ich will eine Liste derjenigen Arbeiter, die für die Kriegsarbeit unerläßlich sind.«

Lydia antwortete. »Ich brauche alle, die ich habe.«

»Unsinn! Sie haben achthundert. Teilen wir durch zwei.«

»Ich sage Ihnen, ich brauche alle, um mein Soll erfüllen zu können.«

Daraufhin hörte ich, wie die SS-Männer kehrtmachten und die Bürotür hinter sich zuschlugen.

Sie waren in die Arbeitshalle gegangen und suchten sich dort ihre Opfer selber aus. Als sie an den Bänken entlanggingen, wählten sie die Älteren, schoben sie von ihren Sitzen und zeigten sie den ukrainischen Wachen.

Schwach hörte ich die Stimme einer Frau. »Bitte, ich habe zwei kleine Kinder im Ghetto gelassen. Darf ich sie noch einmal sehen?« Plötzlich hörte ich einen Schuß – dann kamen keine Bitten mehr. Nach einer halben Stunde hatten sie dreihundert Juden mit Peitschen und Knüppeln aus dem Gebäude gejagt.

Nachdem sie weggegangen waren, schloß Romek die Schranktür auf. Glücklicherweise war Zygmund wegen der stickigen Luft ohnmächtig geworden. Das hatte sein Leben gerettet. Hätte er nur leise gewimmert, wären wir entdeckt worden.

Als ich wieder in die Arbeitshalle hinunterging, hörte ich nur noch Ausdrücke der Resignation und der Hoffnungslosigkeit: »Es hat alles keinen Zweck mehr, selbst mit einem Arbeitsausweis ist man nicht mehr sicher. Es ist alles gleichgültig. Ich würde lieber heute als morgen sterben.«

Abends liefen wir zurück zu dem, was von unserem Ghetto übriggeblieben war. Als wir hineingingen, sahen wir, wie die Überlebenden apathisch und teilnahmslos aus ihren Verstecken krochen. Sie erkundigten sich nach dem Schicksal ihrer Familien und Freunde. Wir hörten sie stöhnen und wehklagen, als sie erfuhren, was geschehen war.

Oben in unserem Zimmer gab es nur noch zerbrochene Möbel und zerrissenes Bettzeug. Die Ukrainer hatten auf der Suche nach jüdischem Gold das ganze Zimmer durchwühlt. Da sie kein Gold fanden, zerbrachen sie die paar im Ausguß liegenden Schüsseln und schlugen die Fensterscheiben ein. Um noch eins draufzusetzen, warfen sie die wenigen Essensreste aus dem Fenster in den Rinnstein. Ich sah, wie die Menschen unten im Dreck herumwühlten, um zu retten, was noch brauchbar war. Daneben durchsuchten andere die Taschen eines Leichnams, der im Rinnstein lag. In der Nähe bewegte sich ein Körper, der noch Leben in sich hatte, wahrscheinlich rief er um Hilfe oder nach Wasser. Die Lebenden beachteten ihn nicht, sie waren zu sehr damit beschäftigt, ihre Kinder oder Eltern zu suchen, die möglicherweise noch am Leben waren. Ich bemerkte den Geruch des Todes, der von den Ghettostraßen zu mir heraufwehte.

Nach dieser zweiten Pessach-Aktion blieben nur noch zwei Ghettos übrig. Diejenigen, die im abgebrannten Ghetto gewohnt und überlebt hatten, begannen auf der Suche nach Unterkunft in unseres zu kommen. Kaum hatten sie für die Nacht ein Dach über dem Kopf gefunden, war wieder Gewehrfeuer zu hören. Wieder rannten Leute in Deckung.

Romek war in die Fabrik zurückgegangen. Zygmund und ich kauerten allein in unserem kahlen Zimmer und erwarteten unser Ende. Während wir uns an die Wand drückten, hörten wir, wie die Schüsse schwächer wurden und sich entfernten. Ich legte Zygmund auf den Rest einer Matratze zum Schlafen hin und ging aufs Geratewohl die Treppe hinunter auf die Straße.

Dort sah ich, wie Leute aus ihren Verstecken kletterten. »Was ist geschehen?« fragte ich.

»Es sieht so aus, als ob sie unterwegs zum anderen Ghetto sind«, antwortete jemand. »Vielleicht sind wir vorübergehend sicher.«

Als die Überlebenden in unser Ghetto kamen, hörten wir eine uns bereits geläufige Geschichte. Die ukrainischen Wachen zogen durch die Straßen, erschossen diejenigen, die sich noch nicht versteckt hatten, trieben die anderen aus ihren Verstecken heraus und erschossen sie ebenfalls. Die Unentdeckten starben in den Flammen. Wir hatten ihre Schreie gehört, als die Gebäude einstürzten.

Wo das Ghetto einst gewesen war, herrschte nachmittags um fünf Uhr eine lastende Stille. Außerhalb der Tore unseres Ghettos sahen wir, wie die Gestapo die ukrainische Miliz rasch aus den verbrannten Straßen herausführte.

Am Abend, als die Fabrikarbeiter zurückkehrten, wurde es in unserem Ghetto etwas lebendiger. Während sie die Tore passierten, eilte ich hinaus, um Romek zu suchen. Ich fand ihn, führte ihn in unser Zimmer, dort ließ er sich erschöpft auf dem Boden nieder. In der Dunkelheit sah der Zweiundzwanzigjährige um Jahrzehnte gealtert aus. Vergebens versuchte er, Zygmund zu liebkosen.

Obwohl er zu lächeln versuchte, konnte ich die Tränen in seinen Augen sehen. Sein Gesicht verzog sich trotz aller Anstrengungen zu einer Maske.

Da Romek nun auf das Baby aufpassen konnte, war es mir möglich, in das zweite Ghetto zu gehen, um dort nach Freunden zu suchen, die vielleicht diese letzte Aktion überlebt hatten. Andere hatten dieselbe Idee. Die ukrainischen Wachen ließen uns lachend und fluchend hinaus. Einige Minuten später erreichten wir die von Brandruinen gesäumten Reste der Bóżnica-Straße. Wir erinnerten uns daran, daß sie früher Synagogen-Straße geheißen hatte. Wo die gepflegten Fachwerkhäuser gestanden hatten, glühte es jetzt nur noch in der Asche. Wir kamen nur langsam voran, denn überall lagen Leichen. Als ich mir Mühe gab, ihnen auf meinem Weg auszuweichen, fühlte ich eine Schwäche in den Beinen. Ich stolperte und fiel über den Körper einer jungen Frau. Schreiend stand ich rasch wieder auf.

Einige Schritte weiter sah ich einige Kinder, zwischen drei und fünf Jahren alt, die einen toten Körper umringten, der wohl ihre Mutter gewesen war. Sie faßten sie an, sie sprachen zu ihr, den Tod begriffen sie nicht. Sie sahen nur, wie ihre Mutter teilnahmslos vor ihnen lag. Erst küßten sie sie, dann flehten sie sie an: »Mami, bitte wach auf! Warum antwortest du nicht?« Ein Kind beugte sich vornüber und umarmte den Leichnam. Ein Grauen überwältigte mich. Blindlings rannte ich davon. Ich dachte nur an meinen Zygmund, der einmal vielleicht dasselbe tun würde.

Ich fand zu der Straße, wo Celia und Lonek Rothenberg lebten. Celias Mutter war es ja gewesen, die am Tage, bevor die Plakate die Errichtung von Ghettos ankündigten, dankenswerterweise in ihrem Bett gestorben war.

Als ich ihr Haus erreichte, stieß ich auf eine Gruppe von

Leuten, die sich heftig stritten. Einer insistierte: »Laßt ihn doch verbluten. Je schneller er stirbt, desto besser für ihn und die anderen.«

Ich unterbrach ihn. »Worum handelt es sich?«

Der Sprecher wandte sich mir zu: »Es geht um die Frage, ob man versuchen sollte, jemanden, der sterben will, am Leben zu erhalten. Es handelt sich um jemanden, der sich, nachdem er seine Familie tot auffand, die Pulsadern aufschnitt.«

Seine Frau und seine Kinder hatten, wie sich herausstellte, mehrere Aktionen überlebt, weil er sie in einem selbstgebauten Unterschlupf versteckt hatte. Aber als er an jenem Morgen zurückkehrte, fand er sie tot vor. »Ich kann Ihnen nicht sagen, wie sie starben. Jedenfalls setzte er sich hin und schnitt sich mit einer Rasierklinge die Pulsadern auf.«

Bestürzt sah ich die Gruppe an: »Wie könnt ihr darüber streiten? Es ist eure Pflicht, ihn zu retten.«

Die Antwort kam von verschiedenen Seiten: »Warum? Wozu denn? Sollen wir ihn retten, damit er das Opfer einer SS-Kugel wird? Nur noch wenige Minuten, dann wird er Frieden gefunden haben.«

Ich blieb standhaft: »Zeigt mir, wo er ist, vielleicht kann ich noch etwas für ihn tun.«

»Sind Sie Ärztin oder so etwas?«

»Nein.«

»Dann kümmern Sie sich nicht weiter darum. Wir sind sowieso alle zum Tod verurteilt, es ist nur eine Frage der Zeit.«

Meine Gefühle schwankten zwischen Ekel und Hoffnungslosigkeit. Ich ging. Wie durch ein Wunder fand ich meine Freunde noch am Leben. »Gott sei Dank seid ihr noch wohlauf«, sagte ich, als ich ihr Zimmer betrat.

»Ja, aber wie lange noch?« Es war Lonek, der das gesagt hatte. Wie die anderen war auch er verzweifelt. Er hatte keine Hoffnung mehr und den Kampf ums Überleben aufgegeben.

Diese Mischung von Hilf- und Hoffnungslosigkeit konnte ich nicht ertragen. Ich umarmte meine Freunde und machte mich auf den Weg zurück in mein Ghetto.

Als ich an den Büros des Judenrats vorbeiging, erfuhr ich, daß diese Aktion fünfzehntausend Menschenleben gefordert hatte.

Das Ghetto existierte jetzt offiziell nur noch in zwei Bezirken. Unser dringendstes Problem war die Versorgung mit Lebensmitteln. Jeder gesunde Erwachsene versuchte, außerhalb der Ghettomauern Arbeit zu finden. Selbst Mütter mit kleinen Kindern bemühten sich um die Erlaubnis, das Ghetto zu verlassen. Nur wer außerhalb beschäftigt war, konnte Lebensmittel hereinschmuggeln. Ohne diese erwartete die Alten und die ganz Jungen der Hungertod.

Gab es keine Lebensmittel mehr und das Wasser war abgestellt, gingen die Alten auf die Straße und bettelten dort um eine Brotkruste oder um einen Schluck Wasser. Von meinem Fenster aus sah ich lebende Skelette durch die Straßen schwanken. Ausgemergelte junge Mütter saßen am Randstein. Während sie den Kindern ihre ausgetrocknete Brust hinhielten, starben diese, ohne auch nur zu wimmern, in den Armen ihrer Mütter.

Die sanitären Einrichtungen brachen zusammen, und Krankheiten breiteten sich aus. Ich wurde schwächer und verließ das Zimmer nicht mehr. Apathisch verbrachten Zygmund und ich die Tage mit Warten auf Romek und Herman. Wenn sie abends aus der Fabrik zurückkehrten, sah ich zuerst auf ihre Hände, nicht auf ihre Gesichter. Ich hoffte auf etwas Eßbares oder auf etwas zu trinken. Und fast jeden Tag brachten sie etwas mit. Ein Stück Brot, ein wenig Mehl, etwas, was ihnen ihre arischen Kollegen gegeben hatten.

Romek schien nie Verlangen nach Essen zu haben. Ich wußte aber, daß er meinet- und Zygmunds wegen hungrig blieb. Nach einem Arbeitstag in der Fabrik sprang er häufig über die Ghettomauer hinter unserem Haus. Er durchstreifte stundenlang die nichtjüdischen Bezirke, besuchte Bauernhöfe, die Polen gehörten, mit denen er vor dem Krieg in Verbindung gestanden hatte. Dort bat und handelte er um Milch. Romek hatte sich einen Gummisack gemacht, den er sich um die Taille band. Die Wachen am Tor, die ihn durchsuchten, entdeckten nie etwas.

Weniger Listige hatten nicht soviel Glück. Die Wachen waren selbst Juden, und es war nicht leicht, sie hinters Licht zu führen, denn sie kannten so gut wie alle Schliche, die man zum Überleben brauchte. Häufig entdeckten sie geschmuggelte Lebensmittel, die sie dann in ihrem Ärger einfach in den Straßendreck warfen und zertraten; tatenlos sahen sie zu, wie die für Babys bestimmte Milch im Boden versickerte. Den Alten und Invaliden, die an den Ghettotoren standen, wurde manchmal gestattet, auf dem Boden kniend die versickernde Milch buchstäblich aufzulecken. Manchmal war nicht einmal dies erlaubt. Dann wieder waren so viele Menschen an den Toren, daß man es nicht verhindern konnte. Die Wache machte einfach kehrt und zog sich auf ihren Posten zurück.

Wie war es möglich, diese Grausamkeit zu rechtfertigen? »Hören Sie«, antworteten sie dann, »ich habe eine Arbeit, die muß ich erledigen. Wenn ich das nicht tue, riskiere ich mein eigenes Leben und das meiner Familie.«

Zu diesem Zeitpunkt gelang es Romek, einige seiner nichtjüdischen Freunde, wie zum Beispiel Lydia in der Fabrik, zu veranlassen, an unsere Eltern in Gorlice zu schreiben. Bis jetzt hatten wir Nachrichten ins jetzt im Deutschen Reich gelegenen Gorlice nur kurz und getarnt auf standardisierten Postkarten, die von der Gestapo aufgegeben und zensiert wurden, schicken können. Man war, um die Zensur zu umgehen, auf einen Geheimcode verfallen. Wenn man auf einer Karte bedauernd schrieb, daß »Onkel Busar« oder »Tante Lechem« gestorben seien, bedeutete das, daß Fleisch und Brot nicht mehr zu bekommen waren, denn das bedeuteten die hebräischen Worte. Wenn auf einer Karte stand: »malach amuves« (hebräisch für den Todesengel) sei zu Besuch gekommen, dann wußten die Empfänger, was das bedeutete.

Alles, was Romek und ich über unsere Eltern wußten, war, daß sie noch am Leben waren. Jetzt, da wir die Möglichkeit hatten, mit der Hilfe unserer und ihrer nichtjüdischen

Freunde Briefe auszutauschen, erfuhren wir, wie es unseren Eltern im Reich ging. Wir waren erleichtert, als wir lasen, daß es in Gorlice noch keine Ghettos gäbe. Der deutsche Gauleiter schien menschlich zu sein, er erlaubte den Juden sogar, Handel mit den Polen zu treiben, um ihren bescheidenen Lebensunterhalt zu verdienen.

Wir beschlossen, unseren Eltern mitzuteilen, daß wir hungerten, mit dem Ergebnis, daß sie Pakete für uns an unsere nichtjüdischen Freunde schickten; kleine Schachteln mit drei Laib Brot, ein bißchen Zucker und Mehl – entscheidend für alle, die der Hunger geschwächt hatte. Für Romek war es jedoch ein Problem, dies alles ins Ghetto zu schmuggeln.

Jede Woche, wenn ein Paket ankam, verabredete er mit Lydia ein Treffen an einer bestimmten Stelle der Ghettomauer. Sie reichte ihm dann das Paket hinüber. In den Nächten, wo das geschah, wartete ich angstzitternd auf seine Rückkehr. Würde er gefaßt, wäre das sein sicherer Tod, und auch Lydia würde es nicht überleben. Es verging eine Ewigkeit. Manchmal hörte ich aus irgendeiner Ecke des Ghettos einen Schuß, wenn man wieder einmal einen Juden bei einem Fluchtversuch erwischt hatte. Und jedesmal war ich überzeugt davon, daß es Romek war, der das Brot mit seinem Leben bezahlen mußte.

Lydias Tapferkeit rettete nicht nur uns das Leben, sondern auch den Juden in ihrer Fabrik, denn es waren viel mehr »beschäftigt«, als für die Produktion gebraucht wurden. Aus Bewunderung und Sympathie für Romek tat sie für uns noch viel mehr.

Unsere Lage besserte sich etwas. Wir lebten nicht mehr am Rande des Hungertodes, und unsere Familie vergrößerte sich wieder. Romek brachte eines Abends einen jungen Mann, ausgerechnet aus Wien, mit nach Hause. Seine Familie war bei Kriegsbeginn in Kolomyja gestrandet, und seine Eltern hatten die letzte Pessach-Aktion nicht überlebt.

Er war kurz vor einem vollständigen Zusammenbruch. Er war schon monatelang in der Fabrik, saß dort den ganzen

Tag verloren in einer Ecke und aß kaum genug, um am Leben zu bleiben. Er weigerte sich, mit jemandem zu sprechen. Romek freundete sich mit ihm an. Es gelang ihm, ihn zu überreden, zu uns in unser kleines Zimmer zu kommen. Romek und die beiden Männer schliefen auf dem Boden, während Zygmund und ich uns eine zerbrochene Couch teilten. Sie war das einzige übriggebliebene Möbelstück.

Die Woche, in der unser neuer Mitbewohner eintraf, brachte neues Unheil. Alle Städte und Dörfer in der Region sollten endgültig »judenrein« erklärt werden. Den Juden, die die Jahre der Nazibesetzung in den Weilern der Umgebung überlebt hatten, wurde befohlen, in unser schrecklich überfülltes Ghetto zu gehen. Tausende trieb man in die durch Tote und Verwundete verstopften Straßen. Sie kamen, ohne etwas auf ihrem Rücken oder in ihren Händen zu tragen, bei uns an. Man hatte ihnen verboten, irgend etwas aus ihren Wohnungen mitzunehmen. Nach kilometerlangen Zwangsmärschen erschienen sie, um Nahrung und Wasser bittend, vor den Büros des Judenrats.

Es blieb nichts anderes übrig, als sie in den bereits überfüllten Wohnhäusern an der einzigen Ghettostraße unterzubringen. Sie machten sich auf die Suche nach Verwandten, die sie vielleicht aufnehmen würden. Unter ihnen entdeckten wir den Schwiegervater meiner Cousine Paula, die vor zwei Wintern eine Woche bei uns verbracht hatte. Der Rest ihrer Familie hatte die kleine Stadt Zablotow, in der sie lebten, längst verlassen. Sie waren nach Tarnov gezogen, einer Stadt, die wie andere in Westpolen dem Deutschen Reich einverleibt worden war. Aber der Vater hatte sich geweigert mitzugehen. Sein Aussehen war derart jüdisch, daß er die ganze Familie in Gefahr gebracht hätte. Deshalb war er zurückgeblieben und befand sich jetzt bei uns. So lebten wir nun zu sechst in unserer Bodenkammer.

Jeden Morgen gingen die vier Männer zur Arbeit oder auf die Straße, während ich mit Zygmund zurückblieb. Stundenlang saß ich da und starrte auf die verwahrlosten Straßen:

Dort schlurften die Vogelscheuchen dahin, ihre Bäuche vor Hunger aufgetrieben. Tagelang ging ich nicht aus. Ständig in Gedanken versunken, bewegte ich mich kaum, um Kräfte zu sparen, dachte: Was wird, wenn Hitler den Krieg verliert? Kann ein derart vernichtetes Volk wiedergeboren werden? Nein. Er wird ihn verlieren. Wenn dann die Zivilisation wiederkehrt, wird es jedoch für die Juden zu spät sein.

Bei der letzten Aktion hatten die Deutschen sechstausend Personen zusammengetrieben, sie in Viehwagen verfrachtet und in das Konzentrationslager Belzec gebracht. Wir wußten nicht genau, wie sie starben, aber es gab Gerüchte, daß man sie vergast hätte. Andere meinten, man hätte sie in Minenfelder getrieben, wo sie dann zerfetzt wurden. Eines aber war sicher: die Gewehrsalven, die sonst von den Szeparowce-Wäldern nach jeder Aktion zu hören waren, hatten aufgehört. Das konnte nur bedeuten, daß die Nazis eine wirksamere Tötungsmethode gefunden hatten.

Überhaupt nichts kostete unser Tod dann, wenn man uns im Ghetto einfach dahinsiechen ließ. Unsere Behausungen waren zu Friedhöfen der Lebenden geworden – ihre Bewohner atmeten zwar noch, aber sie befanden sich nicht mehr unter den Lebenden. An den Tod wurden wir durch den Gestank der im Rinnstein Liegenden erinnert, die schon vor Tagen gestorben waren. Alle paar Tage zog ein abgezehrtes Pferd einen Karren durch die Straßen. Die Leichen wurden auf den Karren geworfen, und man bat um Erlaubnis, sie in einem Graben im Ghetto zu begraben. Den Karren und das Pferd nannten wir den »Messias«. Wir beneideten diese Toten, weil sie unsere schreckliche Welt in einem klapprigen alten Karren, gezogen von einem müden alten Pferd, verlassen durften.

Wir beurteilten unsere eigene und die Unterernährung der anderen fachmännisch. Es begann damit, daß das Fleisch locker an den Knochen hing, so daß man deren Form und Stärke sehen konnte. Dann schwollen Beine und Füße an. Später blähte sich der Bauch so weit, bis die Leute aussahen wie

Ballons mit Anhängsel. Wenn es soweit war, konnten sie kaum noch stehen oder gehen. Sie legten sich einfach in den Rinnstein und warteten auf den Tod. Dabei hatten einige noch die Energie, ihre Hände hochzuheben und die Passanten um einen Brocken Brot zu bitten. Bald aber sahen wir nur noch eine leblose Gestalt, die früher einmal ein Mann, eine Frau oder ein Kind gewesen war. Das letzte, was wir tun konnten, war, ihre Gesichter mit etwas Abfall zuzudecken.

Sechstes Kapitel
Vernichtung des Ghettos

An besseren Tagen brachten die Männer, wenn sie von der Fabrik nach Hause kamen, etwas Eßbares mit, und ich bereitete dann das Abendessen. Meist waren es nur Getreidekörner, die ich in einer alten übriggebliebenen Kaffeemühle mahlte, um sie dann in dem schlammigen Wasser, das aus einer Straßenpumpe floß, einzuweichen. Jeder bekam seine Portion, die er schnell hinunterschlang, bevor womöglich eine Nachbarin vorbeikam, um uns zu bitten, ihr einen Bissen für ihr hungriges Kind zu geben. Jedoch wiesen wir Menschen in Not niemals ab. Um sicherzugehen, daß wenigstens Zygmund jeden Tag eine wenn auch dürftige Portion bekommen würde, brachen wir eine Diele auf, damit wir jeden Morgen das wenige, was zu erübrigen war, für ihn verstecken konnten.

Mit dem ständigen Hunger kam der Typhus, seine Opfer starben unter Schmerzen, aber schnell. Im Ghetto gab es noch einige Ärzte, aber sie hatten keine Medikamente mehr. Als das einzige Krankenhaus im Ghetto mangels Geld und Medikamenten schließen mußte, gaben viele Ärzte jeden Versuch auf zu helfen.

Doch selbst Typhus brachte nicht den sicheren Tod. Meine Freundin Gina hatte sich angesteckt und lag wochenlang mit hohem Fieber auf einer Liege, ohne Nahrung und ohne Flüssigkeit, neben ihrem fünfzehn Monate alten Baby – doch sie starb nicht. Weder ihr eigenes Baby noch eine andere Frau mit Kind, die bei ihr wohnte, wurden angesteckt.

Quälende Besorgnis erfüllte uns, denn es waren mehrere Wochen ohne eine Aktion vergangen. Dann, plötzlich, eines Morgens, tauchten die Nazis in den Straßen des Ghettos auf und begannen zu schießen. Von der Gefahr überrascht, befanden sich viele Menschen noch auf der Straße und konnten ihre Verstecke nicht mehr erreichen. Unser Haus war eines, das von den Ghettotoren mit am weitesten entfernt lag, so daß wir Zeit fanden, in ein Versteck zu kriechen, das wir uns unter der Treppe gebaut hatten. Aber als ich endlich ankam, befanden sich schon siebzig Leute in dem Versteck. Sie waren nicht gerade erfreut über eine weitere Person, dazu mit Kleinkind. Ich spürte die Drohung, als sie mich und Zygmund einließen. Ich begann zu beten: »Bitte, lieber Gott, laß nicht zu, daß mein Kind weint.« Nur ein einziger Schluchzer – und ich hätte siebzig Seelen auf dem Gewissen. Manche, die um mich herumstanden, flüsterten die Worte, die ich dachte. Ich drückte Zygmund fest an mich und flüsterte ihm zärtlich zu: »Du mußt ganz still sein, mein Liebling, sonst kommen vielleicht die Deutschen und finden uns.«

»Die Deutschen, Mami?« Als er diese Worte sprach, spürte ich, wie ihm die Tränen kamen. Dann hörten wir deutsche Stimmen über uns, während die Falltür unter ihrem Gewicht knarrte. Ich konnte die Tür zu meinem Raum brechen hören, und dann mischte sich das Geräusch von Schüssen mit Schreien und schnarrenden deutschen Befehlen.

Diese Spannung war zuviel für Zygmund, er fing zu schreien an. Noch bevor ich irgend etwas tun konnte, umfingen zwei große Männerhände seinen Hals, und bevor ich auch nur einen Ton von mir geben konnte, griffen dieselben Hände nach meinem Hals. Ich verlor das Bewußtsein.

Als ich wieder zu mir kam, lag ich auf der zerbrochenen Couch in meinem Zimmer, Zygmund saß spielend zu meinen Füßen. Eine Nachbarin stand neben mir. »Wir hatten großes Glück, daß Sie und ihr Kind ohnmächtig wurden«, sagte sie. »Das hat uns in diesem Loch das Leben gerettet. Nachdem die Deutschen fortgegangen waren, hat der Mann, der Sie bewußtlos machte, Sie hergebracht ... Sie haben weitere zweitausend zusammengetrieben für die Viehwagen nach Belzec.«

Als Romek abends von seiner Arbeit zurückkehrte, war er fest davon überzeugt, uns nicht mehr lebend zu sehen. Er öffnete die Tür, und ich sah, wie sein kummervolles Gesicht plötzlich vor Freude strahlte. Weinend wie ein Kind umarmte er uns beide.

Von dem Tage an gab er sich nicht mehr zufrieden damit, daß wir im Ghetto verrotteten. Meine Eltern hatten mir über nichtjüdische Bekannte geschrieben, daß wir Zygmund zu ihnen nach Gorlice schmuggeln sollten. Dort gab es noch kein Ghetto, und sie hatten auch noch ein eigenes Einkommen. Jede Nacht brachte Romek das Thema zur Sprache. Und jede Nacht stritten wir uns, weil ich mich weigerte.

»Alles, was sie ihrem einzigen Enkel wünschen, ist, daß er überlebt. Sie wollen sogar einen Kurier schicken, um ihn nach Westen zu bringen.«

»Nein, ich werde mich nicht von ihm trennen.«

Romek zitierte aus den Briefen meiner Mutter an mich. »Du bist ausgesprochen egoistisch«, sagte er mir. »Wie kann man so engstirnig sein. Damit, daß du dein Kind persönlich zu schützen versuchst, bis sie uns alle töten, beweist du nicht, daß du eine gute Mutter bist. Deine Mutter wird für ihn eine Christen-Familie finden, die ihn aufnimmt, damit er überlebt, gleichgültig, was uns oder ihnen passiert.«

Trotz ihrer Logik überzeugten mich diese Ansichten nicht. Ich konnte nicht einmal den Gedanken, mich von meinem Kind zu trennen, ertragen. Obwohl ich wußte, was andere Mütter mit ihren Kindern, von denen sie sich nicht trennen konnten oder wollten, durchgemacht hatten, änderte ich meinen Standpunkt nicht. Einige waren dazu gezwungen worden, ihre Babys in den Kinderbetten zurückzulassen. Andere mußten zusehen, wie sie in muffigen Verstecken erstickten. Wir alle hatten die Deutschen beobachtet, die sich auf der Straße ein Kind fingen und es als Zielscheibe benutzten. Eine Freundin erwürgte sogar ihren eigenen Sohn, um das Versteck von hundert Personen zu schützen. Am glücklichsten waren die Kinder, denen die Mütter Zyanid im Augenblick der Entdeckung gaben, das sie extra aufgehoben hatten. Dennoch war ich entschlossen, Zygmund zu behalten, was auch kommen würde. Aber mit der Fluchtmöglichkeit vor Augen wurde Romek unerbittlich und nahm die Sache selbst in die Hand. Insgeheim schrieb er unseren Eltern, daß wir nur dann eine Überlebenschance hätten, wenn sie das Kind zu sich nähmen. Eines Nachts, nachdem wir unseren Brei gegessen hatten, sah er mich ernst an und sagte:

»Eine Frau aus Gorlice ist angekommen, eine Nichtjüdin. Sie wohnt bei Lydia und will Zygmund mit zurücknehmen.« Ich fuhr zusammen. Er aber redete weiter: »Heute nacht werden wir ihn ihr über die Mauer hinter unserem Haus reichen.«

Ich schrie auf. »Das kannst du nicht tun, es ist mein Kind.«

Romek wurde wütend: »Hast du eine Ahnung, was das alles deine Eltern schon gekostet hat, du egoistisches kleines Kind?«

»Das ist mir ganz egal.« Ich zog Zygmund an mich.

Die Frau kehrte ohne meinen Sohn nach Gorlice zurück. Eine Woche später klopfte es leise an unsere Tür. Als wir öffneten, stand einer der Ältesten, ein Mitglied des Judenrats davor. Er war ein entfernter Verwandter von mir und war gekommen, um mir etwas Wichtiges mitzuteilen.

»Die Gestapo hat dem Judenrat befohlen, ihnen morgen einige hundert Kinder zu bringen. Sie sollen verschickt werden.« Ich schnappte nach Luft. »Hör zu, Blanca! Wenn du die Fassung verlierst und wenn herauskommt, was ich dir gesagt habe, werde ich getötet. Von deinem Schwiegervater erfuhr ich, daß es eine Chance gibt, das Leben deines Sohnes zu retten.« Er unterbrach sich für einen Augenblick. Ich schwieg. »In der Aktion Dzikastraße habe ich zwei Kinder verloren.«

»Ja, ich weiß . . .« Meine Stimme versagte.

»Ich bin deshalb zu dir gekommen, weil das, was ich dir gesagt habe, vielleicht ein jüdisches Leben rettet.« Damit drehte er sich um und ging davon.

Die Deutschen hatten die Entscheidung für mich getroffen. Und es war keine Zeit zu verlieren. Wir konnten nicht wissen, wie bald die Kinder zusammengetrieben werden würden. Romek stand auf und zog seinen abgetragenen Mantel an. »Ich werde jetzt über die Mauer klettern, zu Lydia gehen und von dort ein Telegramm nach Gorlice schicken. Vielleicht kann jene Frau zurückkommen, bevor es zu spät ist.«

Am nächsten Abend kam Romek mit Neuigkeiten nach Hause. »Sie ist schon da, und wir können ihr Zygmund noch diese Nacht übergeben.«

»Nur wenn ich die Frau sehen kann, werde ich ihn übergeben.« So kletterte ich in dieser Nacht über die Mauer hinter unserem Haus. Romek gab mir Zygmund und folgte uns. Vorsichtig gingen wir zu der alten Sekundarschule, deren Schüler früher aus der Nachbarschaft gekommen waren. Dort vor dem Eingang traf ich die rechtschaffene Christin, die mir mein Kind in Sicherheit bringen würde. Als ich ihr mein kleines Kind gab, konnte ich meine Tränen nicht zurückhalten. Mein ganzes bisheriges Leben brach hinter mir zusammen. Ich ahnte, daß ich mein Kind nie wieder sehen würde. Blindlings folgte ich Romek zurück zur Ghettomauer.

Wieder in unser Zimmer zurückgekehrt, versiegten meine Tränen. Ich fühlte mich wie taub. Ich setzte mich auf meinen Stuhl und reagierte nicht auf die tröstenden Worte, die man mir sagte. Die drei Männer gaben ihren Versuch, mich zu trösten, rasch auf. Sie zogen sich zurück. Ihr Schweigen war ein Zeichen dafür, wie sehr sie meine Trauer mitfühlten und respektierten.

Am nächsten Morgen begann die Kinderaktion. Durch wohlüberlegte Bestechungen gelang es dem Judenrat, sie etwas zu mildern. Trotzdem wurden viele Kinder verschleppt.

Mit Zygmunds Weggang brach für mich ein neuer Lebensabschnitt an. Am Morgen, nachdem ich ihn übergeben hatte, weckte mich Romek. Unter Anwendung von Gewalt zwang er mich, die Treppe hinunter auf die Straße zu gehen. Ich sollte mit ihm in die Fabrik gehen. Dort angekommen, wurde mir ein Platz an der Werkbank zugewiesen, entlang welcher Frauen, junge und alte, über alte Seidenstrümpfe gebeugt, die Fäden sorgfältig aufribbelten. Sie wurden zur Herstellung von Fallschirmen verwendet. Unsere Arbeit war also kriegswichtig.

Da wir beide außerhalb des Ghettos arbeiteten, ging es uns jetzt materiell besser. Wir konnten bei den Nichtjuden Lebensmittel einhandeln und den Inhalt der Pakete, die meine Eltern schickten, ohne das Risiko, sie ins Ghetto schmuggeln zu müssen, essen.

Aber die Briefe meiner Eltern mit den Berichten über ihren Enkel waren mir wichtiger als die Lebensmittelsendungen. Zur Freude der ganzen Familie, einschließlich meiner jüngeren Zwillingsbrüder, gedieh er prächtig. Ich war glücklich, aber auch besorgt. Es war nicht mehr die Rede davon, ihn in einer Christenfamilie unterzubringen.

Meine Stimmung und mein Aussehen besserten sich, denn Zygmund schien in Sicherheit und es gab etwas mehr zu essen. Ich konnte die Briefe und die Fotos von Zygmund meinen Freundinnen zeigen, zufrieden damit, daß er wenigstens seiner Großmutter Freude machte. Traf ich aber einmal mit weniger glücklichen Frauen zusammen, Freundinnen und Fremden mit ausgehungerten Kindern, die sie an ihre Brust drückten, wurde mir das Herz schwer. Hatte ich sie verraten, weil ich meinen eigenen Sohn in Sicherheit gebracht hatte vor dem Schicksal, das ihre Kinder erwartete?

»Nein«, antworteten diese Freunde. Sie freuten sich mit mir. In dem Wissen, daß auch nur ein einziges Kind in Sicherheit war, fühlten sie sich in ihrem eigenen Kampf ums Überleben gestärkt. Ich half ihnen, soviel ich konnte, und teilte mit ihnen die Lebensmittel, die ich ins Ghetto schmuggeln konnte.

Zu diesem Zeitpunkt wurde der Judenrat gezwungen, eine Suppenküche einzurichten, wo jeden Tag eine wäßrige Brühe ausgegeben wurde. Und die Zahl der Ghettobewohner nahm trotz der zahlreichen Aktionen von Woche zu Woche zu, denn die Juden aus den umliegenden Weilern wurden hineingetrieben. So kam es, daß mehr und mehr Menschen sich um die Küche drängten. Nicht einmal Gerüchte über eine bevorstehende Aktion vermochten sie zu vertreiben. Schon frühmorgens, lange bevor geöffnet wurde, stand eine Menschenschlange davor. In den Reihen wurde viel gestoßen und geschoben, und an der Spitze hörte man immer wieder beharrlich und flehend das Wort *dick*, wenn die Hungrigen darum baten, ihnen ein Kohlblatt, Gemüse oder eine Wurzel in ihr aufgewärmtes Wasser zu tun. Wer zu krank war zum Schlangestehen, mußte mit seiner wöchentlichen Brotration auskommen.

Die Fabrik blieb eine Zufluchtsstätte für alle, die noch arbeitsfähig waren. Jeden Morgen verließen einige hundert von uns das Ghetto und machten sich auf den Weg zu ihrer kriegswichtigen Arbeit. Da ich erst vor wenigen Jahren nach Kolomyja gekommen war, kannte ich nur wenige meiner Arbeitskollegen von der Zeit vor dem Krieg. Aber unser Schicksal und unser gemeinsamer Überlebenswille führten uns enger zusammen. Viele der Frauen, mit denen ich zusammen arbeitete, taten das nur, um ihren im Ghetto lebenden hungrigen Familien Essen bringen zu können. Während der Arbeit hörten sie stets aufmerksam zu, wenn Gerüchte über bevorstehende Aktionen oder Unruhen umgingen. Bei den ersten Andeutungen, daß irgend etwas im Gange war, eilten sie, ohne an sich selbst zu denken, zurück zu ihren Kindern, um sie zu trösten und zu beschützen.

Täglich wurde es schwieriger, Lebensmittel ins Ghetto zu schmuggeln. Es wurde mehr und härter geprügelt. Frauen hatten es aber nach wie vor leichter, da sie nicht so intim durchsucht wurden wie die Männer, wenn sie die Tore passierten.

Alte und Kranke sah man nicht mehr auf den Straßen. Nur die Jungen und die Starken hatten ein Recht zu überleben. Die jüdische Hilfspolizei ging von Haus zu Haus, räumte Keller, Dachböden und Verstecke aus, damit der Judenrat seine Quote erfüllen konnte. In ihrem Verlangen nach Körpern schien die SS unersättlich. Und die jüdische Polizei wußte, daß für jede Nichterfüllung Mitglieder ihrer eigenen Familien würden büßen müssen.

Die Menschen schreckten vor nichts zurück, um sich gegen

Deportationen zu schützen. Orthodoxe Juden rasierten sich ihre Bärte und Schläfenlocken ab, um jung und stark auszusehen. Frauen, die keinen Arbeitsausweis bekamen, kauften Fälschungen, die sie vor einer Aktion schützen sollten. Unterirdisch wurde fieberhaft gearbeitet. Als Ersatz für die bereits entdeckten Unterschlupfe wurden neue Bunker und Verstecke gebaut. Der Arbeitseifer wurde durch Gerüchte angespornt, daß die Deutschen an der Ostfront Rückschläge erlitten hätten. Wir wußten, daß bereits »strategische Rückzüge« und »Frontbegradigungen« fürchterliche Liquidationen mit sich bringen würden.

Eines Morgens im Juni, während ich in der Fabrik arbeitete, sahen wir, wie vier SS-Offiziere das Ghetto betraten. Sorge verbreitete sich in der Arbeitshalle. Wieder eine Aktion? Nein. Vier Offiziere ohne ukrainische Miliz, das konnte nur bedeuten, daß dem Judenrat eine neue Forderung überbracht wurde, nicht, daß ein Generalangriff drohte.

Aber bald wurde bekannt, daß tatsächlich eine neue Aktion bevorstand, eine, in welcher die jüdische Polizei die Stoßtrupps zu stellen hatte. Wir sahen, wie ihre Mannschaften Gruppen Älterer und Kranker zusammen mit Kindern in Richtung unserer Fabrik trieben. Bevor sie sie erreichten, zwang man sie in das ehemalige jüdische Ritualschlachthaus gegenüber der Fabrik. Wir hörten das Stöhnen und die Schreie der Nachzügler, als die Miliz sie mit Schlägen in das Gebäude trieb. Wer stürzte, wurde entweder von der SS erschossen oder von unserer eigenen jüdischen Miliz totgeprügelt.

Unser Grauen wurde überschattet von der Scham, die wir empfanden wegen der Untaten unserer eigenen jüdischen Polizei. Einige schienen an ihrem Tun Gefallen zu finden, während andere traurig und verzweifelt waren. Lydia kam an unser Fenster und beobachtete das Geschehen.

»Bestien«, sagte sie. Ich wandte mich ihr zu, und sie fuhr fort: »Es ist nicht zu glauben. Begreifen denn diese jungen Männer nicht, was sie tun? Sie treiben ihr eigenes Volk ins

Schlachthaus? Glauben sie, daß sie ihr Leben durch Komplizenschaft retten können? Sie werden nicht anders sterben als jene, die sie heute auf den Transport schicken.«

Ich hatte keine Antwort. Während mir Tränen aus den Augen liefen, sah ich unentwegt zum Fenster hinaus. Ich versuchte, jedes Detail in mich aufzunehmen. Im Gebäude selbst ertönte das Stakkato von Maschinengewehrfeuer. Ich sah alte Menschen, die durch ein Fenster zu fliehen versuchten und wieder zurückgerissen wurden. Vor dem Eingang standen die vier SS-Offiziere. Rauchend und lächelnd vertrieben sie sich die Zeit, während die jüdische Polizei mehr und mehr Opfer vom Ghetto in das Schlachthaus brachte.

Als ich zu den Ghettotoren hinübersah, bemerkte ich, daß die Juden nicht mehr davonliefen oder Widerstand zu leisten versuchten. Sie gingen ohne Bewachung hinunter zum Ort ihrer Vernichtung – sie hatten resigniert, sich in ihr Schicksal ergeben. Sie waren nicht mehr willens, unter den jetzigen Gegebenheiten um ihr Leben zu kämpfen. Nur die Jungen leisteten noch Widerstand. Sie bissen und traten die jüdische Polizei, die sie aus ihren Verstecken zerrte.

Plötzlich bemerkte ich auf dem Dach des Schlachthauses eine Bewegung. Ich sah einen Jungen, vielleicht sechs oder sieben Jahre alt. Er war aus dem Schornstein gekrochen und duckte sich auf dem First des Daches. Langsam und vorsichtig versuchte er, die Dachkante dort, wo das Haus ans nichtjüdische Viertel grenzte, zu erreichen. Ohne mich zu rühren, beobachtete ich jeden seiner Schritte, still betete ich um seine Sicherheit. Ich warf einen Blick auf die SS-Männer, die unmittelbar unter ihm standen, aber diese waren hauptsächlich damit beschäftigt, sich an den Gemeinheiten, die sich um sie herum abspielten, zu ergötzen. Sie schauten nicht nach oben. Meine innere Anspannung wurde unerträglich. Und dann brach sie zusammen. Ich bemerkte, daß ein jüdischer Polizeioffizier den Jungen gesehen hatte und einem Deutschen etwas zurief. Der Nazi nickte, zog seine Luger, zielte gemächlich. Erschossen fiel der Junge vom Dach direkt vor seine Füße. Der SS-Offizier steckte seine Pistole wieder in das Halfter. Von der Leiche des Knaben nahm er keine Notiz mehr.

Ich blickte wieder auf die Straße. Durch meine Tränen sah ich ein älteres Paar, welches langsam in Richtung des Schlachthauses ging. Als sie näherkamen, erkannte ich meinen Schwiegervater und seine Frau, Wolfs Stiefmutter. Schweigend nahm ich Abschied und drückte meine Liebe zu ihnen aus.

Während der letzten Monate hatte ich mein Essen mit ihnen geteilt. Dadurch konnte ich verhindern, daß mein Schwiegervater, als er krank wurde, in ein Krankenhaus mußte, aus dem man ihn abtransportiert hätte. Er nahm mir das Versprechen ab, daß Wolf und ich, falls wir den Krieg überlebten, jede Woche Sabbatkerzen anzünden würden. Er wußte, daß wir Ungläubige waren, aber er glaubte an mein Versprechen, ihm seinen letzten Wunsch zu erfüllen. An diesem Morgen war er wie immer in die Synagoge gegangen, um für die Gesundheit und die Sicherheit meines Kindes, seines Enkels, und um Kraft und Weisheit für sich selber zu beten. Jetzt würde er an einem Platz ermordet werden, wo sonst Vieh geschlachtet wurde.

Am Ende wieder einer Aktion sagte ich zu mir selbst: »Ich kann nicht mehr.« Ein Nervenzusammenbruch erschütterte mich. Mein Herz war vor Schmerz erstarrt. Ich hatte zuviel gesehen, der Preis, den ich Tag für Tag für mein Überleben bezahlen mußte, war einfach zu hoch.

Nachdem die Alten und die sehr Jungen verschleppt worden waren, kehrte Stille auf den Straßen des Ghettos ein. Keine Schwachen und keine Lahmen bettelten oder starben hier mehr. Die Jungen und die Starken aber, die noch im Ghetto lebten, begannen Fluchtpläne zu schmieden. Erzählungen machten die Runde über jene, die in die nichtjüdischen Viertel gegangen waren und dort mit gefälschten Ausweisen oder ganz ohne Schutz lebten. Diejenigen, die man erwischte, zahlten keinen höheren Preis als den, der uns erwartete, wenn wir blieben.

Romek und ich begannen die Möglichkeiten zu erwägen. Er war ganz dafür, das heißt in bezug auf mich.

»Du kannst es schaffen, Blanca. Ich nicht. Mein Aussehen wird mich immer verraten. Und wenn wir zusammen erwischt werden, wird es auch für dich keine Rettung mehr geben. Ich werde sowieso sterben. Und dann wäre ich lieber hier, bei meinen eigenen Leuten.«

Ich hörte aufmerksam zu. Selbst für eine Frau wie mich, mit blauen Augen, blondem Haar, »germanischem« Aussehen und akzentfreiem Polnisch, waren die Risiken sehr groß. Romek hatte, was seine Chancen betraf, wahrscheinlich recht. In Wirklichkeit aber waren meine eigenen auch nicht viel besser.

Im übrigen wurde jede unserer Bewegungen sorgfältig überwacht. Nur einige Tage später erfuhren wir, daß ein junger Arzt im Ghetto namens Dr. Marmorosz und sein Freund Liebermann, ein Apotheker, verhaftet worden waren. Sie hatten einen Fluchtversuch auf die nichtjüdische Seite geplant und einem polnischen Vermittler Geld für gefälschte arische Dokumente gegeben – und dieser hatte nichts Eiligeres zu tun gehabt, als sie gegen Belohnung an die Gestapo zu verraten. Dr. Marmorosz war der Glücklichere von beiden. Es gelang ihm, sich in seiner Gefängniszelle zu erhängen. Liebermann wurde zum Friedhof gebracht, gezwungen, sein eigenes Grab zu schaufeln, dann wurde er erschossen.

Andere, denen es gelungen war, aus dem Ghetto zu entkommen, flohen zur Grenze. Sie hofften, nach Ungarn oder Rumänien zu gelangen. Sie verkleideten sich und versuchten, häufig zusammen mit nichtjüdischen Freunden oder mit bezahlten nichtjüdischen Begleitern, per Bahn ihr Ziel zu erreichen. Wenn man sie erwischte, wurden sie an Ort und Stelle erschossen. Manchmal brachte man sie ins Ghetto zurück, wo sie dann zur Warnung für die anderen öffentlich gehängt wurden.

Ein mir bekanntes Paar, ein Zahnarzt und seine Frau, schafften es bis zum Bahnsteig, dort erkannte sie ein früherer

Patient, der sie eilfertig der Gestapo verriet. Zusammen mit ihrem nichtjüdischen Freund, der ihnen die Fahrkarten besorgt hatte und mit ihnen reiste, wurden sie abgeführt. Der Arier erlitt dasselbe Schicksal wie seine Freunde. Es war daher nicht überraschend, wenn sogar die engsten Freunde einem nicht helfen wollten.

In der Fabrik lief die Produktion langsamer. Es wurde schwieriger, Rohmaterial und Vorräte zu beschaffen. Die Arbeiter mühten sich hinhaltend mit jedem Stück ab. Sie wußten genau, sobald es keine Rohmaterialien mehr gab, würde Schluß sein mit der Unabkömmlichkeit – und ihrem Leben.

Lydia machte bei dieser Drosselung mit. Nur wenn ein Deutscher die Fabrik betrat, steigerte sich das Arbeitstempo. Sonst blieb genug Zeit, um sich zu unterhalten und Gedanken auszutauschen. Man teilte sich seine Sorgen mit und sprach sich gegenseitig Mut zu. Ich fühlte eine besondere Sympathie für ein Mädchen, das einige Jahre jünger war als ich. Sie hieß Mati. Ich konnte nicht ahnen, daß wir in den kommenden Jahren viele Erfahrungen teilen würden.

Eines Nachmittags bemerkte ich, wie Mati heimlich an ihrer Arbeitsbank ein Buch las. Ich nahm ihr das Buch ab und sah mir den Titel an. Zu meinem Erstaunen war es *Pan Tadeusz*, ein großer Klassiker der polnischen Literatur, von Mickiewcz.

»Da sitzt du hier und liest einen Klassiker? Wie kannst du überhaupt an so etwas denken?« Bewundernd rückte ich ihr näher. Offenbar eine Geistesverwandte.

Mati sah mich an. »Was soll ich tun? Vor dem Krieg studierte ich Literatur an der Universität Lwów.« Bald zitierten wir uns gegenseitig Passagen aus den Werken unserer polnischen Lieblingsdichter.

Mit dem Augenblick, in dem unsere Freundschaft begann, kehrte wieder ein Sinn in mein Leben zurück. Es bedeutete mir etwas, in die Fabrik und an meine Arbeitsbank zu gehen. Auch Mati, so schien es, schöpfte neuen Lebensmut. Wir sprachen oft von der Vergangenheit und von den Gegenden, die wir beide früher durchwandert hatten. Von den Gipfeln des Czarnohora, die wir bestiegen hatten, von Spaziergängen am Prut, von der wärmenden Sonne und von den Freundschaften der Welt vor dem Krieg.

Mati war mit einem Apotheker verheiratet. Erstaunlicherweise war ihre ganze Familie noch am Leben, Eltern, Schwestern, Neffen. So war es leichter für mich, ihr von Zygmund zu erzählen, ihr die Schnappschüsse zu zeigen und ihr die Hoffnungen für die Zukunft meines Sohnes zu gestehen. Wie alle anderen bewunderte auch sie Romek und sagte, wie glücklich ich sei, einen solchen Bruder zu haben.

Bis zum August 1942, Zygmund war schon sechs Monate fort, schien die Milde der deutschen Behörden im Westen anzudauern. Fast täglich kamen Berichte, die uns auf dem laufenden hielten. Dann hörten die Nachrichten plötzlich auf. Als aus den zwei Tagen eine ganze Woche ohne Nachrichten wurde, sank meine Stimmung, ich wurde unruhig. Romek versuchte mich zu beruhigen. Ich aber war auf das Schlimmste gefaßt. Nach zwei Wochen ohne Nachrichten aus Gorlice begannen meine ständigen Fragen den nichtjüdischen Freunden lästig zu werden.

»Gibt es heute etwas Neues?« fragte ich.

»Nein.«

»Seid ihr sicher?«

»Ja.«

»Könnt ihr nicht noch einmal nachfragen?«

»Ich sagte Ihnen doch: Wenn ich irgend etwas höre, werde ich Sie sofort benachrichtigen. Warten Sie also ab.«

Am Ende der dritten Woche kam ein Brief von meinem jüngeren Bruder Bernie. Die Nachricht war furchtbar.

Ohne jede Vorwarnung fegte eines Tages die gründlichste Aktion durch Gorlice, die man sich denken kann, eine vollständige Liquidierung. Als sie anfing, suchten die wenigen, die Bunker und andere Verstecke vorbereitet hatten, dort Schutz. Meine Eltern hatten ein besonders gutes Versteck gebaut, und es gelang ihnen hineinzuklettern, bevor die Deutschen kamen. Aber Zygmund verriet sie! Er hatte zu weinen angefangen, und alle Bemühungen, ihn zu beruhigen, schlugen fehl. Die SS hörte Geräusche und entdeckte bald die ganze Familie. Mit allen anderen wurden sie in die Schuhfabrik geführt, wo eine »Selektion« im Gange war: links Tod, rechts Arbeit. Während meine Mutter ihr Enkelkind tröstete, schob sich die Familie in der Schlange nach vorn. Mein Vater bekam mit, daß das Ziel der Osten und die Vernichtung sein würde. Als sie die Spitze der Kolonne erreichten, hörten sie, wie die Deutschen nach Freiwilligen für die Arbeitslager riefen. Mein Vater forderte seine beiden Zwillingssöhne auf, vorzutreten und sich zu melden. Zuerst weigerten sie sich, gaben dann aber schließlich nach. Mit ihren siebzehn Jahren waren sie gesund und kräftig. Man wies sie an, sich nach rechts zu stellen zu den Arbeitsfähigen. Der Rest der Familie wurde zum Bahnhof gefahren, dort sagte man ihnen, sie würden an ein unbekanntes Ziel im Osten gebracht.

Zwei Tage später schickte man die Jungen in ein Arbeitslager nach Krakow-Płaszów. Der Brief, den mir meine nichtjüdischen Freunde gegeben hatten, kam von dort. Die Jungen waren so naiv, den Deutschen Glauben zu schenken, und baten mich, soviel wie möglich über diese Bauernhöfe im Osten, wohin man meine Eltern angeblich gebracht hatte, in Erfahrung zu bringen. Es gab Gerüchte, daß sie in der Nähe von Belzec seien. Vielleicht, so war im Brief vorgeschlagen, könnte ich dorthin schreiben. »Es liegt soviel näher bei Euch, vielleicht hast Du eine Chance, Dein Kind zu retten.« Ihre Zuversicht war zum Heulen. In Kolomyja gab es keine Illusionen über Belzec.

Romek und ich sahen uns den Stempel auf dem Brief an: 17. August. Das war also der Tag, an dem wir Waisen geworden waren. Das einzige, was mir blieb, war die Hoffnung, mein Sohn möge in den Armen seiner Großmutter gestorben sein, bevor sie die Gaskammer erreichten.

Schweigend saßen Romek und ich einige Zeit beieinander. Er hatte unserem Vater besonders nahegestanden, und bald brach er vollkommen zusammen. Die quälende Energie in mir brauchte ein Ventil. Ich sank auf die Knie und schrubbte den hölzernen Boden unseres kleinen Zimmers. Wut und Schmerz, die ich empfand, trieben mich an den Rand des Wahnsinns. Als die Spannung allmählich nachließ, konnte ich zusammenbrechen und loslassen.

Als die Dunkelheit hereinbrach, saßen wir reglos da. Immer wieder mußte ich daran denken, daß ich meinen Sohn weggegeben und damit getötet hatte – wie auch meine Eltern. Jetzt wollte ich auch sterben. Aber mit dem Morgen kam auch der Wunsch, das Haus zu verlassen, um Abwechslung und Sicherheit in der Fabrik zu suchen.

Auf mehr als zehntausend war das Ghetto mittlerweile angewachsen. Immer mehr Juden wurden hineingetrieben. Die Straßen waren voll von in Lumpen gehüllten Bettlern. Waisenkinder wanderten ziellos um die Leichen herum, ihren Durst im Rinnstein stillend. Niemand hinderte sie, niemand antwortete ihnen auf ihr klägliches Flehen. Die einzigen kräftigen Männer auf den Straßen waren die Mitglieder der jüdischen Polizei, die, ihre Schlagstöcke schwingend, vorbeistolzierten. Als Belohnung dafür, daß sie dem Reich dienten, bekamen sie Extrarationen, groß genug, um einen Teil davon an zahlungskräftige Abnehmer zu verkaufen. Diese wenigen konnten sich den Luxus nicht mehr leisten, mit anderen zu teilen. Jeder war eine Insel geworden. Es gab kein Mitleid mehr und auch keine Selbstachtung. Auch nur ein kleines Stück Brot mit jemandem zu teilen, war ein allerhöchstes Opfer. Die Seitenstraßen waren voll von bejammernswerten Skeletten, die in den Abfallhaufen nach einer Brotrinde oder nach einem Blatt suchten. Sterbend bat eine Mutter ihre Kinder um nichts als eine rostige Büchse mit abgestandenem Wasser.

Wir konnten uns nicht mehr vorstellen, daß außerhalb der Ghettomauern noch eine Welt existierte, in der Menschen ein normales Leben führten. Wir konnten es kaum glauben, wenn wir auf dem Weg zur Fabrik Menschen begegneten, die wohlgekleidet und beschuht, gesund und würdevoll aussahen. Unsere ungläubigen Blicke erwiderten sie mit Ekel. Wie Aussätzige wurden wir gemieden und gefürchtet. Sogar die wenigen, die uns ein Stück Brot gaben, vermieden aus Angst vor den Krankheiten des Ghettos jede Berührung.

Ende August traten Nachrichten von neuen deutschen Siegen an die Stelle früherer Berichte über taktische Rückzüge. Wir nahmen mit Bitterkeit von den Nachrichten Kenntnis. Trotz allem waren einige von uns überzeugt, daß die Deutschen den Krieg nicht gewinnen würden. Doch konnten wir kaum damit rechnen, daß wir bis zum Tage ihrer endgültigen Niederlage am Leben bleiben würden, jedenfalls nicht in einem Ghetto im besetzten Polen. Manche nahmen den Krieg selber in die Hand und wählten den Tod, indem sie einen Deutschen anspuckten oder einem betrunkenen ukrainischen Vergewaltiger Widerstand leisteten. Doch unsere Bewunderung für solche Helden hielt sich in Grenzen, denn wir mußten für ihr Heldentum einen hohen Preis in Form von Vergeltungsschlägen, Geiselnahmen und zusätzlichen Entbehrungen bezahlen.

Manchmal dachten wir über Partisanen nach, die in den Wäldern die deutschen Nachschubwege bedrohten und Nachzügler erschossen. Wir dachten nur selten an die Massen der sowjetischen Armee, die gegen Hitler kämpften, auch wußten wir ja nicht, daß die sowjetische Regierung sie über unsere Leiden informiert hatte, um sie anzuspornen. Einige von uns schenkten dem, was wir über die Zahlen hörten, keinen Glauben. Sie hielten sie für sowjetische Propaganda. Wenn aber selbst unser eigenes, in dieser Hölle lebendes Volk, die Ungeheuerlichkeit dieses Völkermordes nicht fassen konnte, wie sollten es Amerika oder England können?

Unbewußt schien sich Anfang September das Ghetto auf eine neue Aktion vorzubereiten. Als wir erfuhren, daß der Präsident des Judenrats, Horowitz, Selbstmord begangen hatte, brach Panik aus. Wenn ein so privilegierter und gut informierter Mann keine Hoffnung mehr hatte – so unsere

Überzeugung –, gab es wirklich keine mehr. Die Menschen verkauften alles, was sie noch hatten, um eine Arbeitserlaubnis zu kaufen, die ihnen den Status eines kriegswichtigen Arbeiters gab. Jeder, der »unabkömmlich« gestellt war, wurde vom Rest des Ghettos beneidet. Die Unbeschäftigten belagerten den Judenrat täglich und baten die Mitglieder, ihnen einen solchen Status zu vermitteln. Statt dessen präsentierte der Judenrat der Gestapo täglich eine neue Liste der zu deportierenden Juden. Nachdem Horowitz gestorben war, verlor der Judenrat jeden Anschein seiner Rolle als Beschützer der jüdischen Gemeinde. Während ihrer geheimen Tagungen verschlossen sie ihre Ohren vor der unglücklichen Menge, die die Türen des Judenrats belagerte.

Der Sturm brach am 15. September los. Dieser Tag – und jene, die ihm folgten – haben sich schärfer in mein Gedächtnis eingeprägt als alle anderen Erinnerungen an den Krieg.

Ich war an der Arbeitsstelle in Lydias Firma, außerhalb des Ghettos. Am frühen Morgen hatte das deutsche Kommando ihr eine Mitteilung geschickt, in der eine vollständige Liste der für das Funktionieren der Fabrik absolut unentbehrlichen Beschäftigten angefordert wurde. Diese Liste, dazu alle Personen, die nicht in ihr enthalten sein würden, mußten der Gestapo übergeben werden. Auf dieser Liste durften nicht mehr als zweihundert Namen stehen. Die anderen achthundert Arbeiter sollten für den Abtransport nach Osten bereitgestellt werden. Als der Tag zu Ende ging, rief Lydia Romek in ihr Büro.

Sie gab ihm den Befehl: »Romek, Sie müssen die Liste aufstellen. Ich werde es nicht tun.«

Er begann zu sprechen, aber sie unterbrach ihn. »Nein, ich kann diese Auswahl nicht für Ihre Leute treffen ...«

Romek antwortete. »Und Sie glauben, ich wäre dazu imstande? Sie sind mein eigen Fleisch und Blut. Sie können mich nicht zum Herrn über ihr Leben oder Sterben machen!« Er gab ihr das Befehlsschreiben zurück und ging.

In jener Nacht saßen wir in der Dunkelheit unseres Zimmers, das wir mit fünf Menschen unseres Alters teilten. Jeder war in seine privaten Gedanken und Vorahnungen versunken. Wir wußten, daß es eine weitere Aktion geben würde, und diesmal würde es außer den bereits Verlorenen auch die Fabrikarbeiter erwischen.

Plötzlich wurde die Stille durch das Klappern von Schuhen auf der Treppe unterbrochen, dann klopfte es an unserer Tür. Etwas ängstlich sagten wir: »Herein!«

Eine Gruppe von Männern, Frauen und Kindern stürzte in das Zimmer, stellte sich vor uns auf und schrie Romek an. Trotz all der lärmenden Stimmen fanden wir bald heraus, daß die Nachricht von der Liste ins Ghetto gesickert war, und dem Gerücht zufolge hatte Romek sich damit einverstanden erklärt, sie für Lydia anzufertigen. Und dann stürzte sich die Menge auf uns. Sie boten Geld, Juwelen, Silber, verbunden mit Forderungen, flehentlichen Bitten und Gebeten, doch diesen oder jenen in die Liste aufzunehmen. Romek stand auf und versuchte sie zu beruhigen. »Nein, ihr irrt euch. Ich habe mich nicht bereit erklärt, eine Liste aufzustellen. Ich will mit dieser ganzen Angelegenheit nichts zu tun haben.«

Niemand glaubte ihm. Die Menge wurde immer größer. Sie reichte die Treppe hinunter bis auf die Straße, und dort drängten sich Hunderte. Niemand wollte glauben, daß dieser schlanke, dreiundzwanzig Jahre junge Mann die Ausübung einer solchen Machtbefugnis ablehnen würde. Noch als sie ihre hingeworfenen Bestechungen wieder vom Boden aufgehoben hatten, glaubten sie nicht, daß Romek die Wahrheit gesagt hatte.

Am nächsten Morgen waren wieder Plakate mit neuen Verordnungen an die Wände des Judenrats geklebt. Allen Bewohnern des Ghettos wurde befohlen, sich am nächsten Tag zur Registrierung zu melden. Die Arbeiter sollten eine eigene Abteilung bilden, und wir alle sollten zum Fußballfeld hinter dem Arbeitsamt marschieren. Die Führer der einzelnen Fabrikgruppen sollten der Gestapo eine Liste aller Arbeiter präsentieren. Die Kundmachung schloß wie immer mit dem Befehl, den Anordnungen unbedingt Folge zu leisten, verbunden mit Strafandrohungen im Falle der Nichtbefolgung.

Mitglieder des Judenrates versuchten, die Menge zu beruhigen: »Das bedeutet, daß es keine Aktion geben wird, keine Tötungen, keine Deportationen. Es ist kein Trick. Sie wollen nur, daß sich die Bewohner ordnungsgemäß registrieren lassen. Das haben sie versprochen! Aber zieht eure besten Kleider an und sorgt dafür, daß ihr ordentlich und präsentabel ausseht.«

Einige in der Menge nahmen von dieser Bekanntmachung mit Erleichterung Kenntnis, einfach deshalb, weil sie daran glauben *wollten*.

Am Morgen war Lydia in der Fabrik umgeben von ihren nichtjüdischen Vorarbeitern, sie waren damit beschäftigt, die Liste aufzustellen. Das dauerte fast bis zum späten Nachmittag. Und als sie fertig waren, zeigte Lydia die Liste Romek. Sein Name stand ganz oben mit der Berufsbezeichnung »Schneidermeister«. Fieberhaft suchte er nach meinem Namen und fand ihn mit der Bezeichnung »Näherin«. Er schwieg einige Minuten, dann gab er Lydia die Liste zurück. »Unter falschen Voraussetzungen will ich nicht auf der Liste aufgeführt sein. Und auf Kosten eines anderen will ich nicht am Leben bleiben. Ich bin kein Schneider. Führen Sie mich auf als das, was ich bin, Buchhalter!«

»Aber das ist doch kein kriegswichtiger Posten, Sie werden keine Chance haben.«

Romek blieb unerbittlich: »Ändern Sie die Eintragung oder streichen Sie mich von der Liste.«

Lydia gab nach, und Romek murmelte seinen Dank dafür, daß sie mich auf die Liste gesetzt hatte. »Das einzige Leben, das ich retten will, ist ihres.«

Ich stand in einer Ecke des Büros und hörte diesem Zwiegespräch zu, sprachlos vor Angst um mich selbst und meinen Bruder. Dann ging Lydia in den Arbeitsraum hinunter und entließ die Arbeiter für den Rest des Tages. Sie forderte sie auf, alles zu tun, um sich zu retten. Die meisten blieben, wanderten ziellos durch die Fabrik, sie wußten genau, was die Registrierung in Wirklichkeit bedeutete.

Was sollte ich tun? Mich registrieren lassen oder mich verstecken? Wirklich lag mir nicht mehr viel am Leben. Beinahe sehnte ich mich nach dem Tod. Mein Bruder war es, der am Leben bleiben sollte. Er sollte weiterleben ... Immer und immer wieder wiederholte ich diesen Wunsch, während ich zum Ghetto zurückging. Unterwegs näherten sich uns Fremde und stellten mir und anderen die schicksalhafte Frage: »Was ratet ihr: registrieren oder verstecken?«

Meine Instinkte antworteten: »Versteckt euch, es ist ein Trick!« Was aber mich selbst betraf, so hatte ich beschlossen, zu der Registrierung zu gehen, weil ich wußte, daß Romek gehen würde. Als meine Freunde mich fragten, warum, zuckte ich mit den Achseln: »Was bleibt mir? – Mein Baby ist tot. Meine Eltern und meine Brüder auch.« Am Tor des Ghettos schied ich von meinen Freunden.

1 Dieses Bild von mir im Alter von fünfzehn Jahren wurde einer Freundin in Gorlice geschickt. Sie überlebte den Krieg untergetaucht in Frankreich und gab mir das Foto zurück, als ich sie 1960 in Paris besuchte.

2 Mein Porträt aus dem Gymnasium.

3 Maria (links) und ich in Warschau 1944, kurz vor meiner Abreise nach Deutschland.

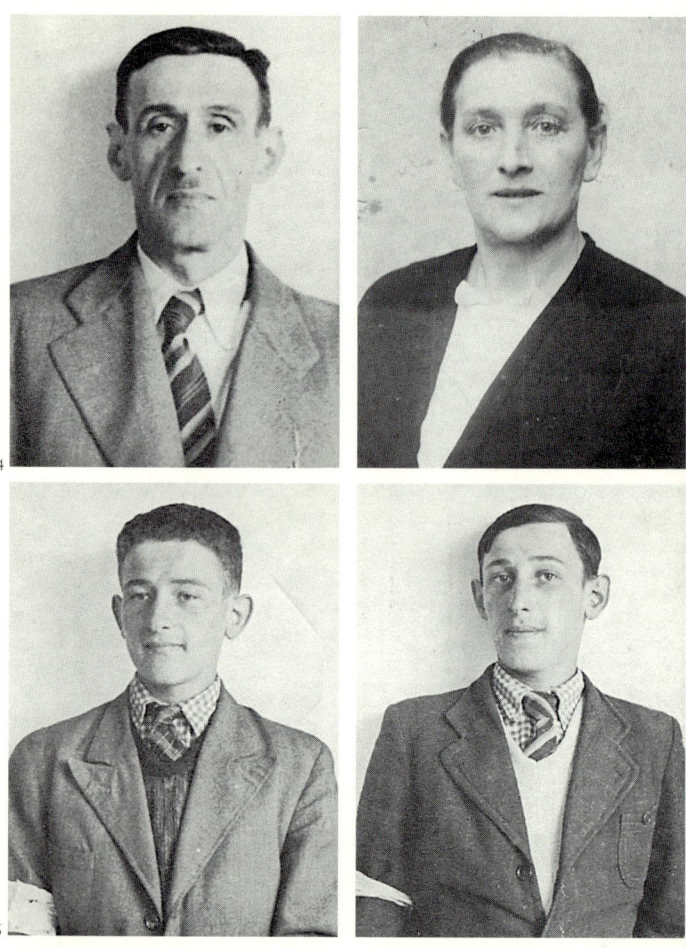

Diese Ghettoaufnahmen wurden von den Nazis zu Zwecken der Identifizierung gemacht. Abzüge wurden nach dem Krieg von überlebenden Juden aus den Akten des Rathauses von Gorlice gerettet und in
einem Buch der Erinnerung reproduziert. Diese Bilder bekam ich von
meiner Familie in Israel, die sie aus dem Buch der Erinnerung hatte.
4 Mein Vater Eli, etwa 52 Jahre. 5 Meine Mutter Elenore, etwa 48
Jahre. 6 Mein Bruder Izak mit etwa 17 Jahren. 7 Mein Bruder Bernie
mit etwa 17 Jahren.

9

8 Sam Rosenberg als Major des sowjetischen Sanitätskorps 1941.
9 Nunek Najder, Marias Mann, der im Alter von 25 Jahren in Kolomyja getötet wurde. Das Bild bekam Maria von ihrem Schwager Celek, als sie ihn 1991 in Polen besuchte.

10 Zygmund Rosenkranz mit Romek 1941 auf einer der letzten vor Einrichtung des Ghettos entstandenen Aufnahmen.
Das Foto überstand den Krieg eingenäht ins Futter meines
Mantels.
11 Frania mit Sohn Leszek (Alex) 1943 in Lwów, wo sie mit
falschen Identitätspapieren lebten.

12

12 Maria Rosenbloom (Mati) in ihrer UNRAA-Uniform 1946 in Deutschland.

Kennort Miejsce wystawienia	
Kreish. Starostwo powiat.	**Distrikt** Okręg

Kennummer 348298
Numer rozpoznawczy

Gültig bis 30 Januar 1948
Ważne do stycznia

Name Panasiak
Nazwisko

Geburtsname (b. Ehefrau)
Nazwisko panieńskie (u mężatek)

Vorname Bronisława
Imię

Geboren am 4.12.1915
Urodzony (a) w m.

Geburtsort Lemberg
Miejsce urodzenia

Kreish. Lemberg **Distrikt** Lemberg
Starostwo pow. Okręg

Land
Kraj

Beruf erlernter wyuczony Beamtin-urzedniczka
Zawód ausgeübter wykonywany Bürobeamtin-
biuralistka

Religion griechisch kath.-grecko kat.
Wyznanie

Besondere Kennzeichen keine - nie ma
Szczególne znaki rozpoznawcze

Panas

Unter
Podpis

Dienstsiegel
Pieczęć służbowa

13 Diese Kennkarte wurde für mich in Polen von den deutschen Besatzungsbehörden am 30. Januar 1943 ausgestellt und galt fünf Jahre. Ich erhielt den Ausweis ganz regulär, indem ich meine neue Geburtsbescheinigung vorlegte. Er legitimierte mich als Polin griechisch-katholischer Konfession.

GRIECH.-KATH. PFARRAMT

in ....

Kreis *Lemberg*

Distrikt Galizien.

№ 2047

Bescheinigung

Es wird hiemit bescheinigt, dass ~~Herr~~ Frau *Bronislava*

Panasiak Tochter des Demeter geboren am *4. XII. 1915*

und Anna geb. Boczkowka

in ......*Lemberg*......

~~Ukrainer~~ /-in und Arier /-in ist.

Diese Bescheinigung ist für die Arbeitsämter, Polizei und Zivil-

behörden im Reich ausgestellt.

........*Lemberg*........ den *9 October* 1942

Печатка і підпис

Julian Tzerowytsch
Staupianir

14 Diese Geburtsbescheinigung – die als Nachweis der rassischen Zugehörigkeit diente – erhielt ich von Lydia, die sie von ihrem Bruder,
einem Priester, bekam. Es war eine echte Geburtsbescheinigung für
eine Polin namens Bronislava Panasiak, die in Sibirien gestorben war.

Siebentes Kapitel
Das Ghetto – Ende und Flucht

Ich starrte in die Büsche und in das verwachsene Unterholz. Eigentlich wollte ich in mein Zimmer zurückgehen. Statt dessen fühlte ich mich von dem kleinen Fluß Młynówka angezogen, einem dreckigen Rinnsal, das sich am Rande des Ghettos entlangschlängelte. Es war das einzige bißchen Natur, das uns geblieben war. Neben ihm her führte ein Pfad zu einer alten Hütte, die abseits der anderen Gebäude des Ghettos stand wie ein nachträglicher Einfall. Ich kannte die Hütte gut. Meine Freundin Gina lebte dort mit ihrem Töchterchen, welches am selben Tag und in derselben Geburtsklinik wie mein Sohn Zygmund geboren worden war. In den Tagen nach der Nachricht von Zygmunds Tod wanderte ich oft den Pfad entlang, um mit Gina zusammenzusein und um ihr und ihrer kleinen Tochter ein bißchen zu essen zu bringen. Beide sahen erstaunlich arisch aus, mit blauen Augen und blondem Haar. Und Gina hatte nichtjüdische Freunde, die ihr halfen. Ich hatte sie oft angefleht, aus dem Ghetto zu fliehen. Als ich auf dem Pfad zur Hütte ging, entschloß ich mich, noch einmal den Versuch zu machen, sie zur Wahrnehmung ihrer einzigen Chance zu überreden.

Bei einbrechender Dunkelheit erschreckte ich ein junges Paar, das mein Kommen nicht bemerkt hatte. Noch bevor es mir möglich gewesen wäre, mich zu entschuldigen, erkannte ich die beiden: Es war Romek mit einem Mädchen. Sie verbrachten die wenigen Augenblicke, die ihnen noch blieben, zusammen. Stumm eilte ich an ihnen vorbei. Sie bemerkten mich nicht.

Ich klopfte an Ginas Tür und trat ein. Gina war damit beschäftigt, die Kleider, die sie und ihr kleines Mädchen zur Registrierung anziehen würden, zu säubern, zu flicken und auszubessern. Ich sah sie an, als wäre sie verrückt. »Ich bin hier, um mich zu verabschieden und um dir bei deiner Flucht zu helfen.« Gina blickte mich starr an, doch ich fuhr fort: »Du glaubst doch nicht etwa auch nur einen Augenblick, daß du diese Registrierungssache überleben wirst?«

»Was soll ich denn sonst tun? Ich sehe jung und gesund aus. Vielleicht geben sie mir Arbeit. Wir werden schon durchkommen.«

»Du bist verrückt.« Ich zog ihr Kind an mich und streichelte es. »Hör zu: Ich habe ein Kind verloren – du mußt deines retten.«

»Ich kann nicht. Es wird mir zu schwer. Und vielleicht hilft mir mein Arbeitsausweis.«

»So, du glaubst also noch an Wunder nach all dem, was geschehen ist?« Ich gab auf. Voller Trauer küßte ich sie und das Kind und kehrte zurück in mein Zimmer.

Als ich ankam, waren die vier Mitbewohner auch schon damit beschäftigt, das Aussehen ihrer Lumpen und Fetzen zu verschönern.

Es war der 7. September 1942. Schon am frühen Morgen stand eine Menge vor dem Judenrat. Bald waren es an die tausend. Am Rande irrten die Menschen umher, in der Mitte schoben und stießen alle auf der Suche nach Familie und nach Freunden. Es müssen mehrere hundert Mütter mit ihren Kindern, deren Hände sie umklammerten, gewesen sein. Jede einzelne von ihnen bemühte sich, einigermaßen anständig auszusehen. Mütter zogen Hemden zurecht, glätteten Kleider, klebten die Stirnlocken ihrer Kinder an. Alle hofften, daß die Kinder dadurch, daß sie nett aussahen, überleben würden. Ich hörte, wie mehr als eine Mutter ihre Kinder aufforderte, zu lächeln und fröhlich auszusehen.

Ich stand am Rande der Menge und suchte nach bekannten Gesichtern. Statt dessen sah ich nur Gespenster. Vor mir stand eine junge Frau, sie war nur noch Haut und Knochen. Sie machte sich zurecht, sah in einen Taschenspiegel und rieb ein bißchen rotes Papier über ihre Wangen. Das Kleid, das sie trug, um möglichst gut auszusehen, ließ mich wegschauen. Neben ihr stand eine Mutter, die versuchte, ihren fünf Jahre alten Jungen zu beruhigen. Der Junge weinte. »Bitte, Mami, laß uns zurückgehen in unseren Keller, dort können wir uns mit Großmama verstecken. Ich will nicht zu den Deutschen gehen.« Die Mutter antwortete nur: »Benimm dich! Wenn Papi vom Krieg zurückkommt, wird er dir ein schönes Spielzeug mitbringen.«

Gegen 7 Uhr 30 erschienen die Mitglieder des Judenrates, und der Lärm der Menge ließ nach. Die Räte waren offensichtlich erregt. Einer trat vor und begann zu sprechen. »Wo sind die Alten? Warum sind sie nicht gekommen? Wenn die sich verstecken, wird es schlecht für sie ausgehen – und für den Rest von uns auch. Die Deutschen werden wütend sein. Sie haben uns versprochen, daß niemandem ein Leid zugefügt wird. Es ist nur eine Registrierung. Warum könnt ihr Leute nicht Befehlen gehorchen? Warum macht ihr uns die Arbeit so schwer? Wir sind hier, um euch zu helfen. Aber ihr laßt das nicht zu.«

Dieser Vorwurf wurde mit Schweigen und Spott aufgenommen. Daraufhin befahl der Judenrat der jüdischen Hilfspolizei, das fehlende Tausend, das sich noch irgendwo im Ghetto befinden mußte, aufzuspüren. Als die Spannung stieg, schlichen sich einige davon, um doch ihre Verstecke aufzusuchen.

Um acht Uhr wurde der Befehl durchgegeben, sich in Reih und Glied aufzustellen und abzumarschieren. Still begannen die Leute sich einzuordnen und Kurs auf den Fußballplatz hinter den Ghettomauern zu nehmen. Dort erwartete sie eine Handvoll SS-Offiziere und eine Abteilung der ukrainischen Miliz. Arbeiter, die kriegswichtige Arbeiten verrichteten, bildeten eine eigene Gruppe. Sie machten einen entspannten und selbstsicheren Eindruck, so als wären sie unantastbar. Andere blieben mitten auf dem Platz stehen und blickten neidisch hinüber. Nur das gelegentliche Weinen eines kleinen Kindes unterbrach die Stille.

Nachdem sich alle versammelt hatten, trat der Chef der Gestapo von Kolomyja, Leideritz, vor. Er trug die Galauniform der Gestapo, mit Reitstiefeln und weißen Handschuhen. Er bedeutete einem ukrainischen Wachmann, die erste Gruppe der Juden nach vorn zu bringen. Die erste Gruppe bestand aus Arbeitern der Sägerei. Leideritz ließ sie zu seiner Rechten Aufstellung nehmen. Alle atmeten auf. Als nächstes kamen die Arbeiter der Ziegelei. Wieder sah Leideritz die Liste durch. Während er das tat, wurde sein Gesicht dunkelrot. Dann schleuderte er die Liste zu Boden, zog seine weißen Handschuhe aus und begann zu brüllen.

»Schweinehunde! Mit wem glaubt ihr es eigentlich zu tun zu haben? Diese erledigten alten Männer könnt ihr mir nicht als kriegswichtig aufschwatzen.« Er hob die Liste auf und riß sie in Stücke. »Ich werde selbst die Selektion vornehmen.« Er begann, die Reihen abzuschreiten, dabei suchte er die jüngsten und gesündesten der Ziegeleiarbeiter aus und wies sie an, sich auf die rechte Seite zu stellen. Die anderen wurden mit Gewehrkolben und Schlagstöcken nach links getrieben.

Und so ging es weiter, eine Gruppe nach der anderen. Nachdem Leideritz über zweitausend Menschen nach links dirigiert hatte, gab es keine Illusionen mehr über die Bedeutung der beiden Seiten. Rufe und Schreie erfüllten die Luft, als Männer und Frauen ihrem Schicksal entgegengingen, getrennt voneinander, von Kindern und Eltern. Diejenigen, die um Gnade baten, bekamen Schläge von den Ukrainern.

Eine Mutter, die nach rechts geschickt worden war, versuchte sich heimlich nach links zu schmuggeln, um bei ihrem Kind zu sein. Ein SS-Offizier bemerkte, wie sie sich durch die Menge zu dem weinenden Kind schlängelte. Er schritt mitten in die Menge, hob das Kind an einem Arm hoch und trug es zu einer Mauer. Als er einen Punkt etwa ein oder zwei Meter vor der Mauer erreicht hatte, hob er den kleinen Jungen auf, wirbelte ihn über seinem Kopf herum und warf ihn gegen den Beton. Wir sahen das Gehirn des Kindes spritzen, als es zu Boden fiel. Mit einem verächtlichen Ausdruck drehte sich der Deutsche um und brach zusammen mit seinen Kameraden in Gelächter aus.

Ich wandte mich von dieser Szene ab und sah, wie ein Ukrainer zu Leideritz ging und ihm etwas ins Ohr flüsterte. Der Kommandant nickte. Plötzlich wurde die Selektion unterbrochen. Die SS-Offiziere setzten sich, und die Ukrainer mischten sich unter die Menge; sie suchten einzelne Mütter und Kinder aus. Ein Stückchen Kreide war bald gefunden, und damit wurden Zielscheiben auf die Mauer gezeichnet. Auf Befehl des SS-Kommandanten rissen die Ukrainer die Kinder von ihren Müttern weg und trugen sie zu den Zielscheiben. Und dann begannen die Milizionäre mit ihren Schießübungen. Als das geschah, lösten sich hundert Männer aus der Menge und stürzten sich auf die Milizionäre. Nach einer kurzen Schießerei kamen ihre Leichen zu denen der Kinder.

Ich konnte nicht glauben, was ich gesehen hatte. Mein Kind hatte unvergleichlich mehr Glück gehabt; es war in den Armen seiner Großmutter gestorben – wenigstens hoffte ich das.

Ganz in meiner Nähe begann ein junges Mädchen, das ich kannte (sie hieß Joasia Singer), einen Ukrainer anzugreifen. Sie trat und biß. »Mörder«, schrie sie, »du wirst tausend Tode sterben.« Die Wache ergriff sie an den Händen und begann, sie von der Menge wegzuziehen. Dabei prügelte er sie mit einem Schlagstock. Sie wehrte sich, bis sie ihr Bewußtsein verlor. Dann kam eine andere Wache, goß ihr Wasser über das Gesicht, um sie wiederzubeleben, damit sie die weiteren Schläge spürte. Aber es war zu spät. Widerstand leistend war sie gestorben.

Als die Schießerei vorüber war, lagen noch viele ausgestreckt am Boden. Die Registrierung wurde fortgesetzt. In der nächsten Gruppe befanden sich Frauen und Kinder der jüdischen Hilfspolizei. Sie sahen so geschniegelt und gesund aus, daß wir uns kaum dazu bringen konnten, sie anzusehen. Wir wußten alle, daß ihr Wohlergehen mit Blut erkauft war. Als sie sich dann vor Leideritz aufstellten, geschah etwas Erstaunliches: Sie wurden alle nach links in den Tod kommandiert. Die Mitglieder der jüdischen Polizei konnten sich kaum noch beherrschen. Einer trat vor, um zu protestieren: »Es muß sich um einen Irrtum handeln. Das sind unsere Frauen und Kinder.«

Leideritz unterbrach ihn: »Halten Sie Ihren Mund, machen Sie, daß Sie an Ihren Platz kommen.« Keinem von uns taten die jüdischen Wachen leid, als ihre Überlegenheit vor unseren Augen zusammenbrach. Als die Wachen auf der rechten Seite bei den Geretteten standen, rückten die anderen von ihnen ab wie von Aussätzigen.

Auf der anderen Seite des Feldes schien es etwas ruhiger zu werden. Einem Apotheker war es gelungen, die Nazis zu überlisten: er hatte eine Kapsel Zyanid geschluckt. Als er im Sterben lag, durchsuchten andere seine Taschen, in der Hoffnung, noch eine Pille zu finden.

Dann kam unsere Fabrik an die Reihe. Tausend Männer, Frauen und Kinder traten vor. Zuerst wurden die Männer »registriert«. Romek hatte die Liste und gab sie einem älteren Arbeiter, den er ermutigte, als Vorarbeiter aufzutreten. »Nimm die Liste, du hast eine Familie. Vielleicht kannst du deine Chancen verbessern, wenn du sie überreichst. Bisher haben sie Anführer nach rechts geschickt.«

Ich wunderte mich, weshalb Romek das tat. Wollte er sein Leben opfern? Seine eigenen Chancen verschlechtern? Mein Hals war zu ausgetrocknet, als daß ich hätte schreien können. Ich achtete nicht einmal auf die prügelnden ukrainischen Schlagstöcke, mit denen wir zur Selektion vorwärtsgetrieben wurden.

Als Romek die Spitze der Kolonne erreicht hatte, sah Leideritz ihn an und deutete nach rechts. Romek sah dem Gestapo-Offizier ins Gesicht und sagte. »Ich nach rechts?«

Leideritz blickte zurück. »Nein«, brüllte er, »nach links. Du bist zu schwerfällig, um Befehlen zu gehorchen. Und alle, die nach dir kommen, auch nach links.«

Da war nun wieder etwas geschehen, was ich nicht verstehen konnte. Warum war Romek nicht sofort nach rechts gegangen, als er durfte? Warum hatte er dagestanden und den Deutschen provoziert? Ich begriff, daß er nicht mehr leben wollte, aber weshalb hatte er nicht daran gedacht, wie sehr ich ihn brauchte? Er war doch derjenige, der gesagt hatte: »Mitten im Krieg lasse ich eine Mutter mit ihrem Kind nicht allein.« Und jetzt war er im Begriff, mich zu verlassen. Ich würde ihn nicht gehen lassen. Deshalb beschloß ich, ihm nach links zu folgen.

Jetzt begann man, die Frauen aus der Fabrik zu selektieren. Fluchend rissen die Ukrainer den Müttern, die nach rechts geschickt worden waren, ihre Kinder weg; doch die meisten Frauen wurden nach links geschickt. »Macht, daß ihr weiterkommt, ihr Judenschweine!« riefen die Ukrainer und trieben uns vorwärts. Andere versuchten weiterhin, so gut wie möglich auszusehen. Mir lag nichts mehr daran, durchzukommen, ich wollte nur noch zu Romek. Ich ging wie betäubt, mit gesenktem Kopf, als ich plötzlich den Schmerz eines Peitschenschlags auf meinen Beinen fühlte. Ich hob den Kopf und bemerkte, daß ich vor Leideritz stand.

Sein Gesichtsausdruck war erschreckend: »Verdammte Jüdin, du versuchst, schlecht auszusehen. Aber in dir steckt noch viel Leben. Und viel Arbeit. Ab nach rechts!« Die neben Leideritz stehende Wache schob mich zu den Lebenden.

Ich hatte das Gefühl, zum Tode verurteilt worden zu sein. Wie war das möglich? Ich sollte gerettet werden, und Romek sollte sterben, wo ich doch älter, schwächer und viel weniger nützlich war? Verzweifelt begann ich zu überlegen, wie ich sie zu einer Änderung ihrer Entscheidung bringen könnte. Ich riß mich zusammen und ging zu Leideritz.

»Bitte, lassen Sie mich nach links gehen. Ich ertrage es nicht, von meinem Bruder getrennt zu sein.«

Ein Wachposten trat vor, und ich spürte seinen Stiefel im Magen, als er mich mit Fußtritten zurück nach rechts dirigierte. Als ich am Boden lag, hörte ich, wie der Gestapochef tönte: »Du wirst leben, verdammt. Ich entscheide hier über Leben und Tod.«

Ich stand auf, sah, daß ich in der Gruppe der Lebenden war, und versuchte, Romek in der linken Gruppe zu finden. Unsere Augen trafen sich, und bald versuchte Romek, sich einen Weg durch die Menge zu bahnen. Er suchte nach einer Möglichkeit, zu mir auf die rechte Seite zu gelangen. In dem durch die Selektion verursachten Durcheinander gelang es ihm, immer näher zu kommen, bis ein Ukrainer bemerkte, wie er versuchte, in eine Reihe hineinzukommen, die sich zur Selektion formiert hatte. Er schlug ihn ins Gesicht. Als Romek am Boden lag, unfähig aufzustehen, versuchte ich, aus meiner Gruppe auszubrechen, um zu ihm zu gelangen. Bevor ich auch nur einen Schritt getan hatte, wurde ich niedergeknüppelt.

Als ich etwas später mein Bewußtsein wiedererlangte, befand ich mich im Inneren eines Gebäudes, und ein mir bekanntes Gesicht lächelte mir zaghaft zu. Es war Nunek Najder, der Mann meiner Freundin aus der Fabrik, Mati. Er half mir aufzustehen und stützte mich. Dann erzählte er mir, was geschehen war.

»Nachdem die Selektion vorüber war, befanden sich nur etwa dreihundert von uns auf der rechten Seite. Man brachte uns in dieses Schulgebäude.

Du hast uns viel Umstände gemacht, Blanca. Wären wir weggegangen, hätten die Deutschen dich dort, wo du lagst, erschossen. So trug ich dich über der Schulter, während die anderen sich um uns herumdrängten, damit man dich nicht sehen konnte.«

Ich sah ihn ohne große Begeisterung an: »Was passierte mit den anderen, den siebentausend auf der linken Seite?«

»Man befahl ihnen, ihre Kleider und Schuhe auszuziehen, die dann von den Deutschen nach Wertsachen und Arbeitsausweisen durchsucht wurden. Ich denke, das bedeutet ihr Ende.«

Um uns herum konnte man das kummervolle Murmeln der wenigen glücklich Geretteten hören. Nunek sprach weiter. »Ich denke, daß meine Frau und die anderen Frauen meiner Familie Glück hatten. Sie blieben in ihren Verstecken. Nur die Männer der Familie gingen hinaus. Wir waren zu fünft. Nur mein Schwiegervater und ich haben es geschafft. Die anderen hat man nach links geschickt.«

»Aber ihr hattet doch alle Arbeitsausweise, nicht wahr?«

»Ja, aber du hast doch gesehen, was passiert ist.« Ich nickte, zu erschöpft, um weiter darüber nachzudenken. Plötzlich erklang ein Schrei.

»Blickt zum Bahngelände. Die gesamte Gruppe muß dorthin marschieren.« Hastig rannten wir auf den Schulhof. Dort konnten wir durch den Zaun die Prozession der »Toten« beobachten. Wir suchten nach den Gesichtern unserer Lieben und hofften auf einen letzten Blick, der eine Ewigkeit würde vorhalten müssen. Die uns zugeteilten ukrainischen Wachen versuchten nicht, uns am Zuschauen zu hindern. Sie lehnten sich an die Mauer und freuten sich offensichtlich über unser Elend.

Gehetzt schaute ich von Gesicht zu Gesicht. Hatte Romek es bis hierher geschafft? Oder war er auf dem Gelände, wo die Selektion stattgefunden hatte, gestorben? Dann sah ich ihn unter tausend anderen. Er hinkte und stütze sich auf die Schulter eines anderen. Er sah mich nicht, als er vorbeiging. Seine Kopfwunde, aus der noch Blut rann, war mit einem Lappen verbunden. Meine Augen blieben trocken; ich hatte keine Tränen mehr. Das Blut pulste in meinen Stirnadern. Als die Prozession vorüber war und die ukrainischen Milizionäre begannen, uns in das Gebäude zurückzutreiben, wehrte ich mich nicht dagegen. Warum war Gott so grausam gewesen? Er hatte mir soviel weggenommen und ließ mich mit einem Leben zurück, das ich nicht mehr wollte. Dann dachte ich an meine siebzehnjährigen Zwillingsbrüder, die in einem Arbeitslager irgendwo in der Nähe von Krakow noch am Leben waren. Wenn ich dazu ausersehen war, weiterzuleben, dann vielleicht, um etwas zu ihrer Rettung zu tun. Aber was konnte ich denn tun? Meine Ohmächtigkeit überwältigte mich.

Abends öffneten die Ukrainer die Tore der Schule und befahlen uns, ins Ghetto zurückzugehen: »Ihr könnt gehen, ihr seid frei.« Allerdings frei; wir hatten nichts mehr zu verlieren, keine Familie, keine Freunde, keine Hoffnung.

Das Ghetto, das uns erwartete, war ein anderer Ort geworden, leer und endlich frei vom Gestank und vom Anblick des Todes. Die Straßen hatte man geräumt, es gab keine Leichen mehr und keinen Unrat. Und es herrschte wirklich Stille. Als ich hineinging, wurde ich von dem Gefühl überwältigt, an einer Gräberreihe auf einem Friedhof vorbeizugehen.

Meine Wanderungen durch die Ghettostraßen führten mich unwillkürlich zurück zu unserem kleinen Zimmer. Ich sah nur die geschlossene Tür an. Bis zu diesem Tag war das Zimmer überfüllt gewesen mit sechs Personen, lauter warmherzigen, hilfsbereiten, ermutigenden Menschen, die versucht hatten, den Kampf ums Überleben lohnend zu machen. Dort in einer Ecke war die Stelle, wo Romek gesessen und immer irgendwelche Pläne geschmiedet hatte. Verließen wir wirklich erst an diesem Morgen das Zimmer, um uns »registrieren« zu lassen? Ich erinnerte mich daran, wie Romek die Türe abgeschlossen, den Schlüssel unter die Treppe gelegt und gesagt hatte: »Wenn einer von uns es schafft, weiß er, wo der Schlüssel liegt.« Gedankenlos nahm ich jetzt den Schlüssel auf. Dieser Morgen, der war vor so langer Zeit gewesen.

Ich steckte den Schlüssel ins Schloß und blieb einen Augenblick stehen. Zwei Zeilen eines Gedichts gingen mir nicht aus dem Sinn: »Hierher kam meine Familie / nun sind sie alle begraben.« Der Dichter, der diese Worte geschrieben hatte, konnte wenigstens die Gräber der Angehörigen vorweisen und vor ihnen in Tränen verweilen. Das konnte ich nicht. In den Wäldern von Szeparowce oder in Belzec würde es keine bezeichneten Gräber geben. Nur in Gedanken konnte ich dorthin pilgern, wo ihre Asche verstreut war ... Warum, warum, warum?

Während ich den Schlüssel umdrehte, bemerkte ich, daß die Tür nicht verschlossen war. Plünderer waren dagewesen.

Nichts war übriggeblieben als Bruchstücke von wertlosem Zeug. Die Ukrainer hatten offensichtlich den Raum nach jüdischen Schätzen durchstöbert. Die wenigen Fotographien, die ich hatte retten können, lagen zerrissen am Boden. Ich setzte mich hin und versuchte, eines oder zwei wieder zusammenzusetzen. Es war ein hoffnungsloses Unterfangen.

Als ich so dasaß, wünschte ich mir Tränen, aber sie kamen nicht. Mein Herz war versteinert. Ich konnte nur noch darüber nachdenken, wie dies alles geschehen war. All diese Nächte und Tage des langsamen Sterbens, die durch tausend Jahre zurück bis zu jenem Sommertag im Juni 1941 reichten. Wolf war nur noch eine blasse Erinnerung, dieser Mann, mit dem ich sechs Jahre zusammengelebt und dem ich einen Sohn geboren hatte. Nur Romek war mir in lebhafter Erinnerung. Er, der bei mir geblieben war und mich und seinen Neffen beschützt hatte, ohne an sein eigenes Überleben zu denken. Ich war nicht mehr fähig, jemanden außer ihm zu lieben. Wenn es ihm nur gelingen würde, irgendwie zu überleben. Wenn nicht, würde ich mein Leben lang zwei Tote auf dem Gewissen haben: meine Mutter, die für meinen Sohn, und meinen Bruder, der für mich gestorben war.

Es war dunkel, und im Zimmer wurde es kalt. Abends um diese Zeit erwartete ich sonst Romeks charakteristische Schritte auf der Treppe, wenn er von der Fabrik zurückkehrte. Plötzlich empfand ich seine Gegenwart, sah sein besorgtes junges Gesicht, hörte seine tröstenden Worte. »Schwesterlein, mach dir keine Sorge, ich werde es schaffen.« Glaubte er jemals wirklich daran? Während dieser ganzen Zeit, nach jeder Tragödie, nie brach er zusammen. In dieser ganzen Zeit – und doch dauerte sein Leben nur einen kurzen Augenblick.

Ich dachte an seine Freundin Jean. Ich mußte sie finden: jemanden, mit dem ich mein Leid teilen konnte. Aber wo? Langsam stand ich auf und ging zum Fenster. Der Mond schien. Derselbe Mond hatte auch in der letzten Nacht am Himmel gestanden. Da waren wir noch beisammen gewesen.

Ich zog die Jalousie herab. Ich brauchte die Dunkelheit, um mir das letzte Bild der zerschlagenen Körper heraufzubeschwören, die zum Bahngelände getaumelt waren. Unter den vielen Gesichtern stach seines heraus. Dann begannen die Körper sich zu drehen, und ich sah, wie sie sich auf mich zu bewegten. Die Leichen kamen, um mich zu holen. Eine Stimme hallte: »Warum bist du noch am Leben? Wer gab dir das Recht, zurückzubleiben?« Ich hörte mich antworten: »Es ist nicht meine Schuld. Ich wollte nicht zurückbleiben. Ich wollte mit euch allen und mit meinem Bruder zusammenbleiben.« Ich suchte meinen Bruder unter ihnen. »Sprich für mich, Romek ... erklär es ihnen.« Aber ich fand sein Gesicht nicht, sah nur die Schar der Toten, die mir drohend näher kam.

Ich stand ihnen allein gegenüber. Ich mußte zu entkommen suchen. Auf allen vieren begann ich aus dem Zimmer zu kriechen. Ich stand auf, öffnete die Tür und rannte die Treppen hinab in die Dunkelheit der Nacht und die Leere der Straßen. Die dunkle Nacht erfrischte mich, und ich konnte wieder atmen.

Ich war von Schmerz und Trauer verfolgt. Nie hätte ich in unser Zimmer zurückgehen dürfen. In dieser Nacht brauchte ich Gesellschaft. Ich entfernte mich langsam von unserem Gebäude und blieb erst stehen, als ich aus einer Spalte Licht sah, welches matt aus einem Haus leuchtete, in dem am Tag zuvor Freunde von uns gewohnt hatten. Waren sie noch am Leben? Ich ging zur Tür, öffnete, ohne zu klopfen, und ging hinein. Eine Kerze flackerte auf dem Tisch. Drum herum auf dem Boden saß eine Gruppe mir unbekannter Leute. Aber ihr Leiden war mir nicht fremd. Sie rückten zur Seite und machten mir einen Platz frei. Als ich mich gesetzt hatte, sah jemand zu mir her und sagte: »Waren Sie heute dabei? Bei der Selektion?«

»Ja«, flüsterte ich.

Die anderen wandten sich mir zu, und aus der Dunkelheit hörte ich eine Stimme: »Was ist geschehen? Wie war es?«

Jetzt erst verstand ich. Diese Menschen waren in ihren Verstecken geblieben und hatten überlebt. Diejenigen unter ihnen, die zur »Registrierung« gegangen waren, waren nicht zurückgekehrt. Ich konnte nicht antworten.

Die Frage beharrte: »Sie müssen es uns sagen.« Die Stimme wurde drängend: »Sie müssen!«

»Zwingen Sie mich nicht dazu. Ich flehe Sie an. Dreihundert überlebten. Der Rest, siebentausend, wurde nach Belzec gebracht.« Mehr konnte ich nicht sagen.

Eine andere Stimme begann mir dann zu erzählen, wie es im Ghetto zugegangen war. Ihrer Schätzung nach wurden über eintausend Juden erschossen. Obwohl niemand Schlaf fand, wurde in dieser Nacht nichts weiter gesprochen.

Früh am nächsten Morgen machte ich mich auf den Weg zum Judenrat. Dort war bereits eine Menschenmenge um eine neue Verordnung versammelt, die man über die alte geklebt hatte. Unverzüglich sollten alle Bewohner in das Ghetto Nummer eins umziehen, in das einzige übriggebliebene Ghetto. Es wurde uns gestattet, unseren noch vorhandenen Besitz mitzunehmen. Manche in der Menge lächelten traurig über diese Anordnung. Die weiteren Bestimmungen waren: Neue Arbeitsdokumente würden ausgegeben werden. Die alten waren nicht mehr gültig; nur wer am Vortag als arbeitsfähig selektiert worden war, hatte einen Anspruch auf die neuen Ausweise; wer keinen Ausweis bei sich trug, würde sofort erschossen werden. Damit waren diejenigen, die überlebt hatten, weil sie sich bisher hatten verstecken können, dazu verurteilt, dauernd im Verborgenen zu leben.

Ich ging. An all dies zu denken, berührte mich nicht mehr. Es war mir gleichgültig geworden. Um mich herum begrüßten sich die Leute, umarmten sich kurz und gingen dann nach Hause, um das bißchen einzupacken, was mitzunehmen sich vielleicht noch lohnte.

Ghetto eins bestand aus drei Straßen. Dort hatten neben dem Judenrat noch andere gewohnt, die durch Bestechung hineingekommen waren. Bald würde es, wie die anderen

Ghettos, unvorstellbar überfüllt sein. Ich wußte, daß ich mich würde beeilen müssen, um irgendwo eine Ecke für mich zu finden. Romek war nicht mehr da, um sie für uns zu finden. – Dieser Gedanke beherrschte mich wieder. Und dann, endlich, brachen die Tränen aus. Mein Körper zuckte krampfhaft, und weil ich so schrecklich weinen mußte, drehten sich die Köpfe der Vorübergehenden mir zu.

Das Nächste, woran ich mich erinnere, ist eine Hand auf meiner Schulter – und dann wurde ich fortgeführt. Nach dieser menschlichen Geste flossen meine Tränen freier. Dann hörte ich eine tröstende Stimme. Es war Nunek, Matis Mann, der mich, als ich ohne Bewußtsein war, von der Selektion bis in die Schule getragen hatte. Als er mich wegführte, machte er keinen Versuch, mich zu beruhigen.

Ungefähr zu der Zeit, als ich meine Tränen wieder unter Kontrolle bringen konnte, bemerkte ich, daß ich die Treppe zu unserem alten Zimmer hinaufgeführt wurde. Ich sah Nunek an. »Warum hast du mich hierher gebracht? Hier kann ich nicht mehr bleiben. Sie haben uns ja befohlen umzuziehen.«

Nunek antwortete ruhig. »Ja, ich weiß. Wir sind hier, um deine Sachen zusammenzusuchen. Du wirst zu uns ziehen – in unser Zimmer im Ghetto eins.«

»Aber hier gibt es nichts mehr mitzunehmen für mich, sie haben gestern geplündert.« Wir gingen hinein und sahen uns um. Nunek bückte sich und hob ein kleines gelbes Kissen und ein paar Schnipsel von den zerrissenen Fotografien auf. Mit diesen Sachen in seinem Arm drehten wir uns um und verließen den Raum.

Mati begrüßte mich in einem kleinen Zimmer an einer der engen Straßen von Ghetto eins. »Myszka« – kleine Maus – nannte sie ihr Mann. Als ich hineinging, umarmte sie mich.

Zum Schlafen machten sie mir einen Platz in einer Ecke frei. An der gegenüberliegenden Wand war das aufgestellt, was von Nuneks Apotheke übriggeblieben war. Außerhalb des Ghettos arbeitete er noch als Apotheker, und am Eingang zu unserem Gebäude stand das Wort Drogist. Dank seiner Arbeit war er in den Genuß eines Einzelzimmers gekommen.

An diesem Tag begann die letzte Etappe meines Lebens im Ghetto. Meine Freunde Nunek und Mati halfen mir dabei, neuen Lebensmut zu finden. Sie ernährten mich. Sie schenkten mir Liebe und das Gefühl, wieder zu etwas zu gehören. Es begann am nächsten Morgen damit, daß sie mich drängten, wieder in die Fabrik zu gehen. Ich bekam einen neuen Ausweis und verließ das Ghetto einmal mehr.

Als ich die Fabrik erreicht hatte, ging ich automatisch zu Romeks Schreibtisch im Büro, in der Erwartung, daß er dort sein würde. Voller Verzweiflung warf ich mich über den Schreibtisch. Die Nichtjuden im Büro arbeiteten, näherten sich mir nicht und unterbrachen auch nicht ihre Arbeit. Lydia bedeutete ihnen, wegzugehen. Dann kam sie zu dem Schreibtisch, hob mich auf und umarmte mich. Ich faßte mich ein wenig und begann zu sprechen. »Sie wissen doch, was geschehen ist?«

Sie nickte: »Ja, ich habe es selbst gesehen, aus dem Fenster des Hauses einer Freundin in der Nähe des Fußballfeldes. Als ich sah, wie man Romek auf die linke Seite schickte, rannte ich hinaus. Ich ging von einem Offizier zum anderen und bat darum, diese Entscheidung zu ändern.« Lydia weinte: »Nichts half.« Sie hielt mich wieder fest. »Auch ich habe viel verloren. Er war ein wunderbarer Mann, so viele hat er gerettet ... Ich liebte ihn, seinen Charakter, seine Güte.«

Es gab nichts mehr zu sagen. Lydia räusperte sich.

»Hören Sie zu: Sie müssen von hier fort. Sie müssen fliehen. Und ich werde Ihnen dabei helfen.«

»Nein, ich kann nicht, ich kann nicht.« Ich schüttelte meinen Kopf. Aber Lydia wollte nicht hören.

»Ich werde Sie herausbekommen. Es ist meine Pflicht, so viele von meinen Leuten zu retten wie möglich.« Mit dem Kopf deutete sie zum Arbeitsraum.

»Begreifen Sie denn nicht, daß wir alle schon tot sind? Wir haben zuviel gelitten und gesehen, um noch gerettet zu werden.«

»Ja, ich verstehe. Aber jedes Leben ist heilig.«

Ich schüttelte meinen Kopf. »Nicht meines, nicht mehr. Wenn Sie mir wirklich helfen wollen, bitten Sie einen Ihrer Freunde, der in einer Apotheke arbeitet, mir etwas Zyanid zu besorgen. Das wäre christliche Barmherzigkeit.«

Lydia starrte mich an, und ich fuhr fort: »Ich verspreche Ihnen, ich werde es nur als letzten Ausweg benutzen.«

»Nein, Blanca. Selbstmord ist eine Sünde, gleichgültig, warum man es tut. Ich werde Ihnen dabei nicht helfen. Aber bei Ihrer Flucht werde ich Ihnen helfen. Übrigens wissen Sie ja gar nicht, ob Gott nicht gerade Sie dazu ausersehen hat, weiterzuleben und eines Tages Ihr Glück zu finden.«

Ich stand auf und wollte gehen. Aber Lydia sprach weiter:

»Warten Sie, Blanca! Ich möchte, daß Sie Romeks Stellung übernehmen. Würden Sie das tun?«

Ich drehte mich um. »Ja, das würde ich gern.« Die Arbeit im Büro würde leichter sein als die im Arbeitsraum. Und es könnte mich trösten, am Schreibtisch meines Bruders zu sitzen, seine Federn, seine Notizblöcke zu benutzen, seine Kontobücher und Rechnungen vor mir zu haben, statt täglich einen Fremden an seinem Schreibtisch sitzen zu sehen. »Aber, Lydia, nicht heute. Ich werde morgen anfangen. Jetzt muß ich ins Ghetto zurück. Es ist alles noch zuviel für mich.« Sie nickte, und ich verabschiedete mich.

Wieder im Ghetto eins, auf dem Weg zu Nuneks und Matis Zimmer, hörte ich, wie eine Stimme mir aus einer der Seitengassen etwas zurief. Ich drehte mich um und erkannte eine junge Frau aus der Fabrik. Ich ging zu ihr in das Gäßchen, und sie begann mit mir im Flüsterton zu reden.

»Mein Vater war in den Viehwagen nach Belzec. Es gelang ihm, herauszukommen, und seit letzter Nacht ist er wieder hier. Jetzt versteckt er sich, aber er war mit Ihrem Bruder zusammen in einem Waggon. Er sagt, er habe eine Botschaft für Sie.«

»Wo ist er? Können Sie mich zu ihm führen?«

Ohne ein weiteres Wort führte sie mich die Gasse hinunter,

an der Rückseite einiger Häuser vorbei, bis wir uns im Untergeschoß eines heruntergekommenen Gebäudes befanden. Dort stand eine ältere Frau, die Mutter des Mädchens. Sie machte sich Sorgen über die fremde Frau, die ihre Tochter mitgebracht hatte. Meine Kollegin stellte mich ihrer Mutter vor. »Das ist Blanca. Frau Wax, meine Mutter. Sie ist Romeks Schwester. Mach dir keine Sorgen, niemand ist uns gefolgt.«

Ich nickte. »Machen Sie sich keine Sorgen! Ich werde keiner Seele etwas von diesem Ort verraten.«

Frau Wax drehte sich um, führte uns in ein Zimmer, schob eine große Kommode zur Seite und öffnete eine Falltür. Ich folgte hinunter in die Dunkelheit eines Tunnels. Dort, bei Kerzenlicht, sah ich ihren Mann. Er war ungefähr fünfundvierzig Jahre alt und lag auf einer behelfsmäßigen Liege. Ich war auf die Botschaft meines Bruders derart gespannt, daß ich mich nicht einmal nach seinem Befinden erkundigte. Ich begann Fragen zu stellen, eine nach der anderen, ohne auch nur die Antworten abzuwarten: »Wann haben Sie ihn das letzte Mal gesehen? Blutete er noch? Warum ist er nicht mit Ihnen zurückgekommen?«

Der Mann im Bett antwortete nicht sofort. Er starrte vor sich hin, als ob er mich nicht wahrgenommen hätte. Allmählich kam er zu sich und begann, seine Geschichte zu erzählen.

»Sie brachten uns zum Bahngelände und stießen uns in die Viehwagen. Hunderte in jeden Wagen, bis nicht einmal mehr Platz zum Stehen war. Männer, Frauen, Kinder, ohne Luft . . . Die Kleinkinder begannen sofort zu ersticken. Menschen wurden ohnmächtig, andere schrien nach einem Tropfen Wasser.

Aber es gab keines. Wir wußten, daß die meisten von uns sterben würden, bevor wir nach Belzec kämen. Einige stopften sich Lumpen in den Mund, um schneller zu ersticken.

Nachdem wir schon eine Weile unterwegs waren, ich weiß nicht, wie lange, entdeckten einige von uns eine kleine Luke im Dach. Daraufhin schoben einige der stärkeren Burschen Leute zur Seite, um Platz für eine menschliche Pyramide zu machen. Jemand kletterte hinauf und bemerkte, daß die Luke durch alte, verrostete Eisenstangen blockiert war. Wir fanden ein Taschenmesser und eine Nagelfeile und machten uns abwechselnd an das Durchsägen der Stangen. Es dauerte ewig, und es wurde schlimmer und schlimmer. Immer mehr Menschen lagen im Sterben, und der Gestank war unerträglich. Endlich brachen die Stangen, und ein frischer Luftzug wehte durch den Waggon.

Es war Romek, dem es endlich gelang, die Stangen zu entfernen. Er kam herunter und half den Leuten hinaufzuklettern und sich durch die Luke zu quetschen. Es war eine kleine Tür, und nur die dünnsten schafften es. Die jungen Leute kletterten einer nach dem andern hinaus und gelangten ins Freie.

Aber nachdem der Dritte hinaufgestiegen und abgesprungen war, hörten wir die ersten Schüsse: die Wachen auf dem Dach hatten sie entdeckt. Trotzdem stiegen die Menschen weiter hinauf – eine Kugel schien immer noch besser als die Gaskammer. Zu diesem Zeitpunkt konnte ich fliehen. Einige von uns erreichten die Wälder an den Schienen ...« Herr Wax machte eine Pause und sank auf seine Matratze zurück.

Ich lehnte mich vor. »Und Romek? Versuchte er, herauszukommen? Er wäre dünn genug gewesen.«

Wax fuhr fort: »Ich denke, das war er, aber er wollte es nicht einmal versuchen: ›Genug vom Leben ... bereit zu sterben‹, sagte er. Aber er sagte mir, ich müsse gehen. Ich hätte eine Frau und zwei Kinder, sagte er.

Ich sagte zu ihm: ›Ja, aber Sie haben doch eine Schwester – oder nicht? Sie sind noch jung und stark. Sie müssen es versuchen.‹ Nun, sagte er, das sei nichts für ihn. Aber er sagte auch, wenn mir zu fliehen gelänge, sollte ich Sie aufsuchen, um Ihnen seinen letzten Wunsch mitzuteilen: Sie müssen fliehen. Besorgen Sie sich falsche Papiere und verschwinden Sie. Allein, ohne ihn, sagte er, können Sie es schaffen. Und sagen Sie es der Welt ...«

Wieder kamen mir die Tränen. Das also war das Testament

meines Bruders. Weitere Fragen an den Mann im Bett hatte ich nicht. Sein Gesicht war aschgrau geworden. Ich stand auf. »Ich danke Ihnen für diese Botschaft.« Ich drückte seine schlaffe Hand, drehte mich um und ging.

Das Gehen fiel mir schwer, meine Beine trugen mich kaum noch, und ich war beinahe blind vor Tränen. So stolperte ich durch die Nacht und sah vor mir – noch einmal – das blut-überströmte Gesicht meines Bruders unterwegs in den Tod. Überwältigt von Angst, Ärger und Schuldgefühlen, wieder-holte ich mir und Romek wieder und wieder: Warum, warum, geliebter Bruder? Warum mußt du sterben, und ich muß weiterleben? Warum hast du mich in dieser Welt allein gelassen? Warum hast du mir dein Vermächtnis geschickt, mich dazu verdammt, in diesem Alptraum am Leben zu blei-ben, während du den Tod gewählt hast?

Damals und noch oft in den folgenden Tagen, Monaten und Jahren gab ich mir die Schuld an meines Bruders Tod. Ich wünschte, ich wäre damals nicht so klug gewesen, ihn aus Stalins Fängen zu »retten«.

Romek hatte während der zwei Jahre sowjetischer Beset-zung bei uns gelebt. Eines Tages, Anfang 1940, gaben die sowjetischen Behörden eine Verordnung heraus, die es allen Flüchtlingen im sowjetischen Gebiet gestattete, nach Westpo-len zurückzukehren. Unter der Voraussetzung, daß sie sich bei der örtlichen Verwaltung registrieren ließen, wurden ihnen Pässe und Transport versprochen.

Diese Flüchtlinge waren junge Männer und Männer mittle-ren Alters, darunter nur wenige mit Familien, die in den er-sten Tagen der deutschen Invasion Polens nach Osten geflo-hen waren. Manche hatten zu fliehen versucht, um nicht in der polnischen Armee dienen zu müssen, und viele waren gegangen, um nicht unter der Nazi-Besetzung leben zu müs-sen. Sie alle fanden sich in der sowjetisch besetzten Zone Po-lens wieder, und viele blieben ohne Unterkunft und ohne Ar-beit. Die meisten machten sich große Sorgen um das Schicksal ihrer Familien, die sie im Westen zurückgelassen hatten. Im

Glauben an die sowjetischen Versicherungen schrieben sie sich ein und bereiteten sich auf den Transport vor. Kaum hatte ich erfahren, daß sich Romek eingetragen hatte, gelang es mir, ihn zu überzeugen, daß er untertauchen müsse. Kaum war er meiner dringenden Bitte gefolgt, besuchte mich ein »Gast«, erkundigte sich nach Romek und wollte wissen, wo er sich aufhielt. Dieser »Gast« war ein alter Freund meines Mannes und war selbst politischer Gefangener gewesen. Wir waren entsetzt, daß eine Person, die selbst Unrecht erfahren hatte, sich jetzt als Polizeispitzel mißbrauchen ließ. Uns gegenüber war er verlegen, und als er ging, versicherte er mir, daß »die ganze Angelegenheit in wenigen Tagen vergessen sein würde«. Am nächsten Morgen wurden alle, die sich eingeschrieben hatten, zusammengetrieben. Sie wurden tatsächlich »transportiert« – aber in sibirische Arbeitslager. Viele überlebten den Krieg, aber mein Bruder war nicht unter ihnen. (Später rechtfertigten die sowjetischen Behörden ihr Verhalten mit der Begründung, man habe herausfinden müssen, ob die Flüchtlinge aus dem Westen Gewähr böten, loyale Bürger der Sowjetunion zu werden. – Offensichtlich waren solche, die lieber in von Hitler besetzten Gebieten als im Sowjetstaat leben wollten, »Staatsfeinde«.)

Ein paar Monate später wurde Romek zusammen mit vielen anderen jungen Männern zum Militärdienst eingezogen. Wieder einmal war ich starr vor Schreck, daß er in der sowjetischen Armee verschwinden und ich ihn verlieren sollte. So benutzte ich wieder alle Beziehungen, die mein Mann und ich aufzubieten hatten, und es gelang mir, ihn zu »retten«. Dann kam der Tag, an dem die Sowjets begannen, sich aus unserer Stadt zurückzuziehen, und viele Menschen flüchteten mit ihnen ostwärts. Aber Romek war nicht dabei: »Ich werde eine Frau mit einem vier Monate alten Kind, mitten im Krieg, nicht allein lassen.« Unser Schicksal war besiegelt.

Als ich das Versteck von Herrn Wax verließ, trug ich meines Bruders Vermächtnis und das Gefühl der Schuld in mir. Der Gedanke, daß er wünschte, ich sollte leben, und daß ich für seinen Tod verantwortlich war, erfüllte mein ganzes Wesen und verursachte mir unerträgliche Schmerzen. Irgendwie gelangte ich zu dem einzigen Heim, das ich noch hatte, bei Mati und Nunek. Und jeden Tag stand ich auf und ging in die Fabrik.

Der Hunger nagte an mir – ich schämte mich, meine Freunde Mati und Nunek darum zu bitten, von ihrem Essen abzugeben, aber es gab keine andere Wahl. Sie bekamen immer noch ein bißchen von ihren nichtjüdischen Freunden, die mit Nunek in der Apotheke außerhalb des Ghettos arbeiteten.

Jeden Tag, wenn er von der Arbeit zurückkam, forschten wir in seinem Gesicht und seinen Händen, um zu sehen, ob es ihm gelungen war, etwas hereinzuschmuggeln. Mehrere Leute überlebten nur durch ihn: seine Frau, ihre Eltern, ihre Schwester Frania (die sich gerade von einer Typhus-Erkrankung erholte), Franias drei Jahre alter Sohn Leszek, ihre ältere Schwester, Cyla Goldstein, und Cylas fünfzehn Jahre alter Sohn Menek. Beide Schwestern hatten ihre Männer bei der September-Aktion verloren. Alles in allem gab es viele hungrige Mäuler. Menek war schon Experte im Schmuggeln von Lebensmitteln geworden. Ich hatte Glück, ein Teil dieser Familie zu sein.

Eines Tages kam Nunek nach Hause und blutete aus Wunden, die ihm von der prügelnden ukrainischen Ghettowache zugefügt worden waren. Er hatte versucht, etwas Gerste für seine Familie hereinzuschmuggeln. Diese »Nahrung« wurde ihm weggerissen, und obendrein wurde er noch verprügelt. Unter diesen Umständen fiel es mir besonders schwer, mit Nunek das zu teilen, was er hatte schmuggeln können. Ich wußte auch: wenn ich von den mageren Vorräten abbekam, würde Leszek weniger erhalten. Der Junge wimmerte oft. Er lag auf dem Boden, seine großen braunen Augen voller Angst, den Daumen im Mund, und hielt die Fetzen einer Sicherheitsdecke, die ihn überallhin begleitete, fest im Griff. Obwohl er erst drei Jahre alt war, schien er die Gefahren zu begreifen, denen seine Familie ausgesetzt war.

Unser Leben wurde etwas besser, als Mati eine Stellung in der Gemeinschaftsküche bekam. Dort wurde die tägliche Suppenration ausgegeben. Ihre Stellung gab ihr die Möglichkeit, eine kräftigere Suppe nach Hause zu bringen, mit Wurzeln und Gemüseblättern. Wir konnten unsere Portionen daheim essen, ohne vorher lange Schlange stehen zu müssen.

Die wenigen Überlebenden in der Fabrik bewegten sich apathisch und fast ohne Hoffnung, ihre Gesichter waren gezeichnet von Hunger und Schmerz. Und doch waren sie die Glücklichen mit ihren Ausweispapieren, die ihr Überleben zunächst sicherten.

Gelegentlich erschienen SS-Offiziere in der Fabrik, die ein oder zwei Wolljacken mitnahmen, die sie dann ihren Familien nach Deutschland schickten. Ihre wohlgenährten, geschniegelten Erscheinungen gingen uns auf die Nerven.

Einer dieser Offiziere, ein jüngerer, kam wiederholt in die Fabrik zurück und nahm jedes Mal einen Packen Wolljacken mit. Diese Ware durfte nicht in das Verkaufsbuch eingetragen werden, und ich mußte die Buchhaltung entsprechend manipulieren. Lydia empfing ihn in ihrem Büro, und ich konnte die Unterhaltung mithören. Er sagte ihr, er käme aus Wien, sei gebildet, habe eine Frau und zwei Kinder, die sich auf seine Geschenke aus der besetzten Sowjetunion freuten. Eines Tages saß ich allein im Büro, als der junge Offizier eintrat. Er schaute erst auf mein Gesicht und dann auf mein Armband mit dem Davidstern. »Du dumme kleine Gans, das mußt du doch nicht tragen! Bei deinem Aussehen könntest du doch spurlos in der arischen Rasse untertauchen. Hier bringst du dich nur um. Warum gehst du nicht fort?«

Ich wandte mich einfach ab. Er nahm seinen Packen Wolljacken und ging. Ich war betroffen. Als ich so dasaß und nachdachte über das, was er gesagt hatte, merkte ich, daß ich zu meiner abendlichen Suppenration zu spät käme, wenn ich nicht sofort in die Gemeinschaftsküche ging.

Als ich zu den Ghettotoren rannte, sah ich zwei SS-Männer hineingehen. Ich bemühte mich verzweifelt, nicht mit ihnen zusammenzutreffen, aber ich mußte meine Suppe holen. Statt beiseite zu treten, beschloß ich, rasch durch die Tore zu laufen. Dabei streifte ich einen der beiden. Voller Angst sah ich nicht zurück, sondern rannte weiter. »Halt!«, kam der Befehl. Ich blieb stehen und sah mich um, als ob sie einen anderen zurückriefen. Dann drehte ich mich zu den Offizieren um und fand mich vor dem Lauf einer Pistole. So würde es also enden, dachte ich. Anstatt gleich zu schießen, begann der Deutsche, mich zu beschimpfen: »Gottverdammte Jüdin! Wie kannst du es wagen, vor uns durchs Tor zu gehen? Untermenschlicher Abschaum, Dreckstück! Auf die Knie!« Ich fiel auf meine Knie und sah zu Boden. Ich fühlte den kalten Stahl des Pistolenlaufs und hörte, wie er spannte.

Aber anstatt einen Schuß zu hören, vernahm ich die Stimme des jungen Wiener Offiziers: »Laß das Judenschwein gehen!« Als ich aufsah, bemerkte ich, wie er den anderen Mann am Arm zog. »Wir haben heute zu viel anderes zu erledigen, als daß wir uns mit solchem Dreck beschäftigen sollten.« Der andere Offizier steckte seine Pistole in den Halfter – und sie gingen weiter.

Wieder hatte ich überlebt. Unsicher stand ich auf und ging zur Küche. Als ich durch die Hintertür eintrat, traf ich auf Mati, die die letzten Tagesrationen austeilte. Sie gab mir einen Teller »dicker« Suppe, aber ich war zu erregt, um zu essen.

Früh am nächsten Morgen, es war noch dunkel, wurden wir durch ein Klopfen am Fenster geweckt. Es war Nuneks Bruder Celek. Celek, obwohl Angehöriger der jüdischen Hilfspolizei, war seinem Bruder in Treue verbunden.

Wir ließen ihn herein, und er begann mit Nunek im Flüsterton zu sprechen.

»Was ist los?« Mati stellte die Frage, die uns allen auf den Lippen lag.

»Es gib wieder eine Aktion«, antwortete Celek.

»Woher weißt du das?«

»Wir wissen es. Es wird uns immer im voraus bekanntgegeben. So können wir unsere eigenen Familien retten. Wie dem auch sei: die Aktion findet morgens statt, bevor die Arbeiter in ihre Fabrik gehen können. Ich hole noch heute nacht meine Frau aus dem Ghetto. Wir haben ein Versteck auf der arischen Seite. Nunek, du und Mati, ihr könnt mitkommen. Aber wir müssen sofort gehen.«

»Du mußt uns alle mitnehmen.« Nunek zeigte auf den Rest von uns.

»Unmöglich, ich werde mein Leben nur für meine eigene Familie riskieren.«

»Nun gut! Und ohne meine Familie gehe ich nicht«, erwiderte Mati.

»Wie du willst.« Celek machte kehrt und ging.

Wir begannen uns anzuziehen, und Mati ging zu ihren Eltern, weckte sie und erzählte ihnen, was sie gehört hatte. Dann kletterten wir alle in unseren Bunker, den vor einiger Zeit zwei Männer gebaut hatten, die inzwischen deportiert worden waren. Es war ein besonders gutes Versteck, denn es führte zu einem mit Brettern verbarrikadierten Ladeneingang auf der nichtjüdischen Seite, außerhalb des Ghettos. Nunek hatte den Ladenschlüssel gefunden, damit hatten wir uns einen möglichen Fluchtweg für den Fall einer Entdeckung geschaffen – es sei denn, die Deutschen würden ukrainische Wachen außerhalb des Ghettos postieren.

Nunek war der letzte, der über die Leiter zu uns in den Bunker hinunterkletterte. Er hatte die schwere Kommode soweit wie möglich über den Eingang geschoben. Wir saßen Hand in Hand in totaler Finsternis. Wir waren fünfzehn. Die Kinder waren alt genug, so daß wir nicht fürchten mußten, daß sie die Stille unterbrechen und uns verraten würden. Selbst Leszek schien zu begreifen, daß er auf dem Schoß seiner Muter nicht auch nur leise wimmern durfte.

Wir wußten nicht, wann der Morgen dämmern würde, aber bald drang der Lärm von Schüssen und Schreien in unser Versteck. Dann hörten wir über unseren Köpfen laute deutsche Stimmen, wir hörten, wie Möbel zerbrochen und Glas zerschmettert wurde – und dann das Bellen von Hunden.

Hatten sie uns in unserem Versteck gerochen? Wenn ja, dann waren wir erledigt. Ganz fest hielt ich Matis Hand und flüsterte ihr zu: »Es wird nur das Ende unseres Leidens sein, das ist alles.« Minuten vergingen, und plötzlich war es wieder still geworden. Und dann hörten wir Geräusche, die vom Ladeneingang kamen, deutsche und ukrainische Stimmen: »Wir brechen den Laden auf.« - »Tut das, vielleicht ist ein lausiger Jude drinnen versteckt.« Dann hörten wir, wie mit einem Gewehrkolben versucht wurde, die Türe einzuschlagen. So würde man uns also von der nichtjüdischen Seite aus entdecken. Aber die Türe widerstand dem Gehämmer, und plötzlich wurden die Wachen abgelenkt. Schüsse fielen, und dann hörten wir Schreie. Wieder diese Stimmen: »Wir haben ihn. Dachte wohl, er könnte über die Mauer kriechen.« – »Gut, daß du ihn gesehen hast, sonst wäre er entkommen.« Die Ukrainer verloren das Interesse an unserer Tür.

Wir rochen Rauch. Man hatte das Ghetto angezündet. Wir mußten nach draußen – es gab keine andere Wahl. Nunek kletterte zur Falltür hinauf und schob die Kommode zur Seite. Augenblicke später kam er wieder herunter und berichtete, was er gesehen hatte: »Unser Gebäude ist in Ordnung. Es ist nicht aus Holz. Aber die anderen brennen lichterloh. Die Deutschen sind anscheinend fort.«

Wir kletterten hinaus und gingen in den Hof. Dort lagen mehrere Leichen. Die Feuer erloschen von allein. Dieses Mal wehte kein Wind, der die Flammen anfachte. Menschen wanderten schon wieder auf den Straßen umher. Niemand machte sich viel Gedanken über seine materiellen Verluste. Es kam nur auf Freunde und die Familie an. Als man die Überlebenden gezählt hatte, war klar, daß von den dreißigtausend Juden, die man seit Kriegsbeginn in die Ghettos von Kolomyja getrieben hatte, nur noch einige hundert am Leben waren.

Eines Morgens, zu Arbeitsbeginn, rief mich Lydia in ihr Büro. Sie schloß hinter uns ab.

»Setzen Sie sich, Blanca! Hören Sie zu: Bis jetzt wollte ich Sie nicht noch mehr belasten. Aber vor der September-Aktion ließ Romek mich schwören, daß ich Ihnen zur Flucht verhelfe, falls er nicht überleben sollte.

Ich tat mein möglichstes, um Sie dazu zu veranlassen, ohne mein Versprechen zu erwähnen. Aber Sie wollten von einer Flucht nichts wissen. Nun aber kommt es nicht mehr auf Sie an. Meine eigene Seelenruhe steht auf dem Spiel. Schon wenn ich darüber nachdenke, raubt es mir den Schlaf – und schlafe ich dann wirklich ein, erlebe ich die schrecklichsten Alpträume: Ich sehe Romek vor mir, nur Haut und Knochen, er zeigt mit dem Finger auf mich und ruft andauernd: ›Du hast es mir versprochen, du hast es mir versprochen.‹

Ich werde Sie nicht sterben lassen. Ich habe bei der Heiligen Jungfrau geschworen ... und der Sympathie, die ich für Ihren Bruder empfinde.«

Gegen meinen Willen hörte ich ihr zu, als sie mir ihren Plan erläuterte. Ich hatte keinen Lebenswillen mehr; ich hatte zuviel verloren. Aber sie war nicht aufzuhalten.

Am nächsten Tag brachte sie mir eine Geburtsurkunde, ausgestellt auf den Namen eines ukrainischen Mädchens: Bronislava Panasiak. Lydias Bruder, der katholischer Priester war, hatte sie ihr gegeben.

»Fahren Sie noch heute! Sofort, mit dem nächsten Zug.« Sie bestand darauf.

»Ich kann doch nicht einfach zum Bahnhof gehen. Bevor ich hundert Meter gegangen bin, wird man mich erwischen und einfach erschießen. Außerdem habe ich kein Geld. Noch dazu bin ich allein. Wie kann ich weggehen?«

»An all das habe ich gedacht. Mein Schwager wird mit Ihnen zum Bahnhof gehen. Sie werden nach Lwów fahren, dort wohnt eine meiner Schwestern, bei ihr können Sie wohnen. Ich habe ihr schon Ihre Ankunft angekündigt.

Und sind Sie erst einmal weg von hier, können Sie sich auch erholen. Mit Ihrem Aussehen, Ihren Sprachkenntnissen und Ihrer neuen Identität werden Sie es schaffen.

Im übrigen gibt es noch andere hier in der Fabrik, die ihre Flucht planen. Die können Ihnen helfen.«

»Wer soll das sein?« fragte ich.

Lydia ging mit mir zur Türe und deutete auf einen Mann, der in der Nähe arbeitete. »Der dort, zum Beispiel.«

Ich ging hinüber und begann, den Mann auszufragen. Ja, er plane die Flucht. Er sei Geschäftsmann gewesen und habe einen ansehnlichen Geldbetrag in Gold versteckt: »Es ist alles auf dem Grund eines Brunnens auf meinem Grundstück versteckt. Lydia wird mir dabei helfen, es herauszubekommen, etwas davon werde ich ihr geben, dann mache ich, daß ich davonkomme, solange noch Gelegenheit besteht.«

Ich durfte ihm nicht sagen, daß er keine Chance hatte. Sein Polnisch hatte einen so starken jiddischen Akzent, daß es ihn sofort verraten würde. Ich ging in das Büro zurück.

»Einverstanden, ich werde gehen.« Ich nahm die Geburtsurkunde. »Aber heute noch nicht. Bald, sehr bald.«

Als ich in das Zimmer zurückkam, berichtete ich Nunek und Mati. Sie waren einer Meinung:

»Du mußt gehen, und zwar bald.« Nunek drängte mich besonders. »Wenn du dich in Lwów niedergelassen hast, dann schreib uns ein paar Zeilen. Du kannst sie mir über meine Freunde in der Apotheke schicken. Wir werden nachkommen.« Mati blickte skeptisch. Aber Nunek blieb bei seiner Ansicht: »Mach dir keine Sorgen, ich werde Blanca schon überzeugen.«

Am nächsten Tag ging ich zur Arbeit. Zwei Tage später sagte ich meinen Freunden, daß ich nach der Arbeit nicht ins Ghetto zurückkehren würde. Als meine Freunde gingen, sagte ich ihnen, sie sollten sich keine Sorgen um mich machen. Sie wünschten mir Glück.

Nach Feierabend ging ich mit Lydia in die Praxis eines nichtjüdischen Arztes. Bevor ich in das Ghetto übergesiedelt war, hatte ich bei ihm einige medizinische Apparate und ein Mikroskop aus Wolfs Praxis deponiert. Ich wollte ihm jetzt alles verkaufen und fragte ihn, ob er Interesse daran hätte, den ganzen Posten zu übernehmen. Mißgelaunt stimmte er zu und warf mir fünfzig Zloty hin – ein Bruchteil des Wertes.

Als wir uns trennten, bemerkte er sarkastisch, daß es an ein Wunder grenze, daß ich noch am Leben sei: »Schließlich ist es stadtbekannt, daß Ihr Mann ein Kommunist war.« Natürlich sagte ich diesem »liebenswerten« Doktor nicht, daß ich im Begriff war, aus dem Ghetto auf die arische Seite zu wechseln.

In dieser Nacht schlief ich in der Fabrik. Häufig wachte ich schweißüberströmt aus Träumen auf, die mir die künftigen Gefahren voraussagten. Der nächste Morgen war mein letzter in der Fabrik. Der Tag verging schleppend. Als es dunkel wurde, erschien Lydias Schwager. Sie stellte uns einander vor, und er bat mich, ihn bei seinem Vornamen Adam zu nennen. »Schließlich werden wir heute abend alte Freunde sein.«

Lydia umarmte mich: »Mach dir keine Sorgen. Es wird alles gutgehen.« Sie zog den Davidstern von meinem Ärmel.

Arm in Arm verließen Adam und ich die Fabrik und gingen zum Bahnhof. Adam war redselig und lebhaft, als ob er keine Sorgen in der Welt hätte, doch wußten wir beide, daß er für eine Fremde sein Leben aufs Spiel setzte. Daß ich auf dem Bürgersteig gehen konnte, beschwingte mich, aber Adam hielt mich am Arm fest. Als wir weitergingen, wiederholte ich mir immer wieder »Mein Name ist Bronislava Panasiak. Ich wurde am 4. Dezember 1915 geboren. Die Namen meiner Eltern sind ..., sie wurden am ... in der Provinz ... geboren.« Es war Ende Oktober 1942.

Achtes Kapitel
Lwów

Der Zug nahm Fahrt auf. Unentdeckt war ich durch den Bahnhof gelangt und befand mich auf dem Weg in die »Freiheit«. Es war noch dunkel, ebenso dunkel und düster wie meine verwirrten Gedanken. Ich kuschelte mich in die Ecke des Abteils, drehte mein Gesicht zum Fenster, meine Augen versuchten, die Dunkelheit zu durchdringen. Diese Dunkelheit war mir ein Freund, ein gesegneter Trost, der, wie ich hoffte, ewig dauern würde. Meine Gedanken jagten sich: Was wird morgen sein? Was wird geschehen? Werde ich in dieser Stadt, in der ich noch nie gewesen war, überleben? Warum fliehe ich vor dem Trost eines sicheren Todes in eine unbekannte Zukunft? Was habe ich zurückgelassen in der Stadt, wo jene, die ich liebte, lebten und starben. Nein, ich kann mir nicht erlauben, jetzt an sie zu denken. Ich mußte über die neue Person, die ich geworden war, nachdenken.

Wer war ich? Bronislava Panasiak! Ich bin in Lwów geboren, griechisch-orthodox, sechsundzwanzig Jahre alt und ... ganz allein auf der Welt. Wenigstens letzteres würde ich nicht üben müssen, wenn ich versuchte, die Seele der Frau zu verstehen, die ich darstellen mußte. Die Person, die ich gewesen war, mußte ich auslöschen; ich durfte und konnte nicht mehr ich selbst sein, ich hatte mich in einen anderen Menschen zu verwandeln. Immer und immer wieder kamen mir diese Gedanken, als ob mir dadurch die Veränderung meines Wesens leichter würde. Ich war jetzt eine Arierin mit einem Recht zu leben, und nicht mehr eine Jüdin, gejagt wie Freiwild. Ich war wieder ein menschliches Wesen, nicht mehr eine Nummer auf einem Armband. Es war schwer, mit diesen Wahrheiten zurechtzukommen, mich auf die Bedingungen eines freien Lebens einzustellen. Ich hatte vergessen, wie es ist, wenn man frei ist, wenn man sich natürlich benehmen kann, wenn man auf dem Bürgersteig gehen darf statt im Rinnstein, wenn man

Menschen ohne Angst in die Augen sehen kann. Mein Herz klopfte so stark, daß ich fürchtete, es könne mich verraten. Gleichzeitig erinnerte mich mein Gewissen daran, daß ich in Wirklichkeit eine Verräterin war, auf der Flucht vor meinem Prozeß. Ich versuchte mich zu verteidigen. Tod war nichts, was Loyalität verlangte, und der Tod, ob durch Gas oder durch eine Kugel, wäre die einzige Belohnung. Ich mußte leben ... um es der Welt zu sagen. »Ha ... Was für Überlebenschancen hast du denn? Wie naiv du bist«, sprach der Saboteur in mir. Aber es gab keinen Weg zurück. Ich mußte mit dieser inneren Unruhe fertig werden. Ob ich auf der arischen Seite sterben würde oder nicht: ich mußte mich jetzt beruhigen und mir eine Maske gelassener Gleichgültigkeit über meine sorgenvollen Gesichtszüge ziehen.

Draußen überwand die graue Dämmerung eines neuen Tages langsam die Schwärze. Einige Passagiere rührten sich; sie wachten auf und betrachteten ihre neuen Mitreisenden. Was konnte ich tun, um ihrer Aufmerksamkeit zu entgehen? Ein Seitenblick zeigte mir einen deutschen Fahrgast, der sich mit seinem Handkoffer beschäftigte. Ich mußte in der Lage sein, ihm ohne Furcht in die Augen zu blicken. Und doch war ich voller Angst, Angst vor dem Tageslicht, den Mitreisenden und voller Angst vor meinem neuen Leben.

Mit gedrosselter Geschwindigkeit näherte sich der Zug einem Bahnhof. Auf dem Schild las ich Lwów. Das war eine Stadt, von der ich überhaupt nichts wußte, aber ich wagte nicht, mich zu erkundigen. Es blieb mir nichts anderes übrig, als mich unter die Menschenmassen zu mischen, die durch die Unterführung zur Straße drängten. Meine Knie schienen zu blockieren, meine Schritte wurden unsicher. Ich schleppte mich bis zum Schaufenster eines großen Geschäfts und begann, mir mit lebhaftem Interesse die neueste Mode anzusehen: ein verzweifelter Versuch, mein Gleichgewicht wiederzufinden. Woher, fragte ich mich, kommt diese Flut lähmender Angst? Ich hatte doch alles durchgespielt; ich wußte, wer ich jetzt war, und keiner, der mich ansah, konnte in mir die Jüdin erkennen, die aus dem Ghetto entkommen war. Es sei denn, meine Nerven würden mein wirkliches Ich verraten. Vorsichtig und verstohlen musterte ich den Platz. Plötzlich begriff ich, daß der große, offene Platz und die breiten Straßen, die von ihm abgingen, meine Ängste weckten. Ich mußte wieder lernen, unbesorgt und mit Selbstvertrauen auf ihnen zu gehen. Zwei Jahre lang war ich in den schmalen, dunklen Gassen und Quergäßchen des Ghettos umhergeirrt, stoßend und drängelnd, um die Leichen zu umgehen, die die Fußwege und Rinnsteine bedeckten. Hier war ich wieder mitten unter menschlichen Wesen, unter denen ich zielbewußt und bequem meiner Wege gehen konnte.

Die Schaufensterauslagen machten einen wundervollen Eindruck auf mich, die Häuser waren geräumig, die Autos und Straßenbahnen fast jenseits meines Vorstellungsvermögens. Kein Wunder, daß ich Zeit brauchte, um mit beiden Füßen auf dem Boden zu stehen und mein Leben wieder in den Griff zu bekommen. Von der Hölle in die Metropole, das war ein zu großer Schritt.

Nachdem ich meine Unsicherheit und meine Angst in den Griff bekommen hatte, begann ich mich unter die Passanten zu mischen, die überall und nirgendwohin gingen. Ich kam an eine Straßenbahnhaltestelle, stieg ein, hielt nach den Straßenschildern Ausschau und versuchte dabei, mich an Lydias Anweisungen zu erinnern. Meine Stimme war noch zu unsicher, um jemanden um Auskunft zu bitten, aber es gelang mir, eine Haltestelle in der Nähe meines Bestimmungsorts zu finden. Das Empfehlungsschreiben fest in meiner Hand haltend, ging ich auf ein großes Gebäude zu, in dem Lydias Schwester und ihre Familie lebten. Wieder ergriffen mich Angstgefühle: Was wird, wenn sie mich nicht aufnehmen? Was ist, wenn sie nicht da sind? Wo werde ich dann hingehen? Wenn sie mir nur erlaubten, einige Zeit bei ihnen zu bleiben, solange wenigstens, bis ich zu mir selbst käme, dann könnte ich vielleicht in die Rolle der Frau hineinwachsen, die ich jetzt sein sollte. Auf einmal hatte ich das sichere Gefühl, daß ich es schaffen würde. Ich stieg die Treppen hinauf, stand plötzlich vor der Wohnung und drückte den Klingelknopf.

Mir war, als träumte ich, als Carola und Robert, Lydias Schwester und ihr Mann, mich freundlich begrüßten und mich hereinbaten. Beide hatten meine Ankunft erwartet.

Zwei Wochen lang blieb ich in der Wohnung. Ich hatte zuviel Angst, das Haus zu verlassen. Meine Gastgeber versicherten mir, daß ich von niemandem verdächtigt würde, da mein Aussehen fehlerfrei zu meiner Rolle paßte: Mit meinen blonden Haaren, die zu einem Kranz geflochten waren, versicherten sie mir, sähe ich genau wie ein deutsches Fräulein oder ein slawisches Bauernmädchen aus. Ich sollte die Wohnung verlassen, in der Stadt herumgehen und anfangen, ein normales Leben zu führen. Das einzige, wovor ich mich fürchten müsse, sei der ängstliche Ausdruck meiner Augen und die Trauer in meinem Benehmen.

»Sie sehen aus, als ob Sie gerade von einem Familienbegräbnis kämen.« Genau! Damals wußte ich es nicht, aber es waren die Angst und diese Grabesmiene, die mich in den kommenden Jahren immer wieder verrieten.

Aus Angst, die Wohnung zu verlassen, erfand ich immer neue Ausreden. Im Laufe der zweiten Woche bemerkte ich, daß die Stimmung im Hause sich zu verändern begann. Es wurde mir klar, daß meine Freunde mich loswerden wollten. Ob Nachbarn sie vor der Gefahr, mich versteckt zu halten, gewarnt hatten, oder ob es daran lag, daß ich sie nicht bezahlen konnte: den Grund erfuhr ich nie. Aber sie zeigten mir ihr Unbehagen deutlich. Ich mußte gehen und versuchen, mich allein zurechtzufinden.

Wieder beschrieb ich mir meine Identität. Ich war jetzt also der Nationalität nach Ukrainerin, aber ich beherrschte ihre Sprache nicht, also hatte ich mir meine Herkunft selbst zurechtzulegen. Ich beschloß als Polin aufzutreten, Tochter eines ukrainischen Vaters. Ich verließ meine Unterkunft bei Carola und Robert und begab mich auf die Suche nach einer neuen Bleibe. In dieser Art Spiel war ich jedoch noch zu unerfahren und machte mir nicht klar, daß ich meine Spuren verwischen mußte.

Idiotischerweise begann ich, etwas im selben Wohnblock zu suchen. Schon bei meiner ersten Anfrage hatte ich Erfolg und mietete ein Zimmer in der Wohnung des Verwalters eines Hauses, das direkt um die Ecke lag. Nachdem ich zwei Mieten im voraus und eine Kaution bezahlt hatte, blieben mir noch einige Zloty übrig. Ich wußte, ich durfte nicht den ganzen Tag in meiner neuen Behausung herumsitzen, sondern mußte so tun, als ob ich jeden Tag zur Arbeit führe. So ging ich regelmäßig jeden Morgen weg und kehrte erst nach Feierabend wieder nach Hause zurück. Nachdem ich sieben Tage lang meine Umgebung erforscht hatte, machte mich mein Hausherr darauf aufmerksam, daß die nächste Polizeidienststelle mir einen Meldeschein geben müßte, damit ich legal bei ihm wohnen könnte.

Ich hatte keine Ahnung, was für Fallen Polizeireviere für Juden mit falschen Ausweisen bereithielten. Man stand stundenlang in einer langen Menschenschlange, dann wurden die Antragsteller gründlich von den »Szmalcownicy« untersucht. Das waren Polen, die auf die Identifizierung von Juden mit falschen Ausweisen spezialisiert waren. (*Szmalcownicy* stammt von dem Wort *smalec*, das *Fett, Schmiere* oder *Speck* bedeutet – es impliziert also, daß man dick wird.) Die Erpresser lungerten herum, bereit zu erpressen oder an die Gestapo zu verraten. Diese »Spezialisten« zu bezahlen, wurde zu einem festen Merkmal meines neuen Lebens. Ich war mir dieser Gefahren nicht bewußt, ging hin, füllte Formulare aus und meldete mich an, ohne einen Fehler zu machen. So begann ich das Gefühl zu entwickeln, daß ich mein Leben selbst in der Hand hätte, und machte mir Gedanken über eine Arbeit.

Am Tag nach meiner Registrierung besuchte ich Carola und Robert in der Hoffnung, sie würden mich bei meiner Arbeitssuche beraten. Die Tür wurde von ihrem Dienstmädchen geöffnet, das mir unfreundlich eröffnete, das Ehepaar habe die Stadt verlassen und sie wisse nicht, wann sie zurückkämen. Ich hörte, wie hinter ihr in der Wohnung eine Tür zugeschlagen wurde. Jetzt wußte ich Bescheid.

Einige Tage später, als ich allein in meinem Zimmer saß, hörte ich lautes Klopfen an meiner Tür. Ich öffnete in der Annahme, es sei der Hausherr, der mich auf ein Plauderstündchen besuchen wollte. Statt dessen stand Anton Lieberman aus der Fabrik in Kolomyja vor mir. Nachdem er dem Ghetto entflohen war, hatte Lydia ihm geholfen, das Gold, das er in seinem alten Haus versteckt hatte, zu retten. Und jetzt war er nach Lwów gekommen in Gesellschaft eines Ariers, den er gut bezahlt hatte. Auf dem Bahnhof hatte ihn dieser Führer verlassen, und Anton wußte nicht, wohin er gehen sollte. Carola hatte ihm meine Adresse gegeben. Meine Ängste verbanden sich mit den seinen. Was würde geschehen, wenn sein Führer ihm gefolgt wäre? Das letzte, das ich brauchen konnte, war eine Verbindung zu einem Juden. Ich erklärte ihm meine Ängste und fragte ihn, was er zu tun gedenke. In seiner Verwirrung hatte er nur den einen Wunsch: eine Nacht bei mir zu bleiben, wenn ich es ihm erlaubte. Er sagte, er habe Zugang zu einer Kontaktperson für »arischjüdische Angelegenheiten«, die ihm gegen Bezahlung eine Wohnmöglichkeit und Papiere besorgen würde. Verängstigt, wie ich war, blieb mir nichts anderes übrig, als einzuwilligen. Es war zu spät, um ihn vor die Tür zu setzen.

Die Nacht verbrachten wir am Tisch und sprachen über vergangene Zeiten und über die Zukunft. Als der Morgen dämmerte, raffte sich Anton auf, dankte mir und stand auf, um zu gehen. In diesem Augenblick polterte mein Hausherr ins Zimmer und begann uns anzuschreien: »Eine schöne Wirtschaft ist das. Das Dienstmädchen der Familie, bei der Sie früher wohnten, hat mir eben mitgeteilt, was hier vor sich geht. Ein Judenpärchen mit falschen Papieren. Wie können Sie es wagen, das Leben unschuldiger Christen zu gefährden, indem Sie aus dem Ghetto, wohin Sie gehören, davonlaufen, um sich bei uns zu verstecken. Das geht einfach zu weit. Tausend Zloty sofort auf die Hand – oder Sie finden sich auf der Straße wieder, und ich bin auf dem Weg zur Gestapo.« Nachdem er seine Empörung herausgebrüllt hatte, stand er da und starrte uns wütend an. Ich fühlte mich schwach, mein Kopf war blutleer. Anton wollte eine Diskussion beginnen, aber ich nahm meine Geldbörse und gab ihm fünfzig Zloty – es war alles, was ich noch hatte.

Der Hausherr nahm es und streckte seine Hand nach dem Rest aus. Anton gab Geld dazu, aber es war nicht genug. Er zwang uns, sofort zu gehen. Ich hob die wenigen Sachen, die ich noch besaß, auf und war wenige Minuten später auf der Straße, hinauskomplimentiert durch Schimpfworte des Hausherrn. Wir gingen schnell die Straße hinunter und tauchten in der Menge unter.

Als wir um die Ecke bogen, sah ich plötzlich eine öffentliche Anlage mit vielen einladenden Bänken. Meine Beine drohten zu versagen, und so setzte ich mich auf die nächste Bank. Was sollten wir tun? Der Kampf ums Überleben war zu schwer. Nie hätte ich das Ghetto in Kolomyja verlassen sollen. Anton sagte, es gebe nur einen Ausweg: wir müßten Verbindung mit der »Kontaktperson« aufnehmen.

Ohne viel Schwierigkeiten fanden wir deren Adresse. Ein verdächtig aussehender Mann empfing uns in einem verdunkelten Raum. Er sah selbst wie ein Jude aus. Ich saß schweigend daneben, während Anton mit ihm sprach, und fragte mich, ob er ebenfalls mit falschen Papieren lebte und seinen Lebensunterhalt mit der Herstellung von »Kontakten« verdiente. Nach vielem Geflüster und der Übergabe eines Bündels Banknoten verließ der Fremde die Wohnung. Ich teilte Anton mein Unbehagen mit und warnte ihn, daß die ganze Sache möglicherweise eine Falle sei. Hier saß ich nun ohne Hoffnung, ohne Geld, und mein Willen, überhaupt noch zu kämpfen, setzte aus.

Eine Stunde später kam unsere Kontaktperson zurück und sagte, er habe im deutschen Teil der Stadt eine kleine Bleibe gefunden. Die Besitzerin sei eine »Volksdeutsche«, und niemand würde vermuten, daß sich Juden ausgerechnet im gefährlichsten Stadtteil versteckten. Wir bräuchten nur zweihundert Zloty. »Der Platz ist Millionen wert«, behauptete er. »Er liegt genau gegenüber dem Hauptquartier der Gestapo.«

Wir befanden uns wieder auf der Straße, unterwegs zu dieser neuen Adresse. Aber ich konnte mich nicht einfach Anton anschließen. Er war ein vollkommen Fremder für mich. Allerdings besaß ich keinen Pfennig mehr und konnte mir kein Hotel leisten. »Können Sie mir etwas Geld leihen, Anton?« Er sah mich verlegen an und begann ruhig, aber ernst zu sprechen: »Ja, ich weiß, ich habe Ihr ganzes Geld verloren, also kommen Sie doch mit mir. Bis Sie sich gefangen haben, wird genug Platz für uns beide sein. Ich leihe Ihnen gern etwas, aber in der Zwischenzeit kommen Sie am besten mit. Sie dürfen nicht ablehnen, betrachten Sie es als eine Art Dank für Ihre Hilfe. Bleiben Sie wenigstens diese Nacht.«

Sein Ernst und sein Respekt rührten mich, doch ich zögerte noch. Würde es für uns beide zusammen nicht noch gefährlicher sein? Anton bestand auf seinem Vorschlag. Er würde uns als Vetter und Kusine vorstellen. »Seien Sie vernünftig, über Konventionen können wir uns keine Gedanken machen.« Was ich ihm nicht sagen durfte, war, daß es für mich gefährlicher war mit ihm als allein, denn er hatte die sichtbaren Merkmale des Judentums, ich aber nicht. Als ich jedoch die Tränen in seinen Augen sah, gab ich nach.

Die kleine Wohnung – zwei Zimmer und eine Küche – war ganz bequem eingerichtet und wir zogen zusammen ein. Anton jedoch verließ das Haus überhaupt nicht. Sein Polnisch hatte einfach einen zu starken jüdischen Akzent. Ich aber begann mich freier zu fühlen, wanderte durch die Stadt, kaufte ein und führte den Haushalt. Aus der einen Übernachtung bei Anton wurde ein mehrere Wochen dauernder gemeinsamer Haushalt. Über eine nichtjüdische Bekannte gelang es mir sogar, Verbindung mit Mati und Nunek aufzunehmen. Ich wollte sie dazu überreden, ebenfalls zu fliehen. Nunek bestand allerdings darauf, daß seine Frau als erste gehen sollte. Ich sandte ihnen meine Adresse und begann schon, mich auf Matis Ankunft zu freuen. Ich dachte daran, mich gemeinsam mit ihnen einzurichten, mich nach Arbeit umzusehen und etwas unabhängiger zu werden. Anton tat mir leid. Er brauchte dringend eine »Fassade«, aber er hatte sowohl Geld wie auch Gold; meine Sicherheit hingegen war nur gewährleistet, wenn ich ihn verließ. Dies geschähe zwar in Dankbarkeit, aber auch mit dem Gefühl, daß ich ebensoviel für ihn getan hatte wie er für mich.

Und dann kam mir jemand in den Sinn, der mir helfen könnte. Vor der Auflösung des Ghettos in Kolomyja hatte ich von einer erfolgreichen Flucht gehört. Der Mann, dem sie gelungen war, war ein alter Freund von uns, Eduard Rothman. Er war mit einer Nichtjüdin verheiratet gewesen, der man als Deutscher erlaubt hatte, sich scheiden zu lassen. Ihres Kindes wegen hatte sie es getan, aber es war ihr gelungen, ihm weiter zu helfen und ihn zu schützen. Eduard lebte in einer kleinen Stadt, nicht weit von Lwów entfernt, mit falschen Papieren unter dem Namen Stanislaw Glac. Er arbeitete in einem Regierungsbüro.

Ich versuchte, mich an die Adresse zu erinnern, die er mir im Ghetto gegeben hatte, und hoffte, daß ich sie richtig im Kopf behalten hatte. Seine Antwort kam beinahe umgehend. Er war überglücklich, daß ich entkommen war, und versprach, mich in der kommenden Woche zu besuchen. Allein ein bekanntes Gesicht wiederzusehen, war eine Freude, dazu kam, daß er mir dank seiner vielen Verbindungen würde helfen können, eine Stellung zu finden.

An dem Dienstagmorgen, an dem ich ihn erwartete, kam unsere Wirtin an die Tür. »Es ist jemand da, der Sie sprechen will.« Ich rannte hinaus in der Erwartung, einen verkleideten schnauzbärtigen Eduard zu sehen: statt dessen stand ein Fremder vor der Tür, der mich zur Seite schob und die Wohnung betrat. Mein erster Gedanke war, daß es ein Freund von Anton sein könnte, aber ein Blick auf Anton zeigte mir, daß er unseren Besucher auch nicht erkannte. Der Fremde allerdings schien sich nicht geirrt zu haben. Er bat mich ins Zimmer und verschloß die Tür. Dann begann er: »Meine liebe Dame, wie wir beide wissen, sind Sie eine Jüdin, die aus dem Ghetto von Kolomyja geflohen ist und hier mit falschen Papieren lebt.« Er nahm seinen Ausweis aus seinem Mantel. »Und als Agent der Gestapo habe ich die Pflicht, Sie zu verhaften.«

Anstatt mich zu ängstigen, wurde ich wütend. »Das ist kompletter Unsinn. Ihre Informationen sind vollkommen falsch.«

Der Fremde antwortete ruhig: »Wenn Gnädigste mehr Informationen wünschen, werde ich sie Ihnen mit Vergnügen geben. Sie, Madame, sind die Frau eines Arztes, der zu den Sowjets ging, und Sie, Herr Lieberman, sind finanziell gut gestellt – ein Mann, mit dem man Geschäfte machen kann.«

Das Spiel war aus. Unser Peiniger kannte die Fakten. Aber woher hatte er sie bekommen? Von Lydias Schwester, von ihrem Dienstmädchen, von der Wirtin? Jetzt allerdings war keine Zeit, um Rätselfragen zu stellen. Eduard war unterwegs und würde unweigerlich in diese Falle tappen. Wir müßten aus dem Haus sein, bevor Eduard ankam. Ich nahm deshalb meinen Mantel von der Garderobe und forderte Anton auf, dasselbe zu tun. Aber unser Besucher rührte sich nicht. Er begann uns zu erzählen, wie es sei, in die Hände der Gestapo zu fallen: »Ganz besonders gemein behandeln sie Juden, die zu fliehen versucht haben.« Er fuhr mit seinen grauenvollen Beschreibungen fort, aber wir hörten nicht wirklich zu. Er zwang uns, uns anzuziehen und die Wohnung zu verlassen. Als ich meine Schuhe schnürte, meinte er, ich müsse nicht so gründlich sein: »Sie haben niemanden, auf den Sie Eindruck machen müssen, und sehr weit gehen müssen Sie auch nicht. Sie wissen ja, das Gestapo-Hauptquartier liegt gegenüber. Also beeil dich, du jüdisches Weibsstück!«

Es war ein kalter Dezembertag, und es war mir wichtiger, mich warm anzuziehen, als mir seine Drohungen anzuhören. Der Tod spielte keine Rolle mehr. Es war die Folter, die auf uns zukam. Als wir endlich bereit waren zu gehen, wurde unser Fremder etwas milder. Er kehrte ins Zimmer zurück und ließ sich in einen Stuhl fallen. Daraufhin begann er im Flüsterton:

»Wissen Sie, lieber Herr und liebe Madame, in der Brust dieses Gestapo-Offiziers schlägt das Herz eines polnischen Patrioten, der empfänglich für menschliches Leid ist. In Wirklichkeit möchte ich Sie beide retten. Geben Sie mir tausend Zloty, und Sie sind beide frei.« Er schwieg, dann stotterte er: »Jeder muß sehen, wie er zu seinem Stück Brot kommt.«

So befanden wir uns also schon wieder auf festem und bekanntem Boden: Ein Erpresser hatte uns aufgesucht, zugegebenermaßen gut informiert und selbstsicher. Ich konnte diesen »zartfühlenden« Polen nicht mehr sehen und drehte mich angewidert um, während Anton ihm die verlangten Zloty auszahlte. Als er ging, lächelte Anton ihn freundlich an, da unsere Wirtin vor der Tür herumstrich. Wahrscheinlich fragte sie sich, wer wohl unser erster Besucher gewesen war. »Nur ein alter Bekannter«, erklärte ihr Anton. Als unser alter Bekannter die letzte Stufe genommen hatte, sahen wir Eduard auf dem Weg zu unserer Wohnung durchs Tor kommen. Er rief mir herzliche Begrüßungsworte zu. Sollte ich ihm antworten oder sollte ich so tun, als ob ich ihn nicht kannte? Ich hatte keine Zeit, darüber nachzudenken; Eduard kam schnell näher und schloß mich in seine starken Arme. Er war froh darüber, mich am Leben zu sehen. Der Erpresser warf einen flüchtigen Blick auf das offensichtlich polnische Benehmen dieses sehr polnisch aussehenden Besuchers und entfernte sich rasch, um seinen mühelos erzielten Gewinn nicht zu riskieren.

Ich bat Eduard herein und erklärte ihm kurz, was geschehen war. Seine Sicherheit war in Gefahr, und ich hatte gehofft, daß er aus geschäftlichen Gründen nicht hatte nach Lwów kommen können. Für Eduard war es eine vertraute Geschichte, obwohl er nervös zu sein schien, als er mich zu beruhigen versuchte: »Das Leben als Arier«, meinte er, »ist fast gefährlicher als das Leben im Ghetto. Es ist nicht nur die Gestapo, sondern es sind auch all diese ehrenwerten Polen, die das Erpressen zu einem der wichtigsten Erwerbszweige des Landes gemacht haben. Weil sie über eine lange Erfahrung im Zusammenleben mit Juden verfügen, verfolgen sie wie Insekten den Geruch, der sie zu Juden mit etwas Geld führt. Solange diese noch welches haben, sind sie sicher. Aber wer keinen Heller mehr hat, ist verloren. Der Patriot, der sie an die Gestapo ausliefert, bekommt als Belohnung mindestens fünfzig Zloty.«

Woher, wunderte ich mich, wußte unser Erpresser soviel über uns?

Eduard hatte bis jetzt Glück gehabt, aber er hatte so lange auf der arischen Seite gelebt, daß er sich keine Illusionen mehr machte. Er hatte zusammen mit seiner deutschen Frau Käthe in Kolomyja gelebt. Nach Beginn der deutschen Besetzung hatte sie Eduard versteckt und war dann mit ihm nach Lwów gegangen, wo sie ihm eine respektierte Stellung verschaffte und wo er einen großen Freundeskreis um sich scharen konnte. Eduard sah aus wie ein polnischer Aristokrat. Er hatte vornehme Manieren und einen eleganten Schnurrbart.

Eduard begann uns zu beraten. Als erstes sollten wir unsere Unterkunft so schnell wie möglich verlassen. Unser Erpresser würde bald wieder erscheinen oder uns ein anderes Mitglied seiner Mannschaft schicken. »Diese Leute werden Sie melken, bis Sie trocken sind, und dann verraten sie Sie an die Gestapo.«

»Aber wenn wir gehen, wird er uns nicht einfach wiederfinden?«

Eduard nickte. »Diese Möglichkeit besteht natürlich immer. Jeder in der Stadt muß sich bei der Polizei melden. Es ist leicht für sie, die Unterlagen zu prüfen. Ich wette, Ihr Besucher bekam seine Information von der Kontaktperson für arisch-jüdische Angelegenheiten.«

»Vielleicht sollten wir nach Warschau gehen«, schlug ich vor: »Einfach in einer größeren Stadt wieder von vorn anfangen.«

Eduard stimmte zu. »Aber zuerst einmal müssen Sie fort von hier.« Er gab mir die Adresse von Freunden, wo ich ohne Anmeldung würde übernachten können. »Sagen Sie ihnen, Herr Glac habe Sie geschickt!« Es sei ein Ort, wo ich mich vor Antritt meiner Reise nach Warschau noch einen Tag würde erholen können. »Jetzt aber, Blanca, lassen Sie uns einen Spaziergang machen! Das wird Ihnen guttun.«

Während wir spazierengingen, erklärte ich Eduard mein Dilemma. Er hatte ja recht: ich mußte Lwów verlassen. Aber ich erwartete Mati. Ich hatte ihr meine Adresse gegeben und fürchtete, sie könnte schon unterwegs zu mir sein. Sie würde in eine Falle laufen. Eduard erklärte sich bereit, sie zu finden und zu mir zu schicken. »Gleichgültig, was Sie tun, schreiben Sie ja nicht über Ihre Probleme an Ihre Freunde im Ghetto. Es wird sie so erschrecken, daß sie nicht versuchen werden, aus Kolomyja zu fliehen. Eine Verzögerung zum jetzigen Zeitpunkt kostet sie das Leben. Die Nachrichten aus Kolomyja sind sehr schlecht. Ihre eigenen Aussichten waren ja schon nicht gerade gut. Hat Anton wirklich eine größere Geldsumme? Was für Verbindungen hat er geknüpft?«

Nachdem ich Eduard die ganze Geschichte erzählt hatte, wandte er sich in ernstem Ton an mich: »Sie müssen wirklich nach Warschau. Sie müssen allein gehen und dort von vorn anfangen. Mit Ihrem Aussehen, Ihrer Intelligenz, Ihrem Polnisch können Sie es schaffen.« Er griff in die Tasche und zog zweihundert Zloty heraus: »Ich erwarte von Ihnen, daß Sie mir dieses Darlehen nach dem Krieg zurückzahlen. Gehen Sie nicht zu Anton zurück. All sein Geld kann ihm nicht helfen. Er hätte nie aus Kolomyja fortgehen sollen. Es wäre besser für ihn gewesen, sich bei Nichtjuden zu verstecken und sie dafür zu bezahlen.«

Als wir uns trennten, war es schon spät am Nachmittag.

Ich kehrte zurück zu der Wohnung und packte meine Sachen. Dann ging ich mit Anton zu der Adresse, die uns Eduard gegeben hatte. Am nächsten Morgen stiegen wir in verschiedene Waggons des Zugs nach Warschau.

Neuntes Kapitel
Warschau

Mein erster Monat auf der arischen Seite war nicht gut verlaufen. Schweren Herzens verließ ich Lwów, mit noch weniger Hoffnung als bei der Ankunft.

Unterwegs nach Warschau sprachen meine Mitreisenden in dem Abteil über nichts anderes als flüchtende Juden. Natürlich war ich nicht mutig genug, um mich an der Unterhaltung zu beteiligen; deshalb lehnte ich mich nur zurück und tat so, als ob ich schliefe, während ich mich in Wirklichkeit bemühte, jedes Wort mitzubekommen.

»Es ist fürchterlich, was sie mit den Juden machen. Ich wohne in der Nähe des Ghettos in Lwów, und ich kann es kaum mehr ertragen. Sie gehen einfach zu weit, und der Herrgott wird sich einmal an ihnen rächen.«

»Das ist Unsinn«, sagte ein Mann, der mir schräg gegenüber saß: »Meine liebe Dame, diese Leute haben alles verdient, was sie jetzt trifft. Diese verdammten Juden herrschten doch über uns, als ob ihnen das ganze Land gehörte. Sie stahlen unseren Kindern das Brot vom Munde, mästeten sich jahrelang auf unsere Kosten und wurden immer selbstgefälliger. Und jetzt versuchen sie, sich in die nichtjüdische Welt einzuschleichen, erkaufen sich Vorteile mit ihrem Reichtum und verleiten gute Polen, nur um ihre eigene Haut zu schützen.«

Ein Halbwüchsiger stimmte ihm zu: »Die Deutschen glauben, sie hätten schon alle zusammengetrieben, aber sie irren sich. Vor kurzem habe ich eine entdeckt, ein Mädchen mit ihrem fünf Jahre alten Balg, bei meinen Nachbarn. Ich rief die Polizei. Und was tat diese Frau? Sie nahm einen großen Ring von ihrem Finger und versuchte, die Beamten zu bestechen. Das klappte aber nicht! Sie schleppten sie zur Gestapo und das Kind auch.«

Die Gespräche wurden allgemeiner. Einige berichteten über Vorfälle, die sie beobachten konnten, andere wußten manches nur vom Hörensagen. Andere waren stolz darauf daß sie mit den Behörden zusammengearbeitet hatten. Wer Bedauern zeigte, wurde lächerlich gemacht.

Mehr und mehr machte ich mir Gedanken darüber, wie ich in einer mir dermaßen feindlich gesinnten Welt würde überleben können. Vielleicht könnte ich doch irgendeine Nische der polnischen Gesellschaft finden, echte Polen, wie ich sie vor dem Krieg kennengelernt hatte, die begriffen, daß die Feinde Polens die Deutschen und nicht die Juden waren.

Als der Zug in Warschau einfuhr, wurde meine Stimmung nicht besser. Sicher: es war eine Stadt, in der ich in den dreißiger Jahren über ein Jahr gelebt hatte; ich kannte mich also einigermaßen aus. Aber ich hatte keine Ahnung, wohin ich mich wenden sollte. Ich nahm meinen Koffer aus dem Gepäcknetz und ging den Bahnsteig hinunter auf die Straße. Anton, der in einem anderen Abteil gesessen hatte, traf mich dort. Als wir uns vom Bahnhof entfernten, hatte ich das Gefühl, verfolgt zu werden. War das Einbildung? Nein, Anton hatte dasselbe Gefühl. Ich sagte ihm, er solle gleichmäßig weitergehen, ohne sich umzuschauen und ohne seinen Schritt zu ändern.

Was lief da ab? Ich dachte: Gibt es etwa ein Kainsmal auf unserer Stirn?

Ein paar Straßenkreuzungen weiter fanden wir ein kleines Hotel und schrieben uns ein. Der Mann am Empfang führte uns in ein Zimmer, aber mit der Ruhe war es vorbei. Ich entwischte durch den Hinterausgang und ging nach vorn.

Da waren sie: einer am Hoteleingang, zwei weitere lungerten auf der anderen Straßenseite. Ich begann, die Straße entlangzugehen, auf der Suche nach einem Café mit Telefon, um Anton anzurufen und ihn zu warnen. Plötzlich brachen die drei Männer jedoch ihre Bewachung ab und entfernten sich. Vielleicht hatten sie bei sich entschieden, daß wir doch keine Jagdbeute waren.

Da das Hotel nicht mehr sicher schien, gaben wir unsere Zimmer auf und begannen, in Richtung Marszalkowska-

Straße zu gehen. »Wir sollten ein größeres, eleganteres Hotel suchen«, schlug ich vor. »Vielleicht sind wir dort sicherer.« Ohne weiteren Ärger gelang es uns, zwei nette Zimmer in einem großen Haus an der Moniuszkistraße zu bekommen. Als »Durchreisende« durften wir drei Tage ohne polizeiliche Anmeldung bleiben. Bis dahin mußten wir mit jemandem Kontakt aufnehmen, jemanden finden, der uns helfen würde, eine sichere Bleibe zu finden und falsche Meldezettel zu bekommen.

Ich erinnerte mich an einen Namen. Mein Gastgeber in Lwów, Lydias Schwager, hatte mir etwas von einer ukraini- schen Untergrund-Organisation gesagt, die in Warschau eine Verbindungsstelle unterhielte. Irgendwie gelang es mir, mich an Namen und Adresse zu erinnern. Ich glaubte, ich sollte dem nachgehen, obwohl ich nicht das geringste über Ziele, Methoden oder Politik dieser Organisation wußte. Ich würde mich vorsichtig vortasten und die Lage sorgfältig ausloten. Es war kein Problem, an die Adresse des Mannes zu kommen: Es war eine Anwaltskanzlei, und sie stand im Telefonbuch.

Ich stellte mich als Polin ukrainischer Abstammung vor, so wie es in meinen Papieren stand. Der Anwalt erklärte sich bereit, mich zu empfangen. »Was kann ich für Sie tun?« fragte er, als ich mich setzte.

»Ich bin hier in einer politischen Mission«, sagte ich. »Ich darf natürlich nicht darüber sprechen, das verstehen Sie doch, mein Herr? Aber ich brauche für einige Tage ein Zimmer, ein sicheres Zimmer.«

»Ich habe Sie verstanden. Hier gebe ich Ihnen eine ziemlich sichere Adresse, auf der anderen Seite der Weichsel, im Praga- Distrikt. Es ist die Wohnung einer Witwe.«

Ich sah mir die Adresse an. Es war ein Bezirk, den ich kannte, in einem Arbeiterviertel von Warschau, voll von Ta- vernen, Bordellen und anderen zweifelhaften Plätzen. Aber für uns würde es wahrscheinlich gut genug sein. Ich dankte dem Mann und ging.

Anton und ich zogen ein. Die alte Witwe stellte uns keine

Fragen. Es genügte ihr, daß die ukrainische Kontaktstelle uns empfohlen hatte. Wie auch in Lwów richtete sich Anton in der Wohnung ein und vermied es, auf die Straße zu gehen, während ich meine Gänge im Viertel machte. Unsere Wirtin war eine einfache, warmherzige Frau, die keinerlei Argwohn zeigte. Ja, sie erzählte mir voller Trauer, welche Scheußlichkeiten die Deutschen im Ghetto begangen hatten. »Ich bin entsetzt. Ich würde den Juden gern helfen, aber ich fürchte mich. Viele Menschen wurden schon erschossen, weil sie welche versteckt hatten.« Ich fing an, diese Frau gern zu haben, und bedauerte es, daß wir sie hintergehen mußten.

Da wir länger blieben als die paar Tage, die wir ursprünglich abgemacht hatten, bat die Witwe uns, ihr die polizeilichen Meldezettel zu zeigen. Ich wußte, daß wir uns nicht der Gefahr einer persönlichen Anmeldung aussetzen durften. Ich ging also zurück zu der ukrainischen Verbindungsstelle.

»Ich habe ein Problem!« erklärte ich. »Meine Mission ist zu gefährlich, um etwas zu riskieren, aber ich muß gefälschte polizeiliche Meldezettel haben. Können Sie das arrangieren?«

»Ich kenne genau den richtigen Mann.« Der Anwalt führte ein kurzes Telefongespräch. »Ich habe für Sie für morgen ein Treffen vereinbart. Alles, was Sie brauchen, sind Ihre Dokumente und genügend Geld, um den Mann zu bezahlen.« Er gab mir eine Adresse. Als ich sie las, konnte ich nicht ahnen, daß das Haus an der Ghettomauer stand. Ich war zu unwissend, um mich zu fürchten.

Am nächsten Tag trafen wir unsere Kontaktperson und erledigten unser Geschäft. Es war einfach, kurz und teuer. Sicherer geworden durch den Besitz des polizeilichen Meldezettels gingen Anton und ich zurück zur Straßenbahnhaltestelle. Als wir um die Ecke bogen, ragte eine hohe Mauer vor uns auf. Dort war das Ghetto! Vor Angst bekam ich Schüttelfrost. Als ich mich umsah, begriff ich, daß dies der schlimmste Platz war, um angesprochen zu werden, hauptsächlich für einen Mann. Zuviel Strolche trieben sich herum. Tatsächlich tauchte nach einem kurzen Augenblick eine

Bande kreischender Straßenbengel auf, die hinter uns her-
brüllten: »Wo sind euere Armbinden, ihr Jidden?« Ich ging
weiter, aber Anton drehte sich um und zog einige der Kinder
in ein Seitengäßchen. Ich nahm an, er wollte ihnen, um sie zu
beschwichtigen, etwas Geld geben. Ich dachte mir, er würde
mich zu Hause oder in der Kanzlei des ukrainischen Anwalts
zu treffen versuchen, und ging weiter die Straße entlang.

Ohne an irgend etwas zu denken, bestieg ich die erste Straßenbahn, die vorbeikam, und fuhr stundenlang herum. Niemand schien von mir Notiz zu nehmen. Nach einer Weile
kam mir die Umgebung bekannt vor. Bald bemerkte ich, daß
die Bahn an dem Büro des ukrainischen Anwalts vorbeifuhr.
In der Hoffnung, Anton könne da sein, stieg ich aus. Zu meiner Erleichterung sah ich ihn vor dem Büro stehen. Er hatte
tatsächlich auf mich gewartet. Er sah blaß und erschöpft aus.
Wir gingen nach Hause.

Jetzt wurde mir klar, wie anders alles war, wenn ich mich
mit Anton zusammen sehen ließ. In der Straßenbahn hatte
mich niemand beachtet. Ich paßte einfach in meine Umgebung und sah aus wie irgendein polnisches Mädchen. Wenn
aber Anton mit mir zusammen war, erregte ich immer Aufsehen. Eduards Ratschläge kamen hoch. Anton war für mich
ein Risiko. Ich mußte es allein schaffen. Das Problem bestand
darin: Wie sollte ich mich von Anton trennen?

»Anton, hören Sie zu: Wir befinden uns in einer Art Ner-
venkrieg. Es wäre besser für uns beide, wenn wir getrennte
Wege gingen. Ich werde Ihnen helfen, soviel ich kann, aber
ich muß den Versuch machen, auf meinen eigenen Beinen zu
stehen.« Er schien mir zuzuhören, aber er wollte oder konnte
mich nicht verstehen:

»Nein, mit meinem Geld haben wir eine gute Chance.«

Ich versuchte es noch einmal: »Geld kann Ihnen helfen,
und Gott sei Dank haben Sie welches. Aber Sie müssen mich
gehen lassen.« Es kam keine Antwort.

Mein Zusammensein mit Anton hatte mich zu einem Nervenbündel gemacht. Ich mußte zu arbeiten anfangen, um

mein täglich Brot und um meine Existenz kämpfen. Bronislava Panasiak zu werden, würde Zeit und Durchhaltevermögen erfordern. Es war ein Ziel, eine Herausforderung, etwas das mir Halt geben könnte. Aber ich würde dazu meine ganze Kraft brauchen.

Eines Morgens, einige Tage später, verließ ich unser Zimmer mit dem polizeilichen Meldezettel in der Hand und machte mich auf den Weg zum Arbeitsamt. Eine Stunde lang mußte ich in der Schlange stehen, dann stand ich endlich vor dem Beamten und fragte ihn, was für Arbeit es gebe. Ich hatte Glück. Das große, in deutschem Besitz befindliche Warenhaus Manfred Milke & Co. suchte eine Verkäuferin. Es lag mitten im Herzen des eleganten Warschau, in Nowy Swiat, der »Neuen Welt«. Der Beamte sagte mir, ich solle mich am nächsten Tag dort vorstellen.

Als nächstes brauchte ich ein Dach über dem Kopf. In einem Zeitungsinserat bot eine polnische Familie, die in einem der besseren Stadtteile wohnte, ein Zimmer zur Vermietung an. Es gab nur einen Haken: Die Wohnung lag in der Granicznastraße, direkt gegenüber dem Ghetto. Dennoch ging ich hin, um mir den Ort anzuschauen. Das Zimmer selbst war schön. Die Besitzer schienen mir ziemlich intelligent zu sein und hatten keinerlei Argwohn. Vielleicht würde es letzten Endes sogar sicherer sein, allein in der Nähe des Ghettos zu leben. Kein Jude würde wohl die Frechheit aufbringen, in diesem Teil der Stadt Unterschlupf zu suchen. Die Dame des Hauses stellte mir ein paar Fragen: »Gehen Sie viel aus? Wollen Sie die Küche benutzen?« Sie war sichtlich erleichtert, als ich ihr sagte, daß ich meine Mahlzeiten in der Kantine des Warenhauses einnehmen und daher die Küche wohl nicht benutzen würde. Für sie war dies günstig.

Ich zog ein und fühlte mich bald wie ein nichtjüdisches Mädchen, das in einer deutschen Firma in der Stadt tätig ist. Ich hatte Arbeit, ein Zimmer, gültige Papiere; es war ein guter Anfang. Jetzt mußte ich Anton behilflich sein, seinerseits eine Bleibe zu finden. Wir entdeckten ein gutes Zimmer in der

Wielkastraße, in das er als Untermieter einzog. Ich versprach, für ihn einkaufen zu gehen und ihn täglich zu besuchen, weil ich sicher sein wollte, daß sein Gesicht und sein Akzent nicht auf der Straße auftauchten. Er schien damit einverstanden zu sein.

Ich begann, mich an die neue Routine zu gewöhnen. Bekleidet mit dem braunen Arbeitskittel einer Verkäuferin bei Milke tat ich, was ich konnte, um Aufsehen um meine Person zu vermeiden. Ich war nur eine von tausend Angestellten, nur unterschieden durch den Namen, der auf dem Kittel eingestickt war, über dem Namen der Abteilung, in der ich arbeitete: »Schulbedarf«. Ich war nur eine Nummer in Manfred Milkes Reich: fleißig, aufmerksam, ganz meiner Arbeit zugewandt.

Jeden Morgen besuchte der Abteilungsleiter, ein rundlicher Deutscher, die Abteilung, um sich umzusehen. Anfänglich beachtete er mich nicht einmal. Um so besser. Seine Gleichgültigkeit gab mir Sicherheit, und ich begann aufzublicken und Notiz von meinen Kollegen zu nehmen. Aber hin und wieder ertappte ich mich beim Phantasieren: Was würde geschehen, wenn ich eine Verbindung zum Untergrund hätte? Es kursierten Gerüchte, daß dieser in Warschau sehr aktiv sei. Möglicherweise gehörten einige meiner Kollegen dazu. Es war eine zusammengewürfelte Schar: Viele hatten Gesichter und Gewohnheiten, die darauf hindeuteten, daß sie früher anderswo gelebt und andere Arbeit verrichtet hatten. Einige lebten und arbeiteten völlig für sich und vor sich hin, waren mit niemandem befreundet und verschwanden, sobald die Arbeit zu Ende war; sie hielten sich nicht einmal in der Kantine oder in einem der nahegelegenen Cafés auf, um etwas zu essen. Es gab Gerüchte, daß einige von ihnen Juden mit falschen Identitätsausweisen seien; andere, so sagte man, gehörten zum Untergrund. Ich hörte mir den Klatsch an, versuchte aber, mich nicht zu beteiligen, und verrichtete sorgfältig meine Arbeit.

Die Frau, die mit mir zusammen hinter dem Ladentisch

arbeitete, war eine junge Polin, antisemitisch eingestellt und ohne Intelligenz, jedoch voller Klatschgeschichten und Erzählungen über Männer. Sie erwähnte auch die Veränderungen, die sie während des vergangenen Jahres in dem Geschäft erlebt hatte. Sie hatte gesehen, wie ein paar als Arier getarnte Juden von der Polizei abgeführt worden waren, manchmal von der deutschen, manchmal von der polnischen Polizei. Mir stockte das Blut, als ich die Einzelheiten hörte. Ich spielte die Gleichgültige und versuchte, das Thema zu wechseln. Aber ich begann mich zu fragen, ob ich wohl weitermachen könnte, wenn jede Erwähnung eines abgetauchten Juden mich vor Angst bewegungsunfähig machte. Würde es mir jemals wieder gelingen, solchen Geschichten gleichmütig zuzuhören?

In meinem neuen Leben war ich einsam. Ich stand jeden Morgen wie ein Roboter auf, arbeitete den ganzen Tag und machte dann einen kurzen Besuch bei Anton. Danach ging ich nach Hause, um eine mehr oder weniger schlaflose Nacht zu verbringen. Es war keine Ruhe, keine Freude mehr in meinem Leben. Ich durfte nicht einmal durch die Straßen spazieren oder mir mit Freunden die Zeit vertreiben. Diese Vergnügungen einer anderen Welt waren mir nicht zugänglich. Es war der Preis, den ich bezahlen mußte, um in der arischen Welt zu überleben.

Neujahr 1943 stand unmittelbar bevor, und das Geschäft hatte vor, für seine Angestellten ein Fest in einem gemieteten Saal des eleganten Hotels Europa zu geben. Lichter, Freude, Tanz – um nicht aufzufallen, mußte ich hingehen.

Obwohl ich meine Rolle nun spielen konnte, war ich innerlich tief traurig. Das allerletzte, woran ich dachte, war Tanzen. Da ich niemanden kannte, blieb ich am Rande der Tanzfläche stehen und sah in die Menge. Dabei entdeckte ich ein reizendes blondes Mädchen. Es war Nina. Sie arbeitete in der Spielwarenabteilung auf derselben Etage wie ich. Sie schien ungefähr siebzehn Jahre alt zu sein und strahlte großen Charme aus. Jugend und Freiheit umgaben sie beim Tanzen. Man hatte mir gesagt, sie sei mit einem deutschen Offizier verlobt, der sehr eifersüchtig sein sollte. Der Gedanke stieß mich zwar ab, aber ich konnte nicht anders, als ihre Grazie und ihre Schönheit zu bewundern. Nach ein oder zwei Runden um den Saal setzte ich mich an einen Tisch, an dem ältere Frauen Punsch tranken.

»Warum tanzen Sie nicht? Sie sind jung und hübsch.«

»Wie wäre es mit Ihnen?« antwortete ich.

Meine Fragestellerin sah mich mit einem wissenden Lächeln an: »Wir beide müssen uns einmal unterhalten, Sie und ich.« Als sie sprach, glaubte ich, in ihrem Blick eine Botschaft entdeckt zu haben. Oder bildete ich mir nur etwas ein? Ihr durchdringender Blick hatte etwas Bedrohliches. Ich entschuldigte mich und ging zurück in die quirlige Menschenmenge. Als es Mitternacht schlug, wurde ein Trinkspruch ausgebracht.

»Auf den Sieg der großdeutschen Wehrmacht. Heil Hitler.«

Ich fand einen anderen Platz, meine Gedanken kehrten zu den Ghettos von Kolomyja und Warschau zurück, zu den Orten, wo meine Brüder und Schwestern jetzt hungerten, gefoltert und vergast wurden. Ich konnte die festliche Beleuchtung und das fröhliche Lachen nicht mehr ertragen. Kurz nach Mitternacht ging ich und suchte den quälenden Frieden meines Zimmers auf.

Als ich die Granicznastraße an der Ghettomauer entlangging, war diese voll von lachenden Menschen, die das Jahr 1943 freudig begrüßten. Auf der anderen Seite herrschte Dunkelheit. Und wohin gehörte ich? Meine Seele war eingeschlossen auf der dunklen Seite dieser hohen Mauer, während mein Körper auf dieser Seite weiterging. Auf der anderen Seite der Mauer lebten Tausende, denen das neue Jahr den Tod bringen würde. Und was würde es mir bringen? Würde jemand überleben? Würde ich überleben? Würde einer von uns der Welt unsere Geschichte erzählen können?

Ich ging an der deutschen Wache vor dem Ghettoeingang vorbei, so nahe, daß ich hören konnte, wie der Soldat leise fluchte: Warum mußte ausgerechnet er in dieser Nacht Wache stehen, um Juden zu bewachen, die nicht schnell genug für das Reich starben?

Von meinem Zimmer aus konnte ich einen kleinen Teil des Ghettos sehen. Im Dunkeln stand ich am Fenster und versuchte, in der schwarzen Nacht unter mir etwas zu erkennen. Erinnerungen kehrten zurück – Elend, Verzweiflung, Gram, Kummer, Trauer um meine Angehörigen. Der Hunger, die Krankheiten, der Geruch verwesenden Fleisches drang wieder in meine Nase. Ewig würden die Erinnerungen in mir lebendig bleiben. Dazu war ich verurteilt. Und doch stand ich hier, war frei – während meine Brüder und Schwestern auf der anderen Seite dem neuen Tag mit Angst und Schrecken entgegensahen. Wenn es mir nur möglich wäre, sie zu erreichen und einen von ihnen mit meinem wahren Ich zu berühren, zu weinen über unsere Vergangenheit und Zukunft. Ich bin jüdisch, diese Worte klangen in meinem Kopf, sie kamen mir nicht über die Lippen. In meinem Kopf aber pulsierte es, und ich bekam Atemnot. Ich war zu müde zum Stehen, fiel auf einen Stuhl, drehte das Licht an und begann zu schreiben.

Die Worte sprudelten nur so heraus, sie überschlugen sich, machten aber keinen Sinn. Ich konnte meine Gedanken noch nicht in klare Worte fassen. Würde ich das je können? Ich zerriß die Seiten und versuchte vergeblich einzuschlafen. Die Morgendämmerung drang in das Zimmer, es war ein Feiertag, ich brauchte nicht zu arbeiten. Ich würde Anton besuchen müssen, der arme Kerl war zum Einsiedler geworden.

Es war ein schöner, erfrischender Morgen, als ich den Bus zur Wielkastraße nahm. Als ich eintrat, fielen mir Antons Blässe und sein ängstliches Aussehen auf: Wieder waren es die Erpresser gewesen. In der vergangenen Nacht waren sie gekommen und hatten ihm als Preis für noch ein paar Tage in Freiheit eine ansehnliche Summe abgenommen. Anton hatte die Gauner nicht erkannt, aber er meinte, der Mann, der uns die polizeilichen Meldezettel vermittelt hatte, habe sie geschickt.

»Sie erkundigten sich auch nach Ihnen, Blanca. Aber ich

sagte ihnen, daß Sie nicht viel Geld hätten. Daraufhin waren sie nicht mehr besonders interessiert. Sie meinten, daß Sie wohl nicht der Mühe wert seien.«

Es war nur eine Frage der Zeit, bis sie mich ausfindig machen würden. In dem Augenblick, wo sie alles aus Anton herausgequetscht hätten, würden sie hinter mir her sein. Ich hätte Eduards Warnung, die er mir in Lwów gab, befolgen sollen: alle Verbindungen zu Anton abzubrechen. Aber ich brachte es einfach nicht fertig, ein anderes Menschenwesen im Stich zu lassen. Was also tun? Sollte ich wieder von vorn anfangen? Neue Papiere, neue Stellung, ein neues Zimmer? Wieder ein anderes Leben? Unmöglich. Ich hatte kein Geld mehr, um neue Dokumente zu kaufen, ganz abgesehen von allem anderen. Ich müßte einfach auf mein Glück vertrauen. Vielleicht würde es Anton gelingen, diese Haie noch einmal in Schach zu halten, indem er Schweigegelder austeilte, aber früher oder später würde er finanziell am Ende sein, dann würden diese Blutsauger ihn zur Gestapo schleppen und die Belohnung, fünfzig Zloty pro Jude, kassieren.

Nachdem ich Anton einige Stunden getröstet hatte, ging ich zurück in meine Unterkunft, entschlossen, alle Beziehungen zu ihm abzubrechen, um die Kette zu zerreißen, die sonst uns beide in den Abgrund ziehen würde.

Als ich am nächsten Morgen unterwegs zur Arbeit war, brachte ich einen Brief an Eduard zur Post. An der Ecke der Granicznastraße begegnete ich einer Menschenmenge, die betroffen dastand und zusah, wie eine Kolonne von Lastwagen, vollbeladen mit Juden, das Ghetto verließ. Als ich mich unter die Menge mischte, sagte jemand: »Das geht zu weit, was machen sie mit diesen armseligen Wesen?«

Ein anderer fragte: »Wohin werden sie gebracht?«

»In die Gaskammern nach Treblinka«, meinte jemand.

Eine grobe Stimme mischte sich ein. »Gott sei Dank, daß es einen Hitler gibt. Wenigstens einer, der dafür sorgt, daß dieses Ungeziefer vernichtet wird.«

Die Lastwagen verschwanden, aber die Menge verharrte

unschlüssig. Ich ging weiter und stand bald wieder an meinem Arbeitsplatz – braune Arbeitskleidung, ausdrucksloses Gesicht: die höfliche und hilfsbereite Verkäuferin. Niemand konnte sehen, was wirklich in mir vorging.

Bald nach dem Mittagessen betraten zwei SS-Offiziere in Uniform das Geschäft. Nur Kunden, dachte ich. Aber sie gingen geradewegs in das Verwaltungsbüro, kurz darauf kamen sie wieder heraus und steuerten direkt auf mich zu. Als sie näherkamen, griff ich nach meinen Papieren, aber ich wußte, das Ende war gekommen.

Sie erreichten meine Abteilung – und gingen an mir vorbei, weiter in die Spielwarenabteilung. Sie waren hinter Nina her, dem jungen Mädchen mit dem deutschen Freund. Aber was konnte sie nur getan haben? Sicherlich war sie keine Jüdin. Sie mußte etwas gestohlen haben. Das allein hätte aber niemals ausgereicht, die Gestapo zu alarmieren.

Als Nina mit den Gestapoleuten das Stockwerk verließ, fing ein großes Flüstern an: »Was hat sie getan?« Schließlich kam der Kaufhausdirektor aus seinem Büro: »Es ist alles in Ordnung, Mädchen, an die Arbeit. Es hat sich herausgestellt, daß Nina ein jüdisches Mädchen mit falschen Papieren ist – das ist alles. Gehen Sie bitte an Ihre Arbeit.«

Armes Mädchen. Ihr Aussehen war vollkommen arisch, und noch dazu hatte sie einen Wehrmachtsoffizier zum Freund. Doch das war nicht genug. Wie würde ich es schaffen können, wenn sie es nicht konnte?

Nach den schlechten Nachrichten von Anton und nach Ninas Verhaftung war ich überzeugt, daß die Axt jeden Augenblick niedersausen konnte. Ein paar Tage später näherte sich mir ein dubios aussehender Kunde.

»Kann ich Ihnen helfen, mein Herr?«

»Vielleicht haben Sie ein paar Minuten Zeit für mich? Ich hätte gerne draußen kurz mit Ihnen gesprochen.« Wir gingen durch eine Seitentür hinaus.

»Ich gehöre zu einer Gruppe, die heute morgen Ihren Freund Anton ausgeplündert hat, aber die anderen haben mich bei der Aufteilung benachteiligt. Also möchte ich Sie bitten, für mich bei Anton ein gutes Wort einzulegen. Anderenfalls wäre ich gezwungen, Sie anzuzeigen.«

»Ja, gut.« Ich war zu allem bereit, nur um ihn loszuwerden. Er verschwand, und mit einemmal fühlte ich mich krank. Ich ging zum Abteilungsleiter und bat ihn, mir für den Rest des Tages freizugeben.

Zu Hause erwartete mich eine gute Nachricht: ein Brief von Mati. Sie war unter dem Namen Juliana Gorska in Lwów angekommen und bat mich, ihr über Eduards Adresse zu schreiben. Die Freude, die mir das Lesen ihres Briefes bereitete, war von kurzer Dauer. Die Wirtin klopfte an meine Tür. Ich dachte, sie würde mit mir über das Schicksal der Juden auf der anderen Seite der Mauer sprechen wollen, die ich durch mein Fenster sehen konnte. Das war aber nicht der Grund ihres Kommens.

Die alte Frau wußte nicht, wie sie anfangen sollte, aber nach einem kurzen Augenblick platzte sie heraus: »Eine Frau aus einem anderen Stadtviertel, aus Praga, hat mich heute besucht. Sie sagte mir, ich beherbergte eine Jüdin.«

»Nun, wenn Sie glauben, daß das wahr ist, sollten Sie es lieber den Behörden melden«, antwortete ich mit soviel Gleichgültigkeit, wie ich aufbringen konnte. »Was für eine unsinnige Behauptung! Versuchen Sie jemanden zu finden, der es beweisen kann.«

Meine Wirtin wurde unsicher: »Wir werden uns darüber unterhalten müssen.« Sie drehte sich zur Tür und verließ das Zimmer. Das alles war zuviel für mich. Ich fiel auf mein Bett und blieb dort bis zum Morgen liegen. Als der Tag anbrach, raffte ich mich dazu auf, zur Arbeit zu gehen.

Den ganzen Tag über ließen mir die Gedanken an Anton keine Ruhe. Gleich nach der Arbeit lief ich zu ihm. Sein Zimmer war stockdunkel. In der Mitte des Zimmers saß er. Seine Arme hatte er um seinen Körper geschlungen, in krampfhafter Selbstumarmung.

Die Erpresser versuchten immer mehr und mehr und immer schneller und schneller alles, was er noch hatte, aus ihm herauszuquetschen. Jede Stunde erschien ein neues Gesicht mit einer neuen Drohung: »Zahle, dreckiger Jude, sonst ist alles vorbei!« Er hatte sich mit seinem Tod abgefunden. Nur noch ein Gürtel mit Münzen und Gold war ihm geblieben.

Nach ein paar Minuten begann er zu sprechen. »Ich wollte mich schon heute morgen ergeben, doch einmal wollte ich Sie noch wiedersehen. Sie haben soviel für mich getan, nie werde ich das wiedergutmachen können, dafür werde ich Sie nie bezahlen können. Aber Sie müssen nehmen, was mir geblieben ist. Sie müssen überleben, damit Sie unsere Geschichte erzählen können.« Ich konnte nicht mehr zuhören und wollte auch das Geld nicht annehmen. Der Gedanke, ich könnte seinen Geldgürtel um meine Taille tragen, war mir unerträglich.

»Ich kann das nicht annehmen, Anton. Ich habe ganz verrückte Vorstellungen von Geld. Es wird mir nichts als Ärger bringen. Wissen Sie, Erpresser bedrohen auch mich. Da ich nicht bezahlen kann, leugne ich einfach alles und fordere sie auf, mir Beweise zu bringen. Wenn ich Geld hätte, um sie zu bezahlen, würde sie das nur überzeugen, daß sie recht hätten. Und wenn sie das Geld bei mir finden, bin ich erledigt.«

Anton schien zuzuhören, vielleicht war es mir gelungen, ihn zu überzeugen. Ich stand auf und wollte gehen, aber als ich hinausging, versuchte er, mir einen Diamantring über einen Finger zu streifen und einige Ohrringe in die Tasche zu stecken. Ich protestierte. »Haben Sie mir nicht zugehört?«

»Wenn sie mich erst einmal getötet haben, werden Sie auf sich selber angewiesen sein. Behalten Sie das Zeug, es ist ja nicht Geld, und Sie können nicht wissen, wann Sie etwas brauchen. Bitte!« Er schob mich durch die Tür: »Gehen Sie jetzt ... und Gott sei mit Ihnen.«

Als ich mich davonschleppte, schmolzen die Schneeflocken auf meinem warmen Gesicht und mischten sich mit den Tränen. Nichts wurde je besser.

Eine weitere Nacht verstrich, und ich ging wieder zur Arbeit. Als ich hinter meinem Ladentisch stand, dachte ich darüber nach, daß ich erst zwei Monate in der »Neuen Welt« verbracht hatte. Meinem Gefühl nach schien es schon eine Ewigkeit zu sein. Antons bevorstehendes Ende traf mich schwer. Ich mußte ihn noch einmal sehen. Ich nahm mir vor, während des Mittagessens hinauszuschlüpfen.

In meiner braunen Berufskleidung lief ich durch die Straßen, rannte die drei Stockwerke bis zu seiner Wohnung hinauf und läutete. Die Wirtin öffnete die Tür. Sie sah krank und blaß aus, als sie mich in das Wohnzimmer führte und mir einen Stuhl anbot.

»Gestern nacht, ungefähr eine Stunde, nachdem Sie weggegangen waren, hatte Anton einen Besucher. Kurz darauf hörte ich einen Schuß, dann kam der Besucher heraus. Er sagte mir, er habe den Juden töten müssen, weil nichts mehr aus ihm herauszuholen war. Er sagte, er würde die deutsche Polizei schicken, um die Leiche abzuholen. Sie werden bald hier sein. Können Sie vielleicht warten, um ihnen einige Fragen zu beantworten?«

Sie ließ mich im Zimmer zurück, und ich hörte, wie ein Lieferwagen vorfuhr. Ich mußte sofort verschwinden. Ich lief in die Küche und die Feuertreppe hinunter. Als ich im Freien war, ging ich zur Vorderseite des Hauses, und von einer Seitengasse aus konnte ich sehen, wie sie Antons Leiche hinuntertrugen.

In diesem Augenblick hielt rasselnd eine Straßenbahn. Ich überquerte die Straße und sprang hinein. Wo immer sie hinfuhr, ich würde mitfahren.

Was sollte ich jetzt tun? Die Gestapo würde mich bestimmt an meinem Arbeitsplatz und in meiner Wohnung suchen. Wenn die Gauner die Gestapo über den Mord unterrichtet hatten, war mit Sicherheit auch mein Name gefallen. Ich durfte es nicht einmal riskieren, zurück in mein Zimmer zu gehen. Ich hatte aber nichts bei mir, nicht einmal einen Mantel. Ich trug nur ein dünnes Kleid unter dem braunen Arbeitskittel.

Als erstes mußte ich diesen Kittel loswerden. Ich schob ihn

unter die Straßenbahnbank. Ich öffnete meinen Geldbeutel: es befand sich nicht einmal genügend Geld darin, um eine Fahrkarte nach Lwów zu kaufen, wo Mati und Eduard sich aufhielten.

Plötzlich bemerkte ich den kleinen Diamantring an meinem Finger, Antons Abschiedsgeschenk. Und da waren die Ohrringe in meinem Geldbeutel. Es würde nicht ungefährlich sein, aber vielleicht könnte ich sie verkaufen. Das nächste Problem war aber: an wen? Ich kannte niemanden, der sie kaufen würde. Dann kam mir der Anwalt der Ukrainischen Verbindungsstelle in den Sinn. Es war ein Risiko, und ich würde möglicherweise leer dabei ausgehen. Er wäre vielleicht sogar imstande, mich an die Deutschen auszuliefern. Aber es gab keine andere Lösung.

Ich fand den Mann in seinem Büro und entschied mich spontan, ihm zur Abwechslung die ganze Wahrheit zu erzählen. Er wurde wütend. »Was für eine Unverschämtheit! Sie haben behauptet, eine ukrainische Patriotin zu sein, eigentlich sollte ich Sie die Treppe hinunterschmeißen, Sie Jüdin!«

Aber dann sah er sich meinen Ring an, ich hatte fünfzig Zloty verlangt. Er warf mir das Geld hin und griff nach dem Ring, als ich ihn von meinem Finger zog. Ohne ein weiteres Wort schob er mich aus der Tür.

Der nächste Zug nach Lwów fuhr erst in vier Stunden. Ich sandte Eduard ein Telegramm und klapperte die Straßen um den Bahnhof ab, um mir die Zeit zu vertreiben. Auf den Straßen war es sicherer als im Wartesaal, wo sich die Polizei und Gauner auf der Suche nach Juden herumtrieben. Als ich weiterging, bemerkte ich ein neues Plakat. Es war eine Warnung an die nichtjüdische Bevölkerung, sich vor Juden mit falschen Papieren in acht zu nehmen. Wer Juden half, riskierte die Todesstrafe. Inzwischen wurde ein Handgeld von hundert Zloty für jeden Juden bezahlt, der an die Behörden ausgeliefert wurde. Die Szmalcownicy würden also ein besseres Geschäft machen. Jetzt konnten sie uns auspressen und dann zum doppelten Preis an die »Herrenrasse« ausliefern. Ich war froh, Warschau verlassen zu können. Was auch immer mich in Lwów erwartete: Mati würde dort sein.

Die Zeit verging schnell, und ehe ich mich versah, saß ich im Zug. Ich hatte kein Gepäck, sondern nur meine Papiere, die bewiesen, daß ich eine reine Arierin war.

Als der Zug beschleunigte, zwang ich mich dazu, an Lwów und an meine Freunde zu denken. Ich konnte es mir nicht erlauben, an Anton zu denken.

Zehntes Kapitel
Zurück nach Lwów

Es war noch früh am Morgen, als mein Zug in Lwów einfuhr. Ich fühlte mich einigermaßen sicher, denn diesmal kannte ich die Stadt. Und dann sah ich Eduard, der am Ende des Bahnsteiges auf mich wartete. Halb blind durch unaufhaltsame Tränen der Freude, stürzte ich in seine Arme.

Er drückte mich fest an sich: »Ruhig, ruhig, Tränen sollte man jetzt nicht vergießen.« Damit nahm er meinen Arm und führte mich aus dem Bahnhof. Wir stiegen in eine Straßenbahn und fuhren zu Matis Wohnung in der Halickastraße. Ich hatte sie seit den dunkelsten Tagen im Ghetto von Kolomyja nicht mehr gesehen. Bevor wir in die Wohnung gingen, blieb Eduard einen Augenblick stehen, um mich in die Situation einzuweihen. Es gab da eine Wirtin, mit der ich zu tun haben würde, daher mußte ich das »Drehbuch« kennenlernen.

Mati trat jetzt als Tochter eines Grundstücksbesitzers auf, der gelegentlich in die Stadt kam, um die Garderobe seiner Tochter zu ergänzen. Eduard war ihr Verlobter. Ich sollte als Universitätsstudentin auftreten, die hier einen kurzen Urlaub verbringen wollte. Das war recht weit entfernt von der Wirklichkeit des Todes und der Zerstörungen, die wir gerade in Kolomyja hinter uns gelassen hatten.

Nachdem wir lächelnd die Vorstellungszeremonie hinter uns gebracht hatten, schlossen wir die Tür. Mati und ich stürzten uns in eine Umarmung. Eduard stand beiseite und gewährte uns diesen Augenblick der Nähe. Dann aber forderte er uns auf, unsere Gefühle und unsere Stimmen unter Kontrolle zu halten: »Es ist sehr leicht für unsere Wirtin, alles, was wir sagen, zu hören; sie wird sowieso mißtrauisch sein.«

Wir ließen uns los, setzten uns und begannen, von unseren Erlebnissen zu erzählen. Den Anfang machte Mati mit ihrer Schreckensgeschichte, die der meinen sehr ähnlich war.

Sie war genau zwei Tage, nachdem ich Lwów verlassen hatte, angekommen. Eine christliche Freundin (ein Mädchen aus einer kleinen Stadt in der Nähe von Kolomyja) hatte sie begleitet. Sie hatten sich auf dem Bahnhof getrennt, und Mati wollte mich unter der Adresse, die ich ihr gegeben hatte, aufsuchen. Sie konnte natürlich nicht wissen, daß sie in eine Falle tappen würde, die durch meine eigene hastige Abreise gestellt worden war.

»Ihre Freundin hat die Wohnung vor einigen Tagen zusammen mit einem Kerl, der zu Besuch bei ihr war, verlassen. Sie rannten um ihr Leben. Juden mit falschen Ausweisen.«

Mati zog sich eilig zurück und machte sich auf den Weg in das Stadtzentrum. Sie kannte sich gut aus, da sie vor dem Krieg an der Universität studiert hatte. Sie beschloß, den Ort, wohin ihre Freundin gegangen war, aufzusuchen und ihr zu sagen, daß sie nach Kolomyja zurückgehen würde, wo ihre Familie zurückgeblieben war. Es war dumm, so meinte sie, einen Fluchtversuch zu unternehmen, und jetzt ärgerte sie sich, daß sie Nuneks Überredungskünsten nachgegeben hatte und losgefahren war. Er hatte gehofft, sie würde den Rest der Familie später nachholen können.

Als sie an der Wohnung ihrer Reisegefährtin ankam, war dort ein Fest im Gange. Sie wurde willkommen geheißen und feierte mit den anderen mit. Kaum hatte sie sich zu entspannen begonnen, sprach sie ein junger Mann an.

»Sie sind also Frau Najder«, flüsterte er, »die Frau des Apothekers aus Kolomyja. Olga sagte mir, Sie seien eine Absolventin der Universität hier in Lwów, und zwar in polnischer Literatur. Stimmt doch, wie?« Er wartete nicht auf die Antwort auf diese Fragen. »Hören Sie, das war eine schöne Pelzjacke, die Sie beim Hereinkommen trugen. Sie wissen doch sicher, daß es Juden verboten ist, Pelzjacken zu besitzen.«

Mati ging so unauffällig wie möglich zur Tür und schlüpfte hinaus auf die Straße.

Aber als sie sich umschaute, bemerkte sie, daß der junge Mann ihr folgte. Sie ging schneller und bog in den Hof eines

Wohnhauses ein. Sie nahm an, er hätte ihre Spur verloren, und beschloß, im Schatten stehenzubleiben. Es war schon Abend, als sie sich endlich wieder auf die Straße wagte. Aber da war er: Er stand auf der gegenüberliegenden Straßenseite und hatte offenbar auf sie gewartet. Er kam zu ihr hinüber.

»Sie werden nicht noch einmal weglaufen, nicht wahr? Wie wäre es, wenn wir tanzen gingen, hinüber zum Hauptquartier der Gestapo?«

Mati riß sich los und begann zu laufen. Sie kannte die Stadt gut und nutzte die Vorteile der verwinkelten kleinen Gassen voll aus, schlüpfte zwei Stunden lang in Nebensträßchen und wieder hinaus, durch Kolonnaden, bis sie sicher war, daß er ihr nicht mehr folgte.

Da sie nirgendwo anders hingehen konnte, erinnerte sie sich an die Adresse in der Halickastraße, die ich ihr gegeben hatte. Obwohl sie Eduard noch nie gesehen hatte, entschloß sie sich, hinzugehen und sich als eine Freundin von »Herrn Stanislaw Glac« (Eduards Deckname) vorzustellen. Vielleicht würde man ein Zimmer für sie haben.

Der Name wirkte wie eine gedruckte Einladung. Man stellte ihr keine Fragen, und es wurde ihr sofort ein Zimmer angeboten. Nach durchschlafener Nacht ging sie aus und wanderte durch die Stadt, die sie so gut gekannt hatte. Plötzlich stellte sich ihr ein ukrainischer Milizionär in den Weg:

»Halt! Sie sind verhaftet, Jüdin!«

Erst protestierte sie; als dies aber wirkungslos blieb, begann sie ihn anzuflehen und zu bitten. Alles vergebens. Er zog und schleppte sie immer näher und näher an das Gestapo-Hauptquartier heran, bis es ihr endlich gelang, sich zu sperren und stehenzubleiben. »Warum tun Sie das? Mich auszuliefern bringt Ihnen doch nichts ein. Lassen Sie mich gehen, und ich gebe Ihnen mein ganzes Geld und meine Juwelen, einverstanden?«

Er lockerte seinen Griff: »Jetzt reden Sie vernünftig. Jetzt werden wir erst einmal sehen, ob es sich überhaupt lohnt, mit Ihnen ins Geschäft zu kommen.« Er änderte die Richtung und ging mit Mati in einen verlassenen Teil der Stadt. Mati mußte sich bis auf ihre Unterwäsche ausziehen, während der Milizionär ihre Kleider Zentimeter für Zentimeter durchsuchte. Er trennte sogar die Nähte auf, um sicherzugehen, daß sie nichts zurückbehielt. Er nahm ihr Geld, ihre Uhr und ihren Trauring, eine kleine goldene Kette, alles. Dann zerriß er ihre Papiere, ihre Geburtsurkunde und den polizeilichen Meldezettel – alles Dinge, die viel wertvoller waren als die läppische Summe, die sie ihm gegeben hatte.

Weinend bat sie ihn, ihr wenigstens das Geld für eine Fahrkarte nach Hause zu lassen. Nach einigem Zögern gab er ihr ein paar Zloty und ließ sie gehen.

Erschüttert verließ sie den Raum, fest entschlossen, sofort nach Kolomyja ins Ghetto zurückzufahren. Als sie am Bahnhof ankam, erfuhr sie, daß der nächste Zug nach Kolomyja erst am nächsten Morgen abgehen würde. Es blieb ihr nichts anderes übrig, als zurück in die Halickastraße zu gehen, um dort eine weitere Nacht zu verbringen. Dort erfuhr sie, daß ein Besucher bei ihr gewesen war und hinterlassen hatte, daß er wiederkommen würde: »Herr Stanislaw Glac.« Aber der Name bedeutete Mati nichts, da sie ihn nie kennengelernt hatte und es ihr daher gleichgültig war, was er ihr zu sagen haben mochte. Sie hatte nur noch einen einzigen Wunsch: zurückzugehen zu ihrem Mann, ihren Eltern, ihren Schwestern und Neffen und den beiden überfüllten Zimmern im Ghetto von Kolomyja. Warum nur hatte sie sich von Nunek zur Flucht überreden lassen? Es war zwecklos. Gedankenverloren überhörte sie das Klopfen an der Tür.

Eduard, der Freund, den sie nie getroffen hatte, kam schnell herein, ein breites Lächeln auf seinem Gesicht. Unter den beobachtenden, mißtrauischen Blicken der Wirtin begrüßte er sie herzlichst und drückte seine große Freude darüber aus, sie nach so langer Zeit wiederzusehen. Die Wirtin zog sich, überzeugt, daß es sich um ein Treffen alter Freunde handelte, in ihre Küche zurück. Mati schloß die Tür, und Eduard stellte sich vor.

»Nun, wie ist es Ihnen bisher gegangen?« Zehn Minuten später kannte Eduard ihre ganze Geschichte. »Ich werde alles, was ich kann, für Sie tun. Sie sind Blancas Freundin, das ist das einzige, was mich interessiert.«

Mati konnte nur matt lächeln. »Danke, aber ich habe nur noch den einen Wunsch, nach Kolomyja zurückzugehen.«

»Das ist Selbstmord. Nachdem Sie den Anfang gemacht haben, bleibt Ihnen nichts mehr übrig, als den Weg zu Ende zu gehen. Sie dürfen nicht zurückgehen. Und es besteht immer noch eine Möglichkeit, Ihre übrige Familie zu retten.«

Sie argumentierten hin und her, aber schließlich konnte Eduard sie überzeugen. »Ich werde Sie in Zukunft regelmäßig besuchen. Später können wir uns als Verlobte ausgeben. Das wird die Wirtin zufriedenstellen.«

Eduard verließ kurz das Zimmer und kehrte dann zurück. »Mit der Wirtin habe ich alles in Ordnung gebracht. Ich habe ihr gesagt, daß Sie nur einige Tage hierbleiben werden. Damit muß sie nicht auf eine polizeiliche Anmeldung dringen.«

Einige Tage später konnte Mati durch die Vermittlung eines nichtjüdischen Apothekers in Kolomyja mit ihrem Mann in Verbindung treten und neue Papiere erhalten. Dann meldete sie sich im Büro des Polizeipräfekten als Kazimiera Kowalska an. »Das ist meine Geschichte.« Tränen füllten ihre Augen, als sie sich wieder an mich lehnte. »Macht nichts. Solange du hier bei mir sein kannst. Gemeinsam können wir der Welt trotzen. Vielleicht werden wir überleben.« Sie sah mich an: »Jetzt erzähl mir, was dir passiert ist. Es scheint eine Ewigkeit her zu sein, daß du das Ghetto von Kolomyja verlassen hast. Erinnerst du dich noch, wie es war, als du weggingst? Wir saßen in dem winzigen kleinen Zimmer, und ich war so eifersüchtig auf deinen Mut.«

Es war spät geworden, als ich die Erzählung von meinen Erlebnissen in der arischen Welt beendete. Eduard verließ uns für die Nacht, und wir gingen schlafen.

Weder Mati noch ich wagten uns oft hinaus. Ihre Dokumente waren noch nicht behördlich bestätigt, und ich hatte einfach zuviel Angst, in die Stadt zu gehen. Da ich angeblich meine Semesterferien bei ihr verbrachte, verlangte die Wirtin von mir nicht, daß ich mich polizeilich anmeldete. Aber schließlich konnte ich ja nicht ewig nur herumsitzen. Da ich zu Besuch war, sollten mich die Sehenswürdigkeiten und die städtische Atmosphäre interessieren. So wagten wir uns auf gut Glück hinaus, wanderten durch die belebten Straßen und unternahmen Schaufensterbummel. Eduard kam täglich vorbei. Sein vornehmes Aussehen, sein Humor, die Wärme, die er ausstrahlte, trugen maßgeblich dazu bei, daß wir uns unverhältnismäßig wohl fühlten. Er sah mit seinen eleganten Koteletten und seinem breiten Schnurrbart wie ein polnischer Aristokrat aus, sein Wesen verbreitete freudigen Optimismus. Das alles paßte zu der wichtigen Stellung, die er in der deutschen Verwaltung innehatte. Sein neues Leben lebte er, als ob ihm Autorität und Zuverlässigkeit angeboren wären. Er ging regelmäßig zur Kirche und hatte einen großen polnischen und deutschen Freundeskreis.

Als mein »Besuch« in Lwów sich seinem Ende näherte, erfand Mati eine neue Geschichte, die sie der Wirtin erzählte. Sie wollte mit mir zusammen nach Hause fahren, um ihre Familie zu besuchen. Ob es wohl möglich wäre, nach unserer Rückkehr wieder dasselbe Zimmer zu bekommen? Alles wurde geregelt, und eines Morgens packten wir unsere Sachen zusammen und fuhren weg. Wir gingen allerdings nur bis ans andere Ende der Stadt, wo Eduard für uns ein weiteres Zimmer gemietet hatte. Eine Woche später erschienen wir wieder bei Frau Malinowska und nahmen unseren Wohnsitz wieder in der Halickastraße ein. Dort fühlten wir uns am geborgensten. Aber nach ein paar Tagen besuchte unsere Wirtin uns in unserem Zimmer.

»Es tut mir leid, ich möchte Sie nicht belästigen. Aber Sie müssen sich unbedingt im Polizeipräsidium anmelden. Es sind einfach zuviel Fremde in der Stadt, und der Sohn des Hausmeisters behauptet, Sie einen Tag, bevor Sie zurückgekommen sind, in der Stadt gesehen zu haben, und jetzt stellt er mir Fragen. Er glaubt, ich beherberge illegale Mieter. Er hält Sie tatsächlich für Jüdinnen.«

»Unsinn!« Wir lachten, aber es war Zeit, weiterzuziehen, obwohl die Suche nach einer neuen Unterkunft große Gefahren in sich barg. Wir verbrachten einige Tage damit, Wohnungsanzeigen in der Zeitung nachzugehen, die Zimmer waren aber immer schon vermietet, wenn wir hinkamen. Eines Abends beschlossen wir, schon um fünf Uhr morgens aufzustehen und am Kiosk um die Ecke die Zeitung zu ergattern, sobald sie eintraf.

An diesem Morgen wachte ich um vier Uhr auf. Da ich unruhig war und nicht mehr schlafen konnte, zog ich mich an und stahl mich aus dem Gebäude. Die leeren Straßen und das Morgengrauen machten mir angst. Als ich den Kiosk erreichte, waren die Zeitungen schon angekommen. Ich kaufte einige und ging zurück zu unserer Wohnung. Als ich im Begriff war, in die Halickastraße einzubiegen, hörte ich, wie mein Name »Blanca« gerufen wurde, also mein wirklicher Name, nicht derjenige, der in meinen arischen Papieren stand. In panischer Angst rannte ich weiter. Wieder hörte ich, diesmal lauter und eindringlicher: »Blanca – warte – bitte!« Diesmal blieb ich sofort stehen. Ich drehte mich um und sah, wie jemand mit einem kleinen Jungen auf mich zugerannt kam. Dahinter sah ich noch jemanden: Es war Frania, Matis ältere Schwester, mit ihrem drei Jahre alten Sohn Leszek und ihrer Schwägerin Helene. Als sie mich erreichten, konnte ich ihnen ihre Geschichte vom Gesicht ablesen. Das Ghetto von Kolomyja war zerstört worden, und im letzten Augenblick war es ihnen gelungen zu fliehen. Es war der 2. Februar 1943.

Ohne ein weiteres Wort zu sagen, führte ich sie in die Wohnung und in unser Zimmer. Frania und Helene sahen fürchterlich aus. Ihre Kleider waren verschmutzt und staubig, sie waren ungewaschen; ihr Blick war angsterfüllt, als sich ihr Mund zu einem kläglichen Lächeln der Erleichterung verzog. Noch bevor wir es ihnen bequem machen konnten, begann Frania zu erzählen.

»Kolomyja ist jetzt judenrein. Die letzte Aktion ging gestern zu Ende. Sie töteten jeden. Es gelang uns, über die Mauer zu klettern. Es ist niemand mehr übriggeblieben.« – Franias Stimme wurde schwächer, aber ständig wiederholte sie diese letzten Worte.

Helene war in noch schlechterer Verfassung. Sie zog an ihren Haaren und hatte sich ein Taschentuch in den Mund gestopft, um ihre Schreie zu dämpfen. Trotzdem konnten wir ihre Worte verstehen: »Mein Gott, was habe ich nur getan! Ich werde nie wieder Frieden finden … Ich habe mein Baby getötet.«

»Was willst du damit sagen?«

»Ich verließ meinen Jungen. Ich ließ ihn einfach in seiner Wiege liegen für eine deutsche Kugel. Ich kletterte einfach über die Mauer und lief davon.«

Dazu war nichts zu sagen. Wir konnten nur versuchen, sie zu beruhigen. Es wäre eigentlich wichtig für uns gewesen, jetzt sofort Pläne auszuhecken, um mit dieser neuen Situation fertig zu werden. Statt dessen stellte Mati immer neue Fragen. Sie wollte Einzelheiten wissen. Wie waren ihre Eltern gestorben? Was war mit ihrem Mann Nunek, mit ihrem fünfzehn Jahre alten Neffen Menek und mit ihrer älteren Schwester Cyla geschehen?

»Sie sind alle tot. Vielleicht mit Ausnahme von Menek«, antwortete Frania. Sie glaubte gesehen zu haben, daß Menek, nachdem er mit seiner Familie aus dem Ghetto getrieben worden war, entschlüpfen und weglaufen konnte. Eine Wache schoß nach ihm, aber vielleicht hatte er es geschafft.

Frania fuhr fort: »Der Rest der Familie wurde mitten in der Nacht herausgetrieben und barfuß über eisige Straßen in den Wald von Szeparowce geschleppt, angetrieben von bösartigen Hunden. Wir konnten die Schüsse hören, die aus dieser Richtung kamen.«

»Wie kamt ihr nach Lwów?«

»Nachdem wir über die Mauer geklettert waren, gingen wir den Schienen entlang bis zur nächsten Stadt, von wo aus wir einen Zug bekamen. Wir kamen spät in der Nacht an, hatten aber zuviel Angst, um in ein Hotel zu gehen. Ein Blick, und sie hätten erraten, wer wir sind. In der Nacht sahen wir einmal Licht in einem Gebäude und gingen hin, in der Hoffnung, daß es ein Hotel wäre und wir vielleicht ein Zimmer für ein paar Stunden Schlaf dort finden würden. Als wir näher kamen, merkten wir aber, daß wir im Begriff waren, das Gestapo-Hauptquartier zu betreten. Wir gingen weiter. Deine Adresse hatten wir nicht. Nunek war der einzige, der sie kannte. So wanderten wir einfach die ganze Nacht herum und ruhten uns auf Parkbänken aus.«

»Es grenzt an ein Wunder, daß euch niemand aufgegriffen hat.«

»Und ein weiteres Wunder ist es, daß wir Blanca auf der Straße erkannten.«

Als wir so dasaßen und uns mit tränenerfüllten Augen ansahen, fing Leszek zu wimmern und zu weinen an. Wir hörten, wie Frau Malinowska in der Küche anfing, ihr Frühstück zu bereiten. Früher oder später würde sie sowieso erfahren, woher unsere Gäste gekommen waren; darum dachte ich, wäre am besten, gleich Farbe zu bekennen.

Ich lachte laut, fragte unsere Gäste, ob sie gern Tee trinken würden, ging aus dem Zimmer zur Küche.

»Guten Morgen, Frau Malinowska! Nie werden Sie erraten, was geschehen ist: Ich ging auf die Straße, wollte mir eine Zeitung kaufen – und traf ganz zufällig einige alte Freunde, die gerade in der Stadt angekommen sind.«

Ich beobachtete sie. Ihr skeptisches Lächeln deutete darauf hin, daß sie nicht so recht an diesen Zufall glaubte, aber sie wollte Entgegenkommen zeigen. Vielleicht war es ihre Schwäche für Herrn Glac, für seine Freunde und auch für deren Freunde. Ich schenkte das kochende Wasser in die Tassen, fand irgendwo ein Tablett und kehrte in unser Zimmer zurück. Leszek schlief schon zusammengerollt auf der Couch. Die Schwestern saßen eng beisammen, während Helene sich in eine dunkle Ecke des Zimmers zurückgezogen hatte.

Es war uns allen klar, daß sie nicht bei uns bleiben konnten. Den Frauen war es aber gelungen, etwas Geld und einige Juwelen mitzunehmen. Was wichtiger war: Sie hatten die Adresse einer Kontaktperson in Lwów. Es handelte sich um den Vetter eines Zahnarztes in Kolomyja, er hatte Verbindung zu den Leuten, die Papiere und Geburtsurkunden herstellten. Er lebte selbst mit gefälschten Papieren, aber er hatte Franias und Matis Familie gut gekannt. Sie waren sicher, daß er ihnen helfen würde.

Dieser Kontakt stellte sich als ein Glücksfall für uns alle heraus. Zuerst besorgte er Papiere für Frania und Helene. Dann fand er für Frania, Helene und das Kind ein Zimmer bei einer Familie, der man die Wahrheit sagen durfte. Diese Familie war bereit, solch gefährliche Mieter aufzunehmen – allerdings unter der Bedingung, daß sie das Haus nicht verließen. Man würde für sie sorgen, aber nur unter der Bedingung, daß sie im Hause blieben. Schließlich war der kleine Junge eine tödliche Gefahr, die alle in Schwierigkeiten bringen konnte. Seine Haft würde ihm zwar schwerfallen, aber es gab keine andere Lösung.

Mati und ich durften sie besuchen, und wir wurden Augen und Ohren für die Eingeschlossenen. Kurze Zeit später gelang es auch uns, eine Unterkunft zu finden. Es war ein Zimmer in der Wolnastraße, in der Nähe der städtischen Festung. Diesmal brauchten wir etwas von Franias Geld, um eine gefälschte polizeiliche Anmeldung zu kaufen. Wir hatten es satt, immer wieder ausgefragt und beschuldigt zu werden. Franias Kontaktperson besorgte diese Papiere für uns. Nach den Schwierigkeiten, die wir gehabt hatten, eine neue Wohnung zu finden, konnten wir uns nicht leisten, sie zu verlieren.

Jeden Tag berichteten die Zeitungen über mehr und mehr Verhaftungen von Juden, aber diesmal waren es prominente Leute, die sich in Sicherheit gewähnt hatten, sei es durch Heirat oder durch Taufe. Sogar Polen mit einem jüdischen Eltern- oder Großelternteil befanden sich darunter. Die Reichsgesetze holten jeden ein. Und im übrigen waren die Parasiten, die Szmalcownicy, ebenso aktiv wie in Warschau. Sie machten mit ihren Erpressungen und Nötigungen ein glänzendes Geschäft. Das Schlimmste aber war die offensichtliche Freude, mit der patriotische Polen jede neue Denunziation begrüßten. Für sie war die deutsche Besatzung nicht nur bösartig: Schließlich wurden sie dadurch die Juden los, »unser Unglück«.

Wir kämpften trotzdem weiter. Eines Tages gingen wir mit unseren gefälschten Papieren zum Arbeitsamt und versuchten, uns zu benehmen wie zwei arbeitslose Polinnen auf Stellungssuche. Wie in Warschau gab es auch hier Arbeit – bei den Deutschen. Ein deutsches Militärkrankenhaus suchte weibliches Personal. Mati bekam eine Stellung in der Apotheke, rein durch Zufall, denn es wäre für sie gefährlich gewesen zuzugeben, wie gut sie durch die frühere Zusammenarbeit mit ihrem Mann über Medikamente Bescheid wußte. Ich wurde Hilfskraft in einer der Abteilungen.

Das deutsche Militär hatte das Krankenhaus übernommen. Es war überfüllt mit Soldaten, die bei den Kämpfen gegen die Sowjets verwundet worden waren. Die Krankensäle waren voller Soldaten mit erfrorenen Gliedmaßen, es herrschte ein großer Mangel an Krankenschwestern und Ärzten. Aber die Apotheke war gut ausgestattet, und in der Küche gab es reichlich Lebensmittel. Die Moral der Patienten war schlecht. Die Männer unterhielten sich mehr über ihre Heimat und über ihre Familien als über die glorreichen Siege der Wehrmacht.

Da Mati und ich nichts anderes als »polnischer Abschaum« und ungelernte Arbeiterinnen waren, kam niemand auf den Gedanken, daß wir vielleicht mehr als rudimentäre Deutschkenntnisse haben könnten. Aber als ich die Bettschüsseln hin und her trug, hielt ich mich zuweilen etwas länger auf, um ein oder zwei Worte über die Zustände an der Front zu erhaschen. Die Unterhaltung drehte sich häufig um die mörderischen Panzer und die Raketen, die Katjuschas der Roten Armee, die Verderben über die Frontlinien brachten. Neuzugänge brachten immer weiter schlechte Nachrichten. Dann berichteten die Zeitungen über Frontverkürzungen, Frontbegradigungen und Rückzüge.

Ende Januar 1943 hatten wir von der Niederlage bei Woronesch gelesen. Jetzt hörten wir Berichte über die Räumung von Rostow. Sogar Berichte über Siege waren aufschlußreich: Die große Neuigkeit Mitte März war die triumphale Wiedereroberung von Charkow – am Monatsende war das Krankenhaus mit frisch Verwundeten überfüllt, und es kursierten Berichte über schwere deutsche Verluste.

Zusätzlich zu meiner Arbeit als Schwesternhelferin mußte ich die Fußböden und die Treppen scheuern, bis zur völligen Erschöpfung. Mati hatte mehr Glück. Sie machte sich in der Apotheke unentbehrlich und war die rechte Hand des Apothekers. Natürlich verstand sie mehr von ihrer Arbeit, als sie zu erkennen geben durfte. Wir verdienten beide nicht viel, aber das Essen war gut, und im Gegensatz zum Rest der Stadt gab es genug. Wir begannen, uns in dieser deutschen Bastion ziemlich sicher zu fühlen, und kamen mit dem nichtsahnenden Herrenvolk gut aus. Es waren die Polen, die uns Sorgen machten. Sie hatten ein Gespür für die Dinge, die den Deutschen niemals aufgefallen wären, und wir konnten die kleinsten Hinweise auf unsere Herkunft unmöglich ganz verbergen, denn nicht einmal wir selber kannten alle. Selbst ein so belangloser Gegenstand wie eine Brille hätte mich verraten können. Trotz meiner Kurzsichtigkeit durfte ich sie nicht mehr tragen. Es war sicherer für mich, meine Nase in die Arbeit zu stecken, zu blinzeln und zu starren, als anders auszusehen, und nicht für das arme Bauernmädchen gehalten zu werden, das ich doch sein sollte. Wer eine Brille trug, lief Gefahr, ironisch eine Intellektuelle genannt zu werden, bald wurde dann daraus »Bolschie« oder sogar »Jüdin«.

Eines Tages wurde Mati von dem deutschen Apotheker, für den sie arbeitete, gelobt: »Sie scheinen mir für diese Art von Routinearbeit zu intelligent zu sein.« Mehr als einmal hatte das ein deutscher Arzt auch zu mir gesagt. Das waren

Warnsignale. Es bedeutete, daß wir unsere Rolle nicht gut genug spielten. Ganz allgemein mußten wir so tun, als ob wir so gut wie nichts verstünden, besonders nicht das Deutsch, das von den Verwaltungsbeamten gesprochen wurde. Das einzige, was wir uns gönnten, war, daß wir uns mehrmals täglich trafen. Wir nahmen unser Mittag- und das Abendessen gemeinsam ein, nur um beisammen sein zu können. Aber das bedeutete, daß ich einen Extraweg über mehrere Stockwerke zurücklegen mußte, so daß die polnischen Arbeiter anfingen, mißtrauisch zu werden. Es blieb uns nichts anderes übrig, als diese Treffen einzuschränken.

Allmählich begann unser Leben zu einer Routine zu werden. Arbeit, Essen und Freundschaft trugen viel dazu bei, daß wir uns entspannen konnten. Wir taten unsere Arbeit. Wir kamen und gingen so unauffällig wie möglich. Manchmal gelang es uns, einige Lebensmittel für Matis Familie herauszuschmuggeln. Es war ein besonderes Fest zu sehen, wie Leszek sich über eine Orange oder über ein Stückchen Schokolade freuen konnte. Leider konnten wir sie nicht so oft besuchen, wie wir wollten, denn wir durften die Familie, bei der sie wohnten, nicht belästigen.

Auch in unserer neuen Wohnung mußten wir auf der Hut sein. Unsere Hausherren hatten sich entschlossen, den Status der »Volksdeutschen« zu beantragen, hauptsächlich, weil sie dadurch mehr Lebensmittel zugeteilt bekamen und wegen sonstiger Vorteile. Sie waren von der neuen Ordnung restlos begeistert und begierig darauf, Berichte über neue Aktionen im Ghetto weiterzugeben. Eines Abends weihte die Dame des Hauses uns in ein Geheimnis ein.

»Wissen Sie, es gibt viele Juden, die aus dem Ghetto entkommen konnten. Sie leben mit gefälschten Dokumenten auf der anderen Seite. Ich habe es Ihnen bisher nicht gesagt, aber ausgerechnet in dem Zimmer, in dem Sie beide wohnen, wohnten vor Ihnen zwei jüdische Frauen mit gefälschten Papieren. Weniger als zwei Wochen, bevor Sie kamen, führte die Gestapo sie ab. Man kann nie sicher sein.«

Wir nickten und schnalzten zustimmend mit der Zunge, dann standen wir langsam auf und zogen uns in unser Zimmer zurück.

Bald darauf wurden wir erschreckt. Das Nebenzimmer sollte an ein ukrainisches Paar – ausgerechnet aus Kolomyja – vermietet werden. Wir erwarteten das Schlimmste, glücklicherweise aber fanden die beiden das Zimmer nicht geeignet und gingen nach ein paar Tagen wieder.

Es gelang uns, Interesselosigkeit vorzutäuschen, wenn unsere Hausherrin am Küchentisch den neuesten Klatsch verbreitete. Wenn sie verlangte, daß wir auf ihr Geschwätz antworteten, benutzten wir unsere Fantasie und gingen zungenfertig auf sie ein. Waren wir beide mal unter uns, machten wir uns Gedanken darüber, weshalb unsere Landsleute sich so gedankenlos den Besatzern ausgeliefert hatten. Wir erinnerten uns dabei an das alte polnische Lied, das alle vor Ausbruch des Krieges noch gesungen hatten, mit seinem Refrain: »Niemals werden wir es den Deutschen erlauben, uns ins Gesicht zu spucken. Niemals werden wir es ihnen gestatten, unsere Kinder zu teutonisieren.« Was hatte sie zu solch willigen Lakaien gemacht?

Manchmal verglich ich unser Los mit demjenigen von Gefangenen mit hohen Strafen. Der Unterschied bestand darin, daß wir keine Ahnung hatten, wie lange unsere Haft dauern würde; auch wußten wir nicht, wann sie in eine Todesstrafe umgewandelt werden würde. Für Mati muß es noch schwerer gewesen sein, in Lwów »einzusitzen«. Sie besaß noch Freunde in der Stadt aus der Zeit, da sie an der Universität studiert hatte. Sie hatte einige von ihnen als menschliche und engagierte Antifaschisten in Erinnerung. Aber wenn sie jetzt mit ihnen zusammenkam, wirkten sie ängstlich und ärgerten sich über unsere Zumutung. Es gab da noch einen alten Freund, der zuerst ein Bindeglied zwischen Mati und ihrem Mann gewesen war. Er hatte Nachrichten durch einen anderen nichtjüdischen Freund in Kolomyja vermittelt. Aber als er erfahren hatte, daß das Ghetto in Kolomyja dem Erdboden gleichgemacht worden war, gab er sich keine Mühe, seine Erleichterung zu verbergen:

»Da Ihre Familie jetzt weg ist, werden Sie meine Hilfe nicht mehr brauchen – oder?«

Wir trösteten uns gegenseitig, indem wir bedachten, welch ein enormes Risiko jeder, der helfen wollte, einging. Und einige taten es trotzdem.

Alles Gute ist leider vergänglich. Eines Morgens, als wir gerade zur Arbeit gehen wollten, läutete die Türglocke. Es war Frania, gefolgt von Leszek und Helene. Kaum in unserem Zimmer angelangt, sagten sie uns, daß man sie gezwungen hätte, ihre Zimmer zu verlassen, aber erst nachdem die Familie, der sie soviel Geld gegeben hatten, sie an Erpresser verraten hatte. In der vergangenen Nacht hätten sie »Besuch« bekommen, der ihnen den Rest ihres Geldes und ihre Juwelen abgenommen hätte. Heute morgen seien sie auf die Straße gesetzt worden, alles, was sie noch besaßen, sei das, was sie bei uns versteckt hätten. Offensichtlich hatten ihre Gastgeber der Versuchung nicht widerstehen können, sich im Handumdrehen zu bereichern.

An diesem Tag gingen wir überhaupt nicht zur Arbeit. Wir mußten sofort eine Unterkunft für die Familie finden. Es wurde vereinbart, daß ich Leszek zu Leuten, die Frania kannte, bringen würde. Es waren Juden, die mit gefälschten Papieren außerhalb von Lwów wohnten. Später wollten wir uns in einer Buchhandlung, in der ein Freund Matis arbeitete, treffen.

Es lief auch ganz gut, bis nach dem Treffen in der Buchhandlung. Als wir uns mit der Adresse eines sicheren Aufenthaltsortes auf den Weg machten, bemerkte Mati eine alte Bekannte aus ihren Universitätstagen. Sie erwiderte Matis Gruß nicht, und wir eilten hinaus.

Wir gingen in eine nahe gelegene Konditorei, setzten uns an einen Tisch und bestellten Kaffee. Wir mußten unsere Lage überdenken und unsere nächsten Schritte planen. Als wir es uns bequem gemacht hatten, kam ein Polizist herein, schaute sich um und setzte sich an den Nebentisch. Mati konnte von ihrem Stuhl aus durch das Fenster die Straße beobachten, dabei erkannte sie die Gestalt der Frau, mit der sie studiert und die sie erkannt hatte, als sie die Buchhandlung verließ. Ganz offensichtlich hatte sie uns an den Polizisten verraten.

Uns blieb nichts anderes übrig, als uns zu trennen, um den Polizisten abzuschütteln. Wir vereinbarten, uns in einem Hutgeschäft an der Halickastraße zu treffen, sobald wir konnten. Frania und Helene standen auf, verabschiedeten sich und gingen in entgegengesetzte Richtungen davon. Mati und ich blieben noch ein paar Minuten sitzen, nippten an unserem Kaffee, während der Polizist uns beobachtete. Als wir die Rechnung bezahlten und aufstanden, tat der Polizist dasselbe und folgte uns auf die Straße. Zwanzig Minuten lang mischten wir uns unter die Menge, die die Hauptstraßen der Stadt bevölkerte, liefen hin und her, dann glaubten wir ihn abgeschüttelt zu haben. Wir gingen zum Hutgeschäft, wo wir die anderen beim Anprobieren von Hüten trafen. Mit einem Seufzer der Erleichterung gesellten wir uns zu ihnen.

Zwei Minuten später ging die Ladentür auf, und der Polizist trat ein. Mit einer unmißverständlichen Handbewegung befahl er uns, das Geschäft zu verlassen und ihm zu folgen. Auf der Straße verkündete er: »Ich habe eine Zeugin, die weiß, daß Sie allesamt Jüdinnen sind. Kommen Sie mit mir zum Gestapo-Hauptquartier!«

Es blieb uns offensichtlich nichts anderes übrig, als dem Befehl Folge zu leisten. Als wir weitergingen, begannen wir wieder einmal um unser Leben zu handeln – und wie schon so oft hatten wir Erfolg. Wir gingen alle in einen Hof, wo er uns schnell unser ganzes Geld und die Schmuckstücke, die wir noch hatten, abnahm, dann ließ er uns gehen.

Ich fragte mich, was sich diese junge gebildete Frau wohl dabei gedacht hatte: Hatte ihre Handlungsweise ihr das befriedigende Gefühl vermittelt, als Patriotin Polen von weiteren vier Jüdinnen befreit zu haben?

Wir gingen zur Halickastraße zurück. Dort gelang es uns,

Frania und Helene bei Frau Malinowska in unserem früheren Zimmer unterzubringen, bei jener alten Dame also, die von Politik nichts wissen wollte und ihre Zimmer an jeden vermietete, der zahlen konnte. Am nächsten Tag gingen Mati und ich wieder zur Arbeit.

Niemand stellte uns wegen des versäumten Tags irgendwelche Fragen. Tatsächlich vergingen die nächsten paar Wochen problemlos. Frania und Helene fanden ein neues Zimmer, und da ihre Vermieter ihre wirkliche Identität nicht kannten, konnten sie sich frei bewegen.

Der Frühling 1943 kam, und der April weckte in uns optimistische Gefühle. Vielleicht würden wir Hitlers endgültige Niederlage doch noch erleben. Der Tod würde leichter zu ertragen sein in der Gewißheit, daß seine sichere Niederlage bevorstand. So oder so ähnlich dachten wir – bis der Tod wieder einmal auf der Schwelle stand.

Eines Tages nämlich wurde ich plötzlich vom Treppenscheuern weg ins Hauptbüro gerufen. Die erste Person, die ich beim Eintreten sah, war Mati. Sie war leichenblaß.

»Was ist geschehen?«

»Wir sind erledigt. Das ist alles.«

Wieder waren wir von Matis Mitstudentin denunziert worden, jener Frau, die uns bereits auf der Straße an den ukrainischen Polizisten verraten hatte. Sie war uns bis zum Arbeitsplatz nachgegangen und hatte dann wohl Matis Vorgesetztem erzählt, daß er eine Jüdin beschäftigte.

Als ihr Vorgesetzter das Telefon abhob, um die Krankenhauswache zu alarmieren, kletterte Mati aus dem Fenster und bedeutete mir, ihr zu folgen. Wir begannen zu laufen. Während wir davonrannten, sahen wir ein Auto der Gestapo, das vor der Apotheke parkte. Offensichtlich hatte man sie schon benachrichtigt, und sie waren im Begriff, uns zu verhaften. Es gelang uns, für ein paar Minuten in die Wohnung zu kommen. Wir packten eiligst einige überlebenswichtige Sachen, hauptsächlich Geld und unsere Papiere. Wir sagten unserer Wirtin, daß Matis Vater gestorben sei und wir zu seinem Begräbnis fahren müßten. »Wir werden in ein paar Tagen zurück sein«, versicherten wir ihr.

Eine Viertelstunde später landeten wir in der Halickastraße bei Frau Malinowska. Dort waren wir für den Augenblick in Sicherheit. Irgendwie gelang es uns, mit Eduard in Verbindung zu treten, und wir baten ihn, herauszufinden, was nach unserer Flucht geschehen war. Es versprach uns, seine Beziehungen spielen zu lassen, und riet uns, erst einmal stillzuhalten. Er würde sobald wie möglich zu uns kommen.

Abends erschien er. »Ihr seid in einer ziemlich mißlichen Lage. Die Gestapo ist hinter euch her. Sie haben eure Zimmer durchsucht, und jetzt haben sie eine Fahndung eingeleitet. Bilder von euch beiden, zusammen mit Anschlägen weiterer gesuchter Personen, sind ausgehängt mit der Aufforderung, euch bei Erscheinen sofort zu verhaften oder die Polizei zu benachrichtigen. Wie sind die denn überhaupt zu Bildern von euch gekommen?«

»Als wir uns im Krankenhaus bewarben, mußten wir sie abgeben.«

»Verstehe. Jetzt muß aber ein Weg gefunden werden, euch beide aus Lwów herauszubringen. Das wird nicht leicht sein. Jeder im Krankenhaus weiß, wie ihr ausseht, außerdem sind eintausend Zloty Kopfgeld ausgesetzt.«

Wir durften nicht nach draußen, aber in der Halickastraße konnten wir auch nicht bleiben. Wir hätten die anderen beiden Frauen gefährdet und auch unsere Wirtin, die uns schon so oft geholfen hatte. So schlüpften wir in der Nacht hinaus, und Eduard brachte uns im Hause eines seiner Freunde unter. Es waren ein Katholik und seine Frau, eine konvertierte Jüdin. Ein junger jüdischer Waisenknabe wohnte versteckt bei ihnen. Sie begrüßten uns herzlich, aber es war uns klar, daß wir bei ihnen nicht würden bleiben können. So setzten wir uns denn an den Küchentisch und begannen, unsere Flucht aus Lwów zu planen.

Der einzige Weg war, den Nachtzug aus Warschau zu nehmen, am Bahnhof würde allerdings unsere Identität geprüft werden. Eduard besorgte uns die Fahrkarten, und wir versuchten, uns mit Bauernkleidern, die er aufgetrieben hatte, einigermaßen unkenntlich zu machen. Alle halfen uns, und tatsächlich waren wir kaum mehr zu erkennen.

Mit etwas Geld in der Tasche, das Eduard und Frania uns gegeben hatten, verließen wir die Wohnung und gingen zum Bahnhof, um den Zug ein Uhr dreißig nach Warschau zu erreichen. Unter den Plakaten der gesuchten Personen erkannten wir gleich unsere Bilder. Mati ging voraus und mischte sich unter die Wartenden an der Fahrkartenkontrolle. Es war sicherer für uns, sie getrennt zu passieren. Als sie durchgekommen war, ging ich entschlossen zum Schaffner und zeigte ihm meine Papiere. In diesem Augenblick pfiff die Lokomotive, und er winkte mich ohne weiter zu prüfen durch. Ich erreichte Mati weiter hinten auf dem Bahnsteig, und wir sprangen in den nächsten Waggon.

Wegen der Verdunklungsvorschriften war es im Zug finster, und so hielten wir uns fest an der Hand, als wir uns durch die überfüllten Korridore drängten. Endlich fanden wir zwei Sitzplätze auf den harten Bänken der dritten Klasse. Mit einem Ruck fuhr der Zug an und verließ den Bahnhof. Unsere Hoffnung stieg, daß wir es vielleicht doch schaffen würden. Als wir so dasaßen und spürten, daß der Zug allmählich beschleunigte, glaubte ich das Wort »Jude« gehört zu haben. Als ich angestrengt hinhörte, bekam ich mit, wie sich zwei Reisende im Dunkeln unterhielten.

»Hast du gehört, was im Ghetto passiert ist? Die Juden haben Gewehre, es finden Straßenschlachten mit den Deutschen statt.«

Die übergroße Freude über diese Nachricht löschte alle anderen Gedanken aus. Zu kämpfen und ehrenvoll zu sterben. War es wirklich wahr? Wir wollten jede Einzelheit hören, und doch durften wir nicht das geringste Interesse zeigen. Und so hörten wir einfach zu und schnappten Brocken der rings um uns geführten Unterhaltungen auf.

»Wo haben sie denn die Gewehre her?«

»Überlaß das nur den Juden. Diese Bande kann sich alles beschaffen.«

Eine dritte Stimme schaltete sich ein: »Nein, die Untergrundbewegung verschafft ihnen das Zeug. Das hörte ich vor einigen Tagen in Warschau.«

»Das sieht diesen sozialistischen Verrätern ähnlich«, antwortete die erste Stimme. »Die lassen sich auf alles ein.«

Aktiver Widerstand im Warschauer Ghetto? Wir wagten nicht, daran zu glauben. Wenn die Nachrichten stimmten, so dachten wir, würden unser Leben und unser Kampf eine andere Bedeutung bekommen. Zu kämpfen, Widerstand zu leisten, uns und unsere gemarterten Lieben zu rächen, war das einzige, worauf es ankam.

In diese Gedanken verloren, verbrachten wir die lange Nacht, bis der Zug langsamer wurde und in den Bahnhof einfuhr. WARSCHAU – wir fuhren an dem Schild vorbei, und schließlich hielt der Zug. Wir stiegen aus und gingen den Bahnsteig herunter bis zum Ausgang.

Wir hatten unser Ziel mit einiger Hoffnung und jetzt auch mit neuer Erwartung erreicht. Wir konnten nicht ahnen, daß uns in Warschau eine ganz andere Zukunft bevorstand.

Elftes Kapitel
Wieder in Warschau

Früh am Karfreitagmorgen April 1943 erreichte der Zug Warschau. Es schienen ungewöhnlich viele Polizisten im Bahnhof
zu sein; auf dem Bahnsteig, in den Wartesälen, überall. Wir
nahmen keine Notiz von ihnen, sondern ließen uns von der
wogenden Menge treiben, zum Bahnhof hinaus auf eine der
Prachtalleen Warschaus, den Boulevard Aleje Jerozolimskie.
Aber kaum hatten wir uns hundert Meter vom Bahnhof entfernt, wurden wir von zwei Männern in Zivil angehalten.
Ohne ein Wort zu sagen, übergaben sie uns einigen unifor-
mierten Polizisten. Immer noch ohne Erklärung dirigierten
diese uns zum Polizeirevier auf der anderen Seite des Platzes.
Auf unsere Proteste und Fragen gingen sie nicht ein.

»Es muß mein jüdisches Aussehen sein«, flüsterte Mati mir
leise zu.

Verdrossen sagte ich: »Wir geben nichts zu, verstanden?«
Sie nickte zustimmend. Jetzt, da Juden kämpften, wollten
auch wir uns wehren. Die Erregung durch die Gefahr steigerte unseren Überlebenswillen.

Immer noch ohne ein Wort der Erklärung führte uns ein
Zellenwärter in einen kleinen Raum und sperrte uns ein. Wir
mußten lebenswichtige Entscheidungen treffen und hatten
wenig Zeit. Wir besaßen die Adressen einiger Juden, die mit
falschen Papieren in Warschau lebten; Eduard hatte sie uns
zum Abschied von unserem letzten Zufluchtsort, Lwów, mit-
gegeben. Diese Leute sollten uns mit der polnischen Untergrundbewegung in Verbindung bringen. Zuallererst zerrissen
wir das Papier, worauf wir diese Informationen geschrieben
hatten, und verschluckten es. Es erleichterte uns, daß diese
Leute nicht mehr durch uns gefährdet waren, und wir sahen
unserem Verhör etwas ruhiger entgegen.

Es fand sehr bald statt. Wir wurden von einem Beamten
verhört, der die Uniform der polnischen Staatspolizei trug.

Er fing verhältnismäßig freundlich an. Aber da wir alles hart-
näckig leugneten, verlor er bald die Geduld:

»Daß Sie beide Jüdinnen sind, ist klar genug.«

»Nein, das stimmt nicht.«

»Woher kommen Sie?«

»Aus Lwów.«

»Warum sind Sie nach Warschau gekommen?«

»Auf Urlaub, wir wollen die Ostertage genießen.«

»Alles Lügen«, rief er aus. »Sie sind aus dem Ghetto geflohen, wie Ratten von einem sinkenden Schiff. Ihre Sorte
greifen wir überall auf.«

»Mit solchen Leuten haben wir überhaupt nichts zu tun.
Wir wissen nichts davon.«

Und so ging es weiter, zwei Stunden lang; er stellte Behauptungen auf, die wir leugneten. Es gelang uns, den Anschein wachsender Empörung über diese »unbegründeten«
Anschuldigungen zu erwecken: »Schämen sollten Sie sich,
daß Sie auf diese Weise Ihren polnischen Schwestern den Karfreitag verderben. Wir sind nur hergekommen, um die Aufer-
stehung unseres Heilands zu feiern.«

Sarkastisches Gelächter unterbrach mein Reden: »Wen besuchen Sie in der Stadt? Wo wohnen Sie?«

»Wir kennen niemanden hier. Wir wollten in ein Hotel gehen und uns die Sehenswürdigkeiten anschauen. Allerdings –
wenn wir gewußt hätten, wie gefährlich unsere Hauptstadt
für christliche Frauen sein kann, wären wir woandershin gegangen. Wer hätte je gedacht, daß ein Landsmann so mit uns
umgehen würde?«

Seine einzige Reaktion auf unsere Beschwerden war eine
zunehmende Gereiztheit.

»Im Gestapo-Hauptquartier würden Sie ein anderes Lied
singen. Dort werden sie Seife aus Ihnen machen.«

»Schön! Also, wenn gute polnische Christinnen von den
Deutschen zu Seife gemacht werden, dann ist es ja wohl besser, wenn wir alle schmachvoll aufgeben.«

Voller Wut begann er zu schreien: »Hört endlich auf, die

Unschuldigen zu spielen, ihr Weibsbilder!« Er zeigte auf Mati und fuhr fort: »Selbst in einer Menschenmenge würde ich dich jederzeit als Jüdin erkennen.« Dann wandte er sich an mich: »Hör zu, Blondchen, vielleicht bist du eine Christin, aber du wirst dein Fett abkriegen, weil du dieses jüdische Weibsbild versteckst. Du kennst das Gesetz: Todesstrafe für jeden, der Juden deckt. Paßt auf, ich werde euch ein paar Minuten allein lassen. Wenn ich zurückkomme, will ich die Wahrheit hören!« Er stampfte, die Tür hinter sich zuschlagend, aus der Zelle.

Wir waren zwar erschöpft, schworen uns aber, selbst dann weiterzukämpfen, wenn die Gestapo mit ins Spiel käme. Solange wir leugneten, würde man uns nichts nachweisen können.

»Aber wenn wir gefoltert werden?« fragte Mati.

»Sollen sie uns doch töten. Keine leichten Erfolge mehr.«

Eine halbe Stunde später öffnete sich die Tür, und ein anderer Beamter händigte uns ein vorgedrucktes Formular aus, das wir unterschreiben sollten.

»Wir haben keine Beweise, daß Sie Juden sind, also unterschreiben Sie einfach dieses Formular – und Sie sind frei.«

Das war so einfach, daß wir vermuteten, es müsse irgendein Trick dahinterstecken: »Worum handelt es sich bei diesem Papier?«

»Es handelt sich nur um eine Formalität«, antwortete er mit einschmeichelnder Stimme.

»Wir unterschreiben nichts, was wir nicht von Anfang bis zum Ende durchlesen können. Dann erst unterschreiben wir, verstehen Sie?«

Der Polizist warf uns das Papier zu: »Es ist nur eine lächerliche Formalität.«

Aber als wir es lasen, begannen wir zu lachen: »Ja, es ist nichts. Nichts als unser Zugeständnis, daß wir im Sinne Ihrer Anklage schuldig sind.« Mati schob dem Mann das Papier wieder hin.

»Wie können Sie verlangen, daß wir solche Lügen unterschreiben? Wir können doch nicht zugeben zu sein, was wir nicht sind.«

»Nun gut. Ihr beide seid zu klug zu eurem eigenen Schaden. Wir werden euch bald woanders hinschicken.«

»Wohin?«

»Ins Hauptquartier der Gestapo.«

»Ausgezeichnet«, antworteten wir. »Vielleicht werden die Deutschen im Gegensatz zu unseren polnischen Brüdern die Situation begreifen.«

Der Polizist drehte sich um und ging fort, aber die Tür zur Zelle blieb offen. Hereinkam ein Mann in Zivilkleidung, offensichtlich ein Kriminalpolizist, und führte uns in ein Büro nebenan.

»So, meine Damen. Bitte geben Sie mir jetzt Ihre Adressen in Lwów und sagen Sie mir, wo Sie dort gearbeitet haben.«

Es blieb uns nichts anderes übrig, als die Wahrheit zu sagen, und zwar umgehend.

»Danke. Wenn Sie nichts dagegen haben, werde ich jetzt ein paar Anrufe tätigen, um Ihre Angaben zu kontrollieren.«

»Wir haben selbstverständlich nichts dagegen, tun Sie nur Ihre Pflicht!« Als ich so antwortete, war meine Zuversicht jedoch auf den Nullpunkt gesunken. Jetzt wußten wir: Das Spiel war aus. Das deutsche Krankenhaus in Lwów würde unser Schicksal besiegeln. Der Kriminalpolizist hob den Hörer ab, um das zuständige Gestapo-Hauptquartier anzurufen. Der Gang der Unterhaltung paßte ihm offensichtlich nicht, denn Ferngespräche über nichtmilitärische Angelegenheiten waren nicht erlaubt. Über solche Fragen war an Ort und Stelle zu verhandeln. »Aber bei Frauen kann man es schwer feststellen.« Er nickte. »Ich verstehe schon, aber sie behaupten, sie seien Nichtjüdinnen.« Dann schüttelte er den Kopf: »Nein, wir sind noch nicht fertig. Wir müssen noch einige Schritte unternehmen, um festzustellen, ob sie die Wahrheit sagen.« Er hängte ein und wandte sich wieder an uns: »Zurück in die Haft, meine Damen!«

Mittlerweile war es Nachmittag geworden, und wieder öffnete sich die Tür der Zelle, wir erkannten den Mann, der uns verhört hatte, mit ihm war ein neues Gesicht gekommen: Es war einer der Männer, der uns außerhalb des Bahnhofs festgenommen hatte. Dieser Mann in Zivil entpuppte sich als Ukrainer. Beide sprachen ein paar Worte miteinander; dann ging der uniformierte Polizist hinaus. Er kam einen Augenblick später mit einem Priester zurück. Offenbar wollte man uns den Katechismus abfragen.

Heimlich lächelten Mati und ich uns an. Die Jahre im polnischen Schulsystem hatten uns ausreichend auf diese kleine Prüfung vorbereitet. Schlicht und fehlerlos beantworteten wir alle Fragen, die das Ritual und die Gebete betrafen; aber vielleicht waren wir zu gut bewandert, denn der Priester wandte sich an den verhörenden Beamten und runzelte die Stirn:

»Diese beiden haben ihren Katechismus zu gründlich gelernt.« Damit entfernte er sich.

Die anderen fingen wieder von vorn an: »Jetzt geben Sie mir die Adresse von jemandem, der in Warschau für Sie bürgen kann. Aber es muß jemand sein, der Sie vor dem Krieg gekannt hat. Dann werden wir Sie gehen lassen.«

»Aber ich habe Ihnen doch gesagt, daß wir von Lwów kommen. Hier kennen wir niemanden. Rufen Sie doch einfach unsere Familien und unsere Arbeitgeber in Lwów an!« Das Unmögliche vorzuschlagen war einfach.

Der uniformierte Polizist sah mich an und wies zur Tür: »Sie kommen mit mir.« Er nahm mich in die Nachbarzelle mit und sagte mir, ich solle mich setzen. »Hören Sie, wir wissen, daß Sie keine Jüdin sind. Aber warum decken Sie die andere? Sagen Sie uns die Wahrheit, und wir werden Sie gehen lassen.«

»Aber ich kann doch nicht lügen. Sie ist wie ich ein christliches Mädchen aus einer guten, schon immer christlichen Familie.«

Achselzuckend brachte er mich in Matis Zelle zurück, und wir wurden für den Rest des Tages eingeschlossen. Nachts verlangten sie wieder unsere Unterschrift unter die »Formalität«. Wir weigerten uns weiterhin.

»Mein Herr, wir sind nun schon den ganzen Tag hier, können Sie uns nicht etwas zu trinken geben?«

Bald darauf wurden Kaffee und belegte Brötchen gebracht. Wir waren zu verängstigt, um hungrig zu sein, aber wir taten so, als ob wir heißhungrig wären.

Jetzt versuchten sie es auf andere Art. Mich wollten sie bedingungslos freilassen, aber Mati sollte zurückbleiben.

»Ohne sie gehe ich nicht weg. Sie haben keinen Grund, sie festzuhalten.«

Mati flüsterte mir zu. »Geh. Nimm das Geld. Geh nach Krakau. Sag Frania, was mit mir geschehen ist.«

»Sei still! Gemeinsam werden wir überleben – oder sterben.« Sie gab nach, und wir bereiteten uns auf eine lange Nacht vor. Aber etwas später kam ein neuer Offizier herein, nahm Mati mit hinaus und verschloß die Tür. Eine Stunde später kam er mit Mati zurück.

»Ich heiße Stach«, sagte der Polizist. »Ihr könnt beide gehen.« Wir dachten, es könnte wieder eine neue List sein, aber der Beamte führte uns aus der Zelle durch das Büro und auf die Straße. Wir waren wirklich frei.

Als wir durch die dunklen und leeren Straßen gingen, konnte ich mich kaum mehr zurückhalten: »Heraus mit der Sprache: Was ist geschehen?«

Mati fing an, mir eine unglaubliche Geschichte zu erzählen. »Also, Stach holte mich aus der Zelle und führte mich auf die Straße. Wir gingen ein Stück weit bis zu einer Bar, die er anscheinend kannte, sie liegt an der Aleje Jerozolimskie. Er sagte mir, ich solle warten, und er ging hinein. Ich muß wohl eine ganze Stunde dort gestanden haben. Da niemand aufpaßte, hätte ich wohl nach einigen Minuten davonlaufen und versuchen können, in der Menge unterzutauchen, aber sie hatten ja noch dich, und außerdem, was wäre geschehen, wenn es nur wieder ein neuer Polizeitrick gewesen wäre? Wenn ich davongelaufen wäre, hätten sie gewußt, daß sie doch recht gehabt hatten. Also tat ich, was er mir gesagt hatte. Ich blieb einfach stehen. Auf einmal kam dieser Polizist wieder heraus. Das erste, was er sagte, war: ›Gut, jetzt haben Sie mich überzeugt. Wären Sie eine Jüdin gewesen, wären Sie weggelaufen. Aber Sie blieben stehen. Jetzt gehen wir zurück zur Zelle. Sie und Ihre Freundin sind frei.‹ Das ist alles.«

Ich hörte mir Matis Geschichte ungläubig, voller Erleichterung und Dankbarkeit an. Aber kaum war sie mit ihrer Geschichte zu Ende, sah ich mich mißtrauisch um. Wahrhaftig, hinter uns in der Dunkelheit war Stach, er beobachtete uns nicht nur, sondern war im Begriff, uns einzuholen. Noch bevor ich Mati warnen konnte, daß unsere Gnadenfrist vorbei war, holte er uns ein.

»Sie überlegen sicher, wo Sie heute abend bleiben werden. Gestatten Sie mir, Ihnen behilflich zu sein. Ich kenne eine hübsche Unterkunft in einer Privatwohnung, wo man Ihnen keine Fragen stellen wird.«

Wir waren wie vom Donner gerührt und konnten kaum sprechen. Irgendwie hatten wir aber das Gefühl, daß Stach ein Freund sei. Wir mußten es riskieren. Unsere Ahnung trog nicht, wie festzustellen wir noch mehrfach Gelegenheit hatten. Obwohl er es nie zugab, hatten wir allen Grund anzunehmen, daß der Offizier Stach Verbindungen zum Untergrund hatte und von diesen Leuten als Spitzel ins Polizeirevier eingeschleust worden war.

Das Zimmer, das er für uns bereit hatte, war so wie beschrieben, und nach einer durchschlafenen Nacht wagten wir uns hinaus auf die Straße. Wir erfuhren, daß im Ghetto noch immer gekämpft wurde; Juden nahmen Deutsche mit ins Grab. Aber die Schlacht war beinahe vorüber, und es hatte für uns keinen Sinn mehr, unser Leben zu opfern. Als wir weitergingen, konnten wir Lastwagen mit verwundeten Deutschen vorbeifahren sehen: für uns ein nahezu weihevolles Schauspiel.

Eine Woche verging, und das Ghetto war immer noch nicht besiegt. Wie lange würde es sich noch halten können? Verzweifelt suchten wir jemanden, der uns würde sagen können, wie alles stand. Alle Eingänge waren verriegelt, es gab keine Möglichkeit hineinzukommen. Es blieb uns nur, unseren Aufenthalt in Warschau zu legalisieren; dazu brauchten wir wieder einmal eine Aufenthaltsbewilligung und Arbeit. Da wir wußten, daß man uns vielleicht noch verdächtigte, machten wir keinen Gebrauch von den Adressen, die wir in Lwów bekommen hatten.

Zuerst ging ich in das Paßbüro des Generalgouvernements. Während meines letzten Aufenthalts in Warschau, bevor ich nach Lwów zurückgekehrt war, hatte ich eine Kennkarte beantragt. Ich hatte im dortigen Paßbüro einige durchaus echte Dokumente zurückgelassen, darunter einen gültigen Geburtsschein, der auf den Namen lautete, unter dem ich zuerst nach Warschau gekommen war: Bronislava Panasiak. In der Hoffnung, daß man meinen Antrag bearbeitet und für mich zurückgelegt hatte, stellte ich mich dort vor. Es war natürlich ohne weiteres möglich, daß man meine wahre Identität entdeckt hatte und daß die Gestapo nur noch auf mein Erscheinen wartete. Aber ich brachte es fertig, direkt in die Höhle des Löwen zu marschieren, dann wieder hinaus: mit Erfolg. Alles, was ich tun mußte, war, eine Empfangsbestätigung für ein Dokument zu unterschreiben, das vom deutschen Generalgouvernement ausgestellt war – gültig bis 1948! Ich war nun so legal, wie überhaupt nur möglich.

Matis Stellung war nicht so sicher. Alles, was sie vorweisen konnte, waren ihre etwas dubiosen Ausweise, die einer strengen Prüfung, wie sie etwa für die Kennkarte vorgeschrieben war, nicht standhalten würden. Die Untersuchungen waren jetzt viel gründlicher als vor sechs Monaten, als ich meinen Antrag gestellt hatte. Was sie brauchte, waren neue Ausweise, einschließlich eines Geburtsscheins, die strengeren Kontrollen standhalten würden. Also traten wir mit »unserem« Polizisten Stach in Verbindung. Er war gern bereit, uns jemanden zu nennen.

»Diesem Mann können Sie vertrauen«, sagte Stach. »Er

kann Ihnen einen ganzen Satz Dokumente, einschließlich einer Kennkarte, gegen eine geringe Gebühr beschaffen.«

Die Summe konnte man kaum »gering« nennen, aber bald danach besaß Mati eine neue Identität: Maria Bielska. Der neue Vorname gefiel ihr, und seit der Zeit heißt sie »Maria« – bis heute.

Nun, da wir beide unsere Dokumente beisammen hatten, machten wir uns auf die Suche nach einer neuen Wohnung. Aus Sicherheitsgründen entschieden wir uns dafür, nicht zusammen zu wohnen. Ich fand fast unmittelbar darauf ein Zimmer an der Aleje Niepodleglosci, der Unabhängigkeits-Allee, bei einer Witwe. Und ebenso schnell verlangte der Hausverwalter meine Ausweise, um mich bei der Polizei anzumelden. Er untersuchte sie genau und sah mir dann gerade ins Gesicht. Ich wußte nicht, was er sich dachte, aber als er sie mir zurückgab, sagte er: »So weit – so gut. Aber sorgen Sie dafür, daß keine verdächtigen Menschen Sie besuchen.«

Ein Zimmer für Maria zu finden, war nicht so einfach. Da sie nicht meine blonden Haare und meine blauen Augen hatte, sah sie verdächtig aus und wurde mehrfach abgewiesen.

Die ehrlicheren Wirtinnen sagten: »Ihre Papiere scheinen echt zu sein, aber in der heutigen Zeit können wir kein Risiko eingehen.« Das einzige, was ihr blieb, war, ein Bett in einem anrüchigen Haus in der Nähe des Ghettos zu mieten. Sie verbrachte einige Nächte dort mit Prostituierten und anderen Leuten von der Straße. Ich hatte furchtbare Angst um sie, obwohl diese Leute sich als freundlich und rücksichtsvoll erwiesen.

Eines Tages erschien Maria in meinem Zimmer. Sie sah wirklich erschrocken aus. Morgens, als sie ihr Zimmer verließ, lief eine Gruppe von Kindern, manche nicht älter als zehn oder zwölf Jahre, hinter ihr her und rief: »Schaut euch diese Jüdin aus dem Ghetto an! Ha! Wo ist Ihr Armband, meine Dame?«

Langsam sammelte sich eine Menschenmenge. Maria beschloß zu handeln, bevor die Leute mißtrauisch wurden. Sie ging auf die Schlingel zu, faßte einen am Arm und begann, ihn mit sich zu schleppen.

»Wohin bringen Sie mich?«

»Zur Polizei, wo ich dich wegen Belästigung anzeigen werde«, antwortete Maria. Daraufhin begannen die jüngeren Kinder davonzulaufen. Die älteren schlugen vor, sie solle ihnen fünfzig Zloty dafür zahlen, daß sie sie in Ruhe ließen. Daraufhin wandte sich Maria an die Umstehenden: »Hat jemand einen Polizisten gesehen? Diese Bande gehört unschädlich gemacht.« Als sie diese Worte hörten, beschlossen die Halbwüchsigen, lieber auseinanderzugehen, und Maria blieb allein zurück. Sie schimpfte auf die Zuschauer ein, die nach der Aufregung abzogen. Einige blieben zurück, um sie zu bemitleiden: »Tatsache ist aber, daß Sie semitisch aussehen, meine Dame!« Mit einem wütenden Blick beendete Maria diese Unterhaltung und entfernte sich.

In meinem Zimmer bekam sie einen Nervenzusammenbruch und begann zu weinen. Es war wirklich zu schwer, gegen die Deutschen und gleichzeitig gegen unser eigenes Volk zu kämpfen, das für ein paar Zloty bereit war, uns zu denunzieren.

Wir hatten noch immer keine Stellung, und unser Geld wurde knapp. Aber wieder machten wir uns auf die Suche nach einem Zimmer für Maria. Diese Bemühung endete in der Wohnung eines polnischen Marineoffiziers. Es war eine sichere Gegend, nur einen Block weit von meinem Zimmer entfernt.

Nachdem sie ihre Anfangsmiete bezahlt hatte, blieb kein Geld übrig, und es war lebenswichtig für uns, eine Anstellung zu finden. Eines Abends, am Ende eines Tages, an dem wir ergebnislos Zeitungsanzeigen nachgegangen waren, stiegen wir in eine Straßenbahn, froh darüber, nach Hause fahren zu können. Aber als sich die Bahn in Bewegung setzte, verlor Maria in der Menge ihr Gleichgewicht. Dabei flog ihre Handtasche, die sie unter dem Arm getragen hatte, aus der Straßenbahn auf die Straße. Die Bahn war ohne Türen. Ohne nachzudenken, sprang Maria hinten ab, der Tasche und ihren Papieren nach. Das Risiko, sich zu verletzen, war nichts gegen das Risiko, ihre Papiere zu verlieren. Als die Bahn endlich anhielt, sprang ich hinaus und lief zu der Stelle zurück, wo Maria abgesprungen war. Von Passanten umringt lag sie auf dem Pflaster. Sie blutete stark, ihre Tasche hatte sie fest im Griff. Anfangs war es schwer festzustellen, ob sie überhaupt noch am Leben war.

Ich half ihr, eine nahegelegene Apotheke aufzusuchen; dort leistete man Erste Hilfe. Der Apotheker gab mir die Adresse eines Arztes. Da wir kein Geld hatten, ihn zu bezahlen, zögerte ich. Aber da ich nicht wußte, wie schwer ihre Verletzungen waren, blieb keine andere Wahl, als ihn aufzusuchen.

Der Arzt erwies sich als ein älterer, sehr freundlicher Herr. Er untersuchte Maria, fertigte eine Röntgenaufnahme an und stellte fest, daß sie ein gebrochenes Nasenbein und möglicherweise eine Gehirnerschütterung hatte. Er verordnete Bettruhe.

»Ihre Nase kann ich nicht behandeln, aber machen Sie sich keine Sorgen, sie wird von selbst heilen.«

»Es tut mir leid, Herr Doktor«, entschuldigte ich mich, »aber wir haben nichts, womit wir Sie bezahlen könnten. Ich verspreche Ihnen, sobald wir etwas ...« Das verstehende Lächeln des alten Mannes unterbrach mich mitten im Satz.

»Das macht gar nichts, meine Damen. Geben Sie mir jetzt bitte Ihre Adresse.« Er wandte sich an Maria: »In ein oder zwei Tagen werde ich bei Ihnen vorbeischauen und Ihnen etwas Medizin bringen, damit Sie schnell wieder gesund werden.« Er muß gewußt haben, wer wir waren, und wollte uns zeigen, wie sehr er sich Sorgen machte um uns. Aus Dankbarkeit hätte ich ihn beinahe geküßt, als wir ihn verließen.

Wir bestiegen eine andere Straßenbahn und erreichten endlich Marias Wohnung. Aber als die Frau des Kapitäns ihr verletztes und geschwollenes Gesicht sah, bekam sie es mit der Angst zu tun: »Es tut mir leid, aber Sie müssen ausziehen, auf der Stelle.«

»Bitte, in diesem Zustand können Sie sie doch nicht vor die Tür setzen! Lassen Sie sie doch wenigstens noch ein paar Tage bleiben.« Ich flehte die Frau unter Tränen an, so daß sie mich schließlich verlegen ansah und nachgab.

»Also gut: noch ein paar Tage.«

Maria war sehr krank, außerdem war kein Geld vorhanden – und wir hatten nichts zu essen. Ich klapperte regelmäßig die Hilfsorganisationen ab, die Essen an arme und arbeitslose Polen verteilten. Es gelang mir auch tatsächlich, jeden Abend für Maria eine heiße Suppe und einige Kartoffeln mitzubringen. Ich traute mich nicht, selbst davon zu essen. Für zwei Personen reichte es nicht.

Eines Tages sandte ich aus lauter Verzweiflung ein Telegramm an Frania nach Lwów in der Hoffnung, daß sie etwas Geld schicken könnte. Als ich voller Sorge über unsere Zukunft und ziemlich hoffnungslos vom Postamt zurückkehrte, näherten sich mir zwei Polizisten. Sie sprachen mich an, aber ich ging einfach weiter. Einer von ihnen holte mich jedoch ein und ging Seite an Seite mit mir weiter.

»Na, was ist los, sind Sie Jüdin? Mir können Sie es ruhig sagen.«

Ich antwortete ihm nicht, und da er offenbar beschlossen hatte, weiterhin neben mir herzugehen, beschloß ich, nicht zu Maria, sondern in meine eigene Wohnung zu gehen. Sehr bald folgte die Erpressung. Aber ich hatte kein Geld, das ich ihm hätte geben können, daher bestand er darauf, mich in mein Zimmer zu begleiten, um so ganz sicherzugehen. Inzwischen war mir ziemlich gleichgültig geworden, was mir bevorstehen könnte, und so führte ich ihn in mein Zimmer. Glücklicherweise war meine Wirtin nicht da. Der Polizist durchsuchte alles sehr gründlich. Als er nichts fand, nahm er meinen besten Mantel und schnitt ihn auf, offenbar in der Hoffnung, im Futter Gold oder Edelsteine zu finden. Schließlich zog er mir die Uhr vom Handgelenk und entfernte sich angeekelt. Ich hatte mir jedoch seine Dienstnummer gemerkt, die ich später Stach bekanntgab. Merkwürdigerweise war der Polizist nicht daran interessiert gewesen, mich bei der Gestapo anzuzeigen.

Ich gönnte mir eine Stunde Erholungspause, um mein Gleichgewicht wiederzugewinnen; dann ging ich meine Freundin besuchen. Es ging ihr schlechter als zuvor; sie hatte hohes Fieber und Kopfschmerzen. Ich brachte es nicht über mich, ihr den Grund für mein langes Ausbleiben mitzuteilen. Kurz nach meiner Ankunft kam Marias Arzt, brachte ihr Medizin und gab ihr eine Injektion. Dies war nur einer von mehreren Besuchen, die er machte, ohne jemals Bezahlung oder irgendwelche Auskünfte zu verlangen.

Maria begann sich nach und nach, sehr langsam allerdings, zu erholen. Ihr Gesicht war jedoch immer noch stark geschwollen. Als sie anfing, sich etwas in der Wohnung zu bewegen, drängte ihre Wirtin darauf, daß sie auszog. Ungefähr zur gleichen Zeit fing meine eigene Wirtin, eine Witwe, damit an, mich fühlen zu lassen, daß ich ihr nicht mehr willkommen sei. Schließlich behauptete sie, daß sie mein Zimmer für ihre Nichte, die nach Warschau kommen wolle, benötige. Wir brachen daraufhin unsere Stellungssuche ab und machten uns wieder auf die Suche nach einer neuen Unterkunft. Wir durchforsteten die Nachbarschaft und erkundigten uns in den Geschäften, ob vielleicht irgendwo ein Zimmer zu vermieten sei. Viele Leute dürften sich über uns zwei verlorene junge Frauen, die eine mit einem blutunterlaufenen Gesicht, gewundert haben. Aber niemand denunzierte uns als Juden oder als Ghettoflüchtlinge. Eines Tages bot der Besitzer eines Friseursalons in der Rakowieka-Straße Maria sogar an, sie in seinem Geschäft wohnen zu lassen. Seine einzige Bedingung war nur, daß sie spät kommen und früh weggehen solle, bevor seine Angestellte sie sehen könnte. Maria verbrachte einige Nächte in diesem Laden und wurde nie gebeten, dafür zu bezahlen. Dieser Friseur fand für sie sogar eine ständige Wohnung in Mokotow, einem Vorort Warschaus. Es war dies ein verhältnismäßig sicheres Wohnviertel. Das einzige Problem war, daß ihr Zimmer sich im selben Gebäude befand wie das Polizeirevier. Das aber erwies sich als Glücksfall, denn niemand, weder Polizei noch Zivilisten, hegte Verdacht, daß diese ziemlich semitisch aussehende Frau, die im Gebäude der Polizeiwache wohnte, auf der Flucht sein könnte.

Unser Friseur, so stellte sich heraus, gehörte der Widerstandsbewegung an. Er war wahrhaftig ein Schutzengel und wachte über Maria aus der Ferne. Er warnte sie auch, nicht zu der Kapitänsfrau zurückzukehren, obwohl sie einige Habseligkeiten dort zurückgelassen hatte. Anscheinend war die Polizei einige Tage nach Marias Auszug dagewesen.

Sie waren aufmerksam geworden, weil der Mann, der ihr ihre Papiere besorgt hatte, sich als ein Doppelagent entpuppte. Als die Untergrundbewegung ihm auf die Schliche kam, erschossen sie ihn. Sobald die Polizei davon erfuhr, machte sie sich auf die Suche nach seinen Klienten.

Kurz darauf wendete sich das Blatt erneut. Zuerst bekamen wir einen eingeschriebenen Brief von Frania, worin sich etwas Geld befand und, was für Maria wichtiger war, gute Nachrichten. Frania hatte erfahren, daß ihr Neffe Menek die Räumung des Ghettos in Kolomyja tatsächlich überlebt hatte. Mit einer Beinverletzung und von den Deutschen als tot aufgegeben, gelang es ihm, die Wohnung einer polnischen Frau zu erreichen, die ihm Unterkunft gewährte. Frau Wojnarowska war eine arme Bauersfrau, die vor dem Krieg wenig mehr getan hatte, als während der Ferien die Zimmerpflanzen der Familie zu pflegen. Trotz des großen Risikos versteckte diese bitterarme Frau einen Fünfzehnjährigen in ihrer Wohnung ohne die geringste Entschädigung. Viel später erzählte uns Menek, wie diese rechtschaffene christliche Frau lebte. Sie konnte überleben, weil sie ukrainische Jungen aus den nahegelegenen Dörfern, die die Schule in Kolomyja besuchten, bei sich aufnahm. Frau Wojnarowska mußte außerordentliche Vorsicht anwenden, damit diese Untermieter von Meneks Existenz nichts erfuhren. Deshalb durfte Menek seine Scheune nie verlassen. Als er eine Lungenentzündung bekam, konnte sie nicht nach einem Arzt schicken. Sie pflegte ihn, so gut sie konnte, selbst. Gelegentlich holte Frau Wojnarowska ihn mitten in der Nacht in ihr eigenes Zimmer, um ihm Gelegenheit zu geben, sich aufzuwärmen. Aber wenn der Morgen graute und ihre Mieter sich zu regen begannen, brachte sie ihn schnell in die kalte Scheune zurück. Aber wenigstens hatte er eine Überlebenschance.

Jetzt war ich an der Reihe, etwas Glück zu haben. Ich nahm meinen ganzen Mut zusammen und meldete mich beim Arbeitsamt. Dort wurde ich sofort an einen deutschen Beamten verwiesen, einen Herrn Schmidt (Pseudonym), staatlich vereidigter Bücherrevisor. Sein Büro und seine Wohnung befanden sich in ein und demselben Gebäude im besten Stadtviertel. Mein Einstellungsgespräch verlief in jeder Beziehung zufriedenstellend. Deutschkenntnisse waren eine Vorbedingung, um die Stelle zu bekommen, und so mußte ich eine Geschichte erfinden, um zu erklären, weshalb ich so gut Deutsch konnte.

»Vor dem Krieg habe ich studiert. Meine Familie stammt aus dem Osten, und als die Russen die Macht übernahmen, wurde mein Vater nach Sibirien verschickt, und sein Geschäft wurde beschlagnahmt. Dann kamen die Deutschen und befreiten uns. Ich fand keine Anstellung in einem Büro, aber ich möchte gern eine Stelle im Haushalt übernehmen.«

Ich bekam die Stelle und dazu den Titel »Hausdame«. In Wirklichkeit war ich ein besseres Dienstmädchen, sowohl für den Privathaushalt als auch fürs Büro. Herr Schmidt war einigermaßen freundlich, und ich war froh, die Stelle bekommen zu haben. Er war ein bescheidener Mann mit einer jungen hübschen Frau. Seinen Bemerkungen über sie konnte man entnehmen, daß sie sich in Warschau viel zu gut amüsierte und darüber ihren Haushalt und ihr dreijähriges Kind vernachlässigte.

Nachdem ich eingezogen war, war mein erster Gedanke, wie ich es wohl fertigbringen könnte, Maria hier eine Arbeit zu verschaffen. Ich mußte vorsichtig sein. Sie einfach als Freundin herzubringen würde Verdacht wecken. Diese Art von Verbindungen konnte reihenweise Freunde ins Unglück stürzen, wenn man selber erwischt wurde.

Mein Arbeitgeber und sein Stab waren mit meiner harten Arbeit zufrieden. Ich deutete hin und wieder bescheiden an, wieviel Arbeit es doch zu tun gebe, sowohl in der Wohnung als auch im Büro.

»Wie wäre es, wenn Sie noch ein Mädchen als Putzfrau einstellen würden, Herr Schmidt?«

»Ausgezeichnete Idee, Fräulein Panasiak!« Und er beauftragte noch am selben Tag seine Sekretärin, mit dem Arbeitsamt Verbindung aufzunehmen.

Das hatte ich allerdings nicht eingeplant, und so mußte ich rasch handeln. Als ich von meinen morgendlichen Einkäufen zurückkam, erwähnte ich der Sekretärin gegenüber, daß ich einer jungen Frau in einem Geschäft begegnet sei, die eine solche Arbeit suche: »Gesund, ehrlich aussehend, gute Referenzen. Ich bat sie, morgen zu einem Einstellungsgespräch vorbeizukommen.« Erleichtert, daß sie sich nicht mit dem Arbeitsamt würde herumquälen müssen, gab sie ihr Einverständnis zu dieser Regelung.

Am Abend brachte ich Mati die gute Nachricht, und wir planten unser weiteres Vorgehen. Noch heute erinnere ich mich lebhaft an die Szene, die wir am folgenden Nachmittag aufführten.

Es war Zeit für den Nachmittagstee, einen Arbeitstee, den Herr Schmidt einem Kreis deutscher Beamten offerierte, einschließlich eines Gestapo-Funktionärs. Ich servierte den Tee, seine Sekretärin machte sich gerade Notizen, als die Hausglocke läutete. Ich öffnete die Tür, und herein kam die vorgesehene Putzfrau. Es fiel mir schwer, ernst zu bleiben, als ich sie hereinführte.

Maria spielte ihre Rolle tadellos. Ihr Kleid und ihr entsprechend geschminktes Gesicht gaben ihr genau das Aussehen eines Bauernmädchens, das zum Straßenmädchen geworden war. Mit einem Küchentuch in der Hand stellte sie sich im Eßzimmer vor und nahm dabei eine herausfordernde Haltung ein. Das Bauernmädchen sprach selbstverständlich kein Deutsch. Sie sprach nur Polnisch, und das unmißverständlich mit Unterschichtakzent, wie er zu jemandem paßte, der direkt von den Straßen von Mokotow kam. Ich betätigte mich als »Übersetzerin«.

Maria richtete sich auf und sah flüchtig im Zimmer umher, ihre Augen blitzten, aber in ihrer Haltung blieb sie natürlich. Die Anwesenden begannen in einer Sprache über sie zu sprechen, von der sie annahmen, sie würde sie nicht verstehen.

»Sie ist einfach zu schlampig!«

»Kann sie denn die täglichen Hausarbeiten machen?« fragte uns unser wie immer praktisch denkender Arbeitgeber.

Ich übersetzte das ins Polnische: »Sie wollen wissen, ob Sie arbeiten können.«

»Ob ich arbeiten kann? Zum Teufel noch mal, ja! Ich habe mein Leben lang im Haushalt gearbeitet!«

Einer der Offiziere bemerkte: »Mir kommt sie vor wie eine kleine Diebin.«

»Können wir ihr in einem ordentlichen Haushalt vertrauen?« dachte Herr Schmidt laut nach.

»Wir können es ja versuchen«, tastete ich mich vor. Nun kam die Sekretärin an die Reihe: »Wir sollten eine geeignetere Person suchen.«

»Wenn Sie wollen«, gab ich scheinbar nach. »Aber wir müssen schnell jemanden finden. Die Arbeit ist für mich wirklich anstrengend.«

Maria verfolgte natürlich die ganze Unterhaltung, aber sie zuckte nicht mit der Wimper. Plötzlich fing sie an in ihrem bäuerlichen Polnisch zu sprechen: »Bitte, wie haben Sie sich entschieden? Das muß ich sofort wissen. Morgen kann ich eine andere Stelle antreten. Woran liegt es denn? Ich habe an allen möglichen Plätzen gearbeitet – bei Polen, Juden, ja sogar bei Deutschen. Habe viele gute Referenzen. Ich putze die Fenster, wasche die Wäsche, bohnere die Parkettböden, was Sie wollen.« Sie schwieg und sah mich an: »Vorwärts, sagen Sie es ihnen!«

Dann sprach mein Arbeitgeber: »Sag ihr, Bronia, sie soll in der Küche warten.«

Nachdem ich sie hinausgeschickt hatte, machte einer der Gäste eine Bemerkung über ihr zweifelhaftes Aussehen: »Haben Sie den ausweichenden Blick gesehen? Ich wette darauf, daß sie ein leichtes Mädchen ist. Für ein paar Zloty würde sie bestimmt mit jedem ins Bett gehen.« In gespielter Prüderie drehte ich meinen Kopf weg.

Nach weiterem Reden machte jemand folgenden Vorschlag: »Man könnte sie doch für einen Monat einstellen, um zu sehen, wie sie sich bewährt. In der Zwischenzeit können Sie sich ja nach einer geeigneteren Person umsehen.«

Ich ging in die Küche zurück mit dem Auftrag, ihr zu sagen, daß sie vorübergehend eingestellt worden sei. Als ich die Tür sicher hinter mir geschlossen hatte, lief ich auf Maria zu, umarmte sie innig und erstickte fast vor Lachen.

»Was ist denn da passiert?«

»Nun, sie kamen zu dem Schluß, daß du wahrscheinlich eine Prostituierte bist, und haben dich probeweise für einen Monat eingestellt.«

»Sollen sie mich doch nennen, wie sie wollen – Diebin, Hure, alles, was sie wollen. Nur nicht Jüdin!«

Als Belohnung für ihren Auftritt bekam Maria die Stelle und ein Zimmer hinter der Küche, beides wesentliche Voraussetzungen für ein Überleben in Warschau. Natürlich mußten wir Tag und Nacht voneinander Abstand halten. Dem Anschein nach blieben wir Hausdame und Dienstmädchen. Ich sprach sie mit »Maria« an, und sie sprach mich in der Höflichkeitsform an, blieb aber dabei das grobe und laute Bauernmädchen. So konnte sie am besten ihr semitisches Aussehen wettmachen. Sie fing sogar damit an, die Hemden der Büroangestellten zu »ihrer Mutter« in Mokotow mitzunehmen, die sie, wie Maria sagte, zu einem Sonderpreis wüsche. In Wirklichkeit ließ sie sie in der besten Wäscherei waschen und zahlte die Differenz aus der eigenen Tasche – alles nur, um ihre Rolle glaubhafter darzustellen.

In dieser Wohnung und in diesem Büro konnten wir uns für einige Zeit der Ruhe und Sicherheit niederlassen. Es war die längste und beste Phase, die wir auf der arischen Seite verbrachten. Die Familie und die Angestellten begannen, sich an uns zu gewöhnen, an die »Hausdame« und an das »Dienstmädchen«. Für uns aber war es gut, uns im Hintergrund zu halten und Teil der Umgebung zu werden. Erst später entdeckten wir, warum uns die meist polnischen Angestellten so bereitwillig als Teil der Gemeinschaft akzeptierten.

Als wir diese Männer und Frauen besser kennenlernten, begannen wir den Verdacht zu hegen, daß viele von ihnen »Ultra-Polen« seien, das heißt polnischer als die übrigen Polen. In Wirklichkeit waren es Juden, die wie wir mit falschen Papieren und durchsichtigen »Verkleidungen« lebten. Mein Verdacht wurde schließlich bestätigt, als ich einen von Herrn Schmidts neuen Angestellten kennenlernte. Es war ein junger Mann, den ich vor dem Krieg gekannt hatte, Bernie Stern. Wir waren in derselben Stadt aufgewachsen. Er hatte mit mir Jura an der Jagiellonischen Universität in Krakau studiert.

Bernie war ziemlich erschüttert, als er mich das erste Mal traf. Alles was er tat, als er an mir vorüberging, war, seinen Namen zu murmeln. Ich tat dasselbe. Später teilte ich Maria meine Entdeckung mit, und wir kamen überein, daß die, die davon wußten, nicht weiter in die Sache dringen sollten. Bernie blieb Herr Brezinski und hielt sich von der Küche fern.

Da es zu meinen Pflichten gehörte, das Mittagessen für die Angestellten vorzubereiten, und Maria mir beim Servieren half, lernten wir bald die meisten von ihnen kennen. Aber jeder blieb auf der eigenen Seite der beruflich-häuslichen Grenzlinie.

Einer der Angestellten jedoch erweckte unsere besondere Aufmerksamkeit. Er hatte einen ausgesprochen nichtjüdischen Namen, Stelmachowicz, und einen verhältnismäßig hohen Posten als Assistent des Direktors. Dennoch verriet er uns durch sein Benehmen, daß er einer der unseren war. Beinahe übereifrig setzte er sich manchmal zwei Stunden früher an seine Arbeit, auf die er sich dann ausschließlich konzentrierte. Er war ein Nervenbündel und zuckte bei dem geringsten unerwarteten Geräusch zusammen. Maria beobachtete ihn vom ersten Augenblick an.

Später, als wir Freunde geworden waren, erfuhren wir, daß seine Nervosität gute Gründe hatte. Stelmachowicz – oder vielmehr Pan Mieczyslaw – war aus dem Vernichtungslager Treblinka entkommen. Er war dorthin mit einem Lastwagen-Konvoi voller Menschen gekommen, die genau wußten, was ihnen bevorstand. Als sie sich auszogen, bevor sie in die Gaskammern gingen, warfen sie ihre Kleider in die Lastwagen, mit denen sie gekommen waren. Stelmachowicz gelang es, sich unter einem großen Kleiderhaufen zu verstecken. Die Wachen kannten diesen Trick, und einer schwang sich auf den Lastwagen mit einer Gabel und stach mehrmals in die Haufen. Stelmachowicz wurde dabei schwer am Bein verletzt. Aber er unterdrückte seine Schreie und wurde nicht gefunden. Spät in der Nacht kroch er aus dem Lastwagen und floh in die nahegelegenen Wälder. Tagsüber versteckte er sich, und so gelang es ihm, nach Warschau zurückzukehren, wo er vorübergehend von nichtjüdischen Freunden aufgenommen wurde.

Es dauerte lange, bis er sich uns zu erkennen gab. Obwohl er ständig Angst davor hatte, entdeckt zu werden, empfand er wohl instinktiv, daß ich eine Jüdin sei, und fing an, mir bei Kleinigkeiten behilflich zu sein. Manchmal nahm er meinen Besen oder mein Putztuch, verrichtete damit meine Arbeit und verschaffte mir dadurch eine kurze Pause. Aber er fürchtete Maria. Vielleicht war sie zu gut verkleidet, aber auf ihn wirkte sie wie eine echte Unterschicht-Polin, jederzeit bereit, ihn zu denunzieren. Ihr Dialekt und ihre lässige Umgangssprache, ihr beharrliches Bestehen darauf, daß er ihr seine Hemden für die Wäscherei ihrer Mutter in Mokotow mitgab, hatten ihn überzeugt. Sie schien eine große Gefahr für ihn und die anderen im Büro zu sein, auch für mich. Er unternahm sogar einiges, um mich vor ihr zu schützen.

Manchmal war die Lebensmittelversorgung des Büros sehr knapp. Gelegentlich sagte man uns, wir könnten uns in einem Warenhaus der Stadt Vorräte besorgen. In diesen Fällen bestand Stelmachowicz darauf, daß Maria ging, um diese uns zugeteilten Lebensmittel abzuholen. Eines Tages erhielten wir aus dem Untergrund die Warnung, die Straßen zu meiden. Die Deutschen planten, junge Polen zusammenzutreiben, um sie zur Zwangsarbeit nach Deutschland zu schaffen. Ausgerechnet an diesem Morgen kam Stelmachowicz in die Küche und forderte Maria auf, in eines der Warenhäuser am früheren Ghetto zu gehen, um einige Eimer Eingemachtes abzuholen. Obwohl die dortige Gegend noch immer sehr gefährlich war, erklärte sich Maria bereit. Sie mußte so tun, als ob ihr das nichts ausmachte. Aber ich sprach lautstark dagegen.

Stelmachowicz verließ mit mir die Küche und führte mich in sein Büro.

»Für Sie ist es heute zu gefährlich auszugehen. Aber das spielt für das Dienstmädchen keine Rolle, sie ist nicht gefährdet.« Meine Worte hatten ihn beunruhigt. Seine offensichtliche Blindheit wunderte mich allerdings, und ich war drauf und dran, ihm die Wahrheit über Maria zu sagen. Aber das konnte ich nicht, ohne mit ihr gesprochen zu haben. Ich kehrte also in die Küche zurück. Maria wollte nichts davon wissen, ihm reinen Wein einzuschenken, zumal er so unwahrscheinlich blind war.

»Warum gebraucht dieser Dummkopf nicht seine Augen? Ein einziger Blick müßte ihn doch vermuten lassen, daß ich eine Jüdin bin.«

»Wir müssen es ihm sagen«, antwortete ich. »Er hat Angst vor dir, und es ist diese Angst, die ihn so blind macht.«

Aber Maria blieb unerbittlich. Und so ging ich, um die Bestellung abzuholen. Einige Monate später weihten wir ihn in Marias Geheimnis ein. Und dann entwickelte sich zwischen uns dreien eine echte Freundschaft. Schließlich verliebte er sich sogar in das Mädchen, vor dem er so verzweifelt Angst gehabt hatte.

Ludmilla war eine weitere Angestellte. Es stellte sich heraus, daß auch sie eine Jüdin war. Sie war jung und schön und vor dem Krieg Schauspielerin in Warschau gewesen. Sie war in der Schweiz erzogen worden. Ludmillas große Liebe war das Kindertheater. Sie hatte nichts dagegen, Zahlen zu kritzeln und die Buchhaltung zu manipulieren, solange sie damit überleben konnte, um dann wieder Schauspielerin zu sein. Ihr Schicksal aber sollte anders verlaufen. Sie opferte ihr Leben auf den Barrikaden als Kämpferin der polnischen Heimatarmee während des Aufstands im Jahre 1944.

Andere Mitglieder der Schmidtschen Bürofamilie ließen uns direkt oder indirekt wissen, daß sie ebenfalls untergetauchte Juden seien. Manchmal konnten wir ihnen ein bißchen behilflich sein.

Die Schmidts hatten in dem Gebäude eine zweite Wohnung. Sie stand leer, aber mir als Hausdame hatte man die Schlüssel gegeben. Mehrmals gelang es mir, sie einzelnen Menschen und sogar ganzen Familien, die in Schwierigkeiten geraten waren, zur Verfügung zu stellen. Meine Kollegen im Büro wußten, daß sie uns ihr Vertrauen schenken konnten, und wenn sie etwas brauchten, kamen sie in die Küche. Niemand sagte jemals mehr als das Notwendigste, und so entstanden freundschaftliche und vertrauensvolle Verbindungen ohne Worte. Manchmal fanden wir ein kleines, aber kostbares Geschenk auf dem Küchentisch oder auf unserem Bett, Parfüm oder ein Stück duftender Seife, was schwer zu bekommen und teuer war. Die beigefügten Zeilen rührten uns zu Tränen. Wir hatten das Gefühl, nicht mehr Angestellte in einem deutschen Haushalt und Büro zu sein, sondern Kameraden in einem gemeinsamen Überlebenskampf.

Gelegenheiten zu helfen mehrten sich, als wir Verbindung mit Juden in der Untergrundbewegung aufnahmen. Es waren hauptsächlich »Bundisten«, Mitglieder der sozialistischen jüdischen Organisation, die den Aufstand im Ghetto überlebt hatten. Manche dienten als Verbindungsleute zu denen, die mit gefälschten Papieren lebten. Andere versteckten Flüchtlinge in sicheren Wohnungen oder wachten über jüdische Kinder, die man in polnischen Institutionen, Waisenhäusern und Privatwohnungen untergebracht hatte. Sie machten eine Wissenschaft aus der Herstellung falscher Papiere, fanden neue Wohnungen für Menschen, die man aufgespürt hatte, unterstützten jene, die durch ihr Aussehen oder durch ihren Akzent einem besonderen Risiko ausgesetzt waren. Sie organisierten Partisanengruppen und schmuggelten bei jeder Gelegenheit Waffen und Lebensmittel in die Konzentrationslager.

Nach dem Fall des Ghettos lernten wir etliche der heldenhaften Kämpfer und Kämpferinnen kennen und begegneten den Familien jener, die bis zum bitteren Ende gekämpft hatten. Mit einigen dieser Menschen schlossen wir dauerhaft Freundschaft. Eine von ihnen war Lodzia, die Frau des Ingenieurs Michal Klepfisz, der einer der Führer des Aufstands gewesen war. Es gab eine junge Frau, die wir unter dem Namen Władka kannten. Man sagte uns, daß sie mit großem Mut Kurierdienste geleistet und Waffen in Konzentrationslager geschmuggelt hatte, aus denen sie wiederum Nachrichten an die Außenwelt herausbringen konnte. Es gab Bolek, seine Frau Ania und seine Schwester Halina, deren Aktivitäten im Untergrund sehr gefährlich und wichtig waren. Und dann war da Henryk, ein Vertreter des Bundes auf der arischen Seite, ein distinguiert aussehender Herr. Aus Sicherheitsgründen kannten wir nur die Vornamen dieser Leute. Sie waren für uns eine große Quelle moralischer Unterstützung.

Oft erfuhren wir von unseren Freunden die Wahrheit über den Stand des Kriegs und über die Welt jenseits davon. Unsere Leute aus dem Untergrund hörten und kommunizierten mit der ganzen Welt, aber niemand hörte auf sie und ihre verzweifelten Botschaften. Eines Tages bekamen unsere Freunde traurige Nachricht aus London: Am 12. August 1943, nach vergeblichen Bemühungen, die Welt über die verzweifelte Lage der Juden in Polen aufzuklären, nahm sich der Vertreter des Bundes in Großbritannien, Schmuel Zygielbojm, auf den Stufen des Parlaments in Westminster das Leben. Diese Nachricht zerstörte jede Hoffnung auf Hilfe aus dem Ausland. Es erwies sich, daß nicht nur der Tod Zygielbojms, sondern auch die Aufstände in den Ghettos von Vilna, Bialystok und sonstwo vergeblich gewesen waren.

Es lag uns viel daran, weitere Mitglieder der jüdischen Widerstandsgruppen kennenzulernen. Vom Verlauf der Kämpfe an der Front wurden wir durch Flugblätter der Untergrundbewegung unterrichtet, außerdem konnten wir mittlerweile zwischen den Zeilen der deutschen Presse lesen. Der Zusammenbruch der deutschen sechsten Armee in Stalingrad am 2. Februar 1943 war für uns ein Zeichen, daß der Anfang vom Ende nicht mehr lange auf sich warten lassen würde – ein Lichtblick für alle, die noch am Leben waren. Sizilien wurde erobert (Juli und August), dann kapitulierte am 8. September Italien. Badoglio nahm Mussolinis Platz ein, die Amerikaner bombardierten Rom. Die Ereignisse überstürzten sich, und wir verbrachten jede arbeitsfreie Minute damit, Nachrichten auszutauschen oder, über ein verbotenes Radio gebeugt, die Nachrichten der BBC im Rauschen und Krachen der Kurzwelle abzuhören. Wurde entdeckt, daß man ein Radio besaß oder Überseenachrichten hörte, drohte einem die Todesstrafe. Aber in dem deutschen Sektor, in dem wir wohnten, wurden die Häuser nicht häufig durchsucht. Um die Wahrheit zu erfahren, wollten und mußten wir das Risiko auf uns nehmen.

Unser eigener Wunsch, anderen, weniger Glücklichen behilflich zu sein, hielt an. Oft konnten wir eine vorübergehende Unterkunft für jemanden finden, der aus der Wohnung geworfen worden war oder sein Geld an einen Erpresser oder seine Stellung an einen eifersüchtigen Polen verloren hatte. Einmal nahm eine junge Mutter Verbindung mit uns auf. Man hatte ihren acht Jahre alten Sohn vor ihrer Tür abgesetzt, als eine ältere Schwester, die das Kind gehütet hatte, von der Gestapo verhaftet worden war. Sie fragte uns, ob wir wohl eine Unterkunft für das Kind finden könnten, bis sie eine dauerhafte Bleibe gefunden hätte. Die Empfehlung kam von unseren Freunden, die wußten, daß wir Zugang zu der unbewohnten Wohnung unseres Arbeitgebers ein Stockwerk tiefer hatten. Wir machten Gebrauch davon und versteckten das Kind einige Tage dort. Manchmal bat man uns, neue Papiere von einem Ort an den anderen zu tragen für Leute, die darauf warteten, wieder in der Öffentlichkeit erscheinen zu können. Eines Tages bat man mich, eine Nachricht zu einer bestimmten Adresse zu bringen. Man sagte mir nicht, wen ich dort treffen würde und weshalb. Ich landete im großen Innenhof des Hotels Polsky. Eine Gruppe von Menschen wanderte dort umher. Ich fragte einen aus der Menge, worauf sie warteten.

»Wir alle sind ausländische Juden mit Pässen. Wir sind hier in Warschau gestrandet und warten auf unsere Ausreisevisa. Wir gehen in die Vereinigten Staaten.«

Wie sehr ich sie beneidete. Hätten wir wohl Chancen, uns in diese Gruppe hineinzuschmuggeln? Ich dachte darüber nach, als ich die Treppen zu der Wohnung hinaufstieg, in die ich bestellt worden war.

Eine junge Frau öffnete die Tür. Hinter ihr stand allerdings ein Gestapo-Offizier in voller Uniform. Als ich vor Schreck einen Schwächeanfall bekam, fing mich die junge Frau auf. Sie nahm meine Botschaft entgegen und schickte mich fort. Ich habe nie erfahren, wen ich getroffen hatte – Freund oder Feind.

Als ich ins Büro zurückkam, zitterte ich immer noch. Ich ging in die Küche und erzählte Maria von den ausländischen Juden, die ich gesehen hatte. Maria lachte nur über meine Fantasien, mich ihnen anzuschließen.

»Sie werden nicht weiter kommen als ins nächste Vernichtungslager.« Sie hatte recht. Bald erfuhren wir, daß man sie alle in Treblinka vergast hatte. Soviel über den Schutz durch einen Paß.

Monate vergingen, ich hatte mich an die Routine der täglichen Hausarbeit gewöhnt, da bekam ich einen Telefonanruf von unserem alten Freund und Beschützer aus Lwów, Eduard. Seine falsche Identität war aufgeflogen, und er befand sich auf der Flucht in Warschau. Wir waren entsetzt über diese Nachricht.

Ich verabredete mich mit ihm auf dem Platz der Drei Kreuze direkt gegenüber dem Hauptquartier der Gestapo. Er hatte sich gänzlich verändert. Er war von jemandem in seiner unmittelbaren Umgebung verraten worden, der ihn bei seinem Vorgesetzten denunzierte, der wiederum umgehend der Gestapo Meldung erstattet hatte. Eduard witterte Unheil, als sein Chef ihn hereinrief, und kletterte in dem Augenblick ins Freie, als die Polizei durch die Haustür hereinkam, um ihn zu verhaften.

Das erste, was er benötigte, war eine Kennkarte mit den zugehörigen Unterlagen. Als wir uns damit zu beschäftigen begannen – er brauchte auch ein Zimmer und eine Arbeitsstelle –, schlug das Schicksal erneut zu. Eduard wohnte in einem zweitklassigen Hotel. Aber nach drei Jahren auf der arischen Seite hatte er das Gespür für Gefahren verloren, das für sein Überleben unbedingt notwendig war. Statt sich zu verstecken, ging er aus. Da er die Verhältnisse auf den Straßen Warschaus nicht kannte, fiel er bald zwei Erpressern in die Hände, die sein Geld verlangten dafür, daß sie ihn nicht an die Gestapo auslieferten. Als Antwort auf seine Beteuerungen, daß er Nichtjude sei, antworteten sie: »Gut, gehen wir mal in die Seitengasse, dort kannst du deine Hosen herunterlassen und es beweisen!« Vor Schreck gab er ihnen einen größeren Geldbetrag.

Nach diesem Zwischenfall mied er die Straßen, soweit er konnte. Er war psychisch zusammengebrochen. Es folgte ein weiteres Mißgeschick. Wir erfuhren davon durch den Anruf eines örtlichen Krankenhauses. Er war mit einem gebrochenen Bein eingeliefert worden. Als wir ihn besuchten, erzählte er uns die ganze Geschichte: Unterwegs zu einer Verabredung mit mir hatte Eduard, so schien es ihm jedenfalls, die zwei Erpresser in einer Straßenbahn wiedererkannt. Bei voller Geschwindigkeit war er von der hinteren Plattform gesprungen und hatte sich dabei den Oberschenkel gebrochen. Mit einem Krankenwagen mußte er ins Krankenhaus gefahren werden. Aber er konnte nicht bleiben. Die Schwestern und Ärzte, die ihn behandelten, wußten, daß er Jude war, und hatten eine panische Angst wegen der Gefahr, in der sie schwebten. Da Maria und ich seine einzige »Familie« waren, griff diese Angst auch auf uns über. Außerdem gab Eduard unsere Telefonnummer anderen Patienten im Krankenhaus, dem Hilfspersonal und Fremden mit der Bitte, uns für ihn anzurufen. Das Personal verlangte von uns, daß wir ihn mit nach Hause nähmen, sonst ...

Schließlich bat uns Eduard, seine deutsche Ex-Frau Katharina anzurufen, die in Tomaszow Mazowiecki arbeitete. Der einzige Erfolg war, daß sie Eduard ein wenig Geld schickte. Daraufhin rief Eduard selbst sie an, und Katharina kam für einige Tage nach Warschau. Als wir ihr vorschlugen, ins Krankenhaus zu gehen, war sie entsetzt.

»Ich darf doch nicht in der Öffentlichkeit mit einem Juden gesehen werden. Können Sie ihn nicht in einer privaten Klinik unterbringen?« Einen anderen Gedanken hatte sie nicht.

»Ja, aber das wird etwas kosten.«

»Mich brauchen Sie nicht anzusehen. Ich muß für meinen eigenen Unterhalt und für den meiner Tochter sorgen.«

»Aber was ist denn mit all diesen Wertsachen, die Ihnen, bevor Sie Kolomyja verließen, von Juden anvertraut wurden? Sie werden sie nie mehr brauchen. Können Sie nicht davon etwas versetzen?«

»Wovon reden Sie überhaupt? In Kolomyja habe ich nie etwas von irgend jemandem bekommen.« Wütend zog Katharina ihren Fuchspelz von den Schultern. »Das ist alles, was ich Ihnen geben kann, jetzt lassen Sie mich in Ruhe.« Katharina verließ Warschau und ihren invaliden jüdischen Mann, der in einer öffentlichen Klinik lag. Eduard bemerkte, daß das medizinische Personal anfing, ihn zu vernachlässigen. Mittlerweile begann man auch über seine Besucher zu flüstern, über Maria und mich. Wir mußten ihn unbedingt in ein anderes städtisches Krankenhaus überführen. Aber wie? Durch Vermittlung von Freunden aus dem Untergrund fanden wir einen Arzt, der bereit war, ihn in seinem Krankenhaus aufzunehmen und, soweit als möglich, sein »Kainsmal« zu verbergen. Aber einen Monat nach der Überführung wurde sein Bein infiziert, und der Arzt begann von einer Amputation zu sprechen, die verhindern sollte, daß sich der Wundbrand ausbreitete. Wir waren verzweifelt, und Eduard wurde immer deprimierter.

»Es gibt nur einen Ausweg, und der heißt Selbstmord. Wenn das so weitergeht, werdet ihr mit mir in den Abgrund gezogen.« Obwohl er so sprach, verlangte er von uns, daß wir ihn täglich besuchten, trotz unserer Arbeit und der Gefahr. Wenn wir ein oder zwei Tage ausließen, bekamen Maria oder ich einen Anruf von einem völlig Unbekannten, den Eduard gebeten hatte, sich mit uns in Verbindung zu setzen. Er riskierte unser Leben und das Leben all der anderen, die sich in Schmidts Büro versteckt hielten.

»Eduard«, flehten wir ihn an, »Sie müssen vorsichtiger sein.«

»Wie wäre es, wenn ihr mir Gift besorgen würdet«, war seine einzige Antwort.

Schließlich wurde Eduard von einem Arzt behandelt, der mit der polnischen Untergrundbewegung zusammenarbeitete. In seiner Behandlung ging es Eduard besser, eine Amputation wurde nicht mehr in Erwägung gezogen, schließlich wurde er entlassen, und wir pflegten ihn weiter. Wir konnten ein Zimmer für ihn finden, und allmählich erholte er sich.

Manchmal bekamen wir von ganz unerwarteten Seiten Hilfe. Ich entsinne mich besonders eines Schuhmachers, der am Platz der Drei Kreuze, ganz in der Nähe einen kleinen Laden betrieb. Eines Tages gingen Maria und ich zu ihm, um unsere Schuhe besohlen zu lassen. Als wir am Ladentisch warteten, besahen wir uns die anderen Kunden. Nachdem alle anderen gegangen waren, unterbrach der Schuhmacher seine Arbeit und zwinkerte uns zu.

»Nun, meine Damen, wenn Sie jemanden kennen, der kurzfristig eine Unterkunft braucht, dann schicken Sie ihn her. Man kann gefahrlos ein oder zwei Nächte in meiner Werkstatt bleiben. Niemand würde Verdacht schöpfen.«

Von nun an wurde der Schuhmacherladen zu einem gelegentlichen Refugium. Der Mann nahm niemals eine Bezahlung an. Und eines Tages sagte er uns, daß seine Frau ihn wegen der Gefahr, der er seine Familie aussetzte, verlassen hatte.

»Sie liebt mich und will, daß ich weiterhin helfe. Aber sie hält die Gefahr nicht aus. Ich kann ihr keinen Vorwurf machen.«

Obwohl Polen ein katholisches Land ist, tat die Kirche wenig, um sich gegen das Schicksal der Juden zu stemmen. Rom trug eine geheime Mitschuld, und kein Priester wagte es, offen über dieses Thema zu sprechen. Und einige, wie jener Priester, der uns an unserem ersten Tag in Warschau den Katechismus abgefragt hatte, machten diese Schändlichkeiten mit. Ich machte mir Gedanken darüber, was wohl die Juden in der Abgeschlossenheit eines Beichtstuhles zu erwarten hätten, und entschloß mich, es während der Sonntagsmesse herauszufinden. Als angeblich gute Katholikinnen besuchten wir diese regelmäßig, und als der Gottesdienst an jenem Morgen zu Ende war, ging ich unvermittelt zum Beichtstuhl.

»Vater, ich verstoße gegen das Gesetz. Ich verstecke einen Juden.« Die ganze Wahrheit zu sagen, wagte ich nicht.

Die Stimme, die mir antwortete, klang jugendlich: »Das ist keine Sünde, mein Kind. In den Augen Gottes ist es sogar eine gute Tat.«

Mit Tränen in den Augen verließ ich die Kirche. Wie sehr wünschte ich, daß dies die offizielle Stellungnahme der Kirche wäre.

Aber auf jede einzelne Person, die half, gab es Tausende, die ein Geschäft machten, indem sie jüdisches Geld nahmen und dann Kopfgeld für die Auslieferung kassierten. Am schlimmsten benahmen sich die Hausmeister in den Miethäusern. Sie nutzten ihre Stellung aus. Sie waren nicht nur damit beauftragt, auf ordnungsgemäße polizeiliche Anmeldungen zu achten; sie konnten darüber hinaus von ihren Kabinen aus verfolgen, wer kam und ging. Besucher fragten sie sorgfältig aus, worauf sie die erhaltenen Auskünfte dazu benutzten, ein einträgliches Geschäft mit Erpressungen zu machen. Es gab manche Mieter, die bei dem geringsten Verdacht sofort ihr Geld opferten.

Obwohl wir bei den Schmidts wohnten, behielten Maria und ich unsere Zimmer in der Stadt. Wir waren dort polizeilich angemeldet und wollten aus Sicherheitsgründen unsere Wohn- und unsere Arbeitsadressen getrennt halten. Gelegentlich übernachteten wir in diesen Zimmern. Wir erzählten dort, daß wir in Gasthäusern außerhalb der Stadt arbeiteten, wo wir wochentags übernachteten. Die Hausmeister nahmen uns diese Geschichte ab. Aber die vereinzelten Übernachtungen »zu Hause« machten uns trotzdem nervös. Sicher fühlten wir uns nur bei den Schmidts. Aber selbst dort konnte uns jeder Vorfall beunruhigen. Der Hausmeister und seine Frau hatten ein Gespür für Juden und erkannten auch die geringfügigen Unterschiede im Aussehen. Eines Tages ging Maria in den Hof, um ihre Teppiche zu lüften und zu klopfen. Die Frau des Hausmeisters steckte ihren Kopf aus der Kabine:

»Sei ruhig, Maria, dies ist kein Judenhaus!«

Diese Bemerkung bescherte uns eine schlaflose Nacht. Verdächtigte sie uns? Sollten wir auf der Hut sein? Schließlich entschieden wir uns dafür, den Vorfall nicht zu beachten.

Eines Nachts, unsere Arbeitgeber waren verreist, befanden Maria und ich uns allein im Haus, zusammen mit Bolek. Wir saßen im Dienstmädchenzimmer und versuchten, am Radio die BBC zu finden. Plötzlich wurde die Eingangstür aufgerissen, und hereinkamen die Schmidts. Es blieb uns nichts anderes übrig, als Bolek für den Rest der Nacht unter Marias Bett zu verstecken. Morgens verließ unser Flüchtling unbemerkt das Haus.

Nach ein paar Tagen kam Bolek mit einer für uns erfreulichen Nachricht zurück. Er war bei einer Untergrundgruppe dabei, deren Aufgabe es war, einen Erpresser, der mit der Gestapo zusammenarbeitete, auszuschalten. Polen, Deutsche, Ukrainer, manchmal sogar Juden mußten auf diese Weise unschädlich gemacht werden.

Eines Tages, während ich in einem für deutsche Kundschaft reservierten Geschäft einkaufte, erspähte ich eine junge Frau, die unschlüssig in einer Ecke des Geschäftes stand und sich die ausgestellte Ware anschaute. Ein Blick auf ihr Gesicht und ihre Haltung sagte mir, daß sie eine Jüdin und in Schwierigkeiten war. Ich ging unauffällig zu ihr hin und sagte: »Folgen Sie mir!«

Draußen vor dem Geschäft sagte sie mir, sie habe keine Ausweise. Ohne sie nach dem Grund zu fragen, nahm ich sie mit nach Hause. Sie hieß Mila. Nachdem ich die Sache mit Maria besprochen hatte, beschlossen wir, sie so lange im Dienstmädchenzimmer unterzubringen, bis wir ihr irgendwelche Papiere würden beschaffen können. Diese Nacht versteckten wir sie unter dem Bett. Aber gegen Mitternacht heulten die Luftschutzsirenen. Das ganze Haus war in Aufruhr, und Schmidt trieb alle in den Keller. Es blieb uns nichts anderes übrig, als Mila in den Wandschrank in der Diele einzuschließen und ihr zu sagen, sie solle sich ruhig verhalten.

Der Alarm ging vorüber, aber die Schmidts waren noch hellwach und fanden keinen Schlaf. Wir wurden deshalb zu irgendwelchen Arbeiten gezwungen. Plötzlich war ein Klopfen in dem Teil des Hauses zu hören, in dem sich Mila versteckt hielt. Die Familie sah sich um und fragte, was das für ein Lärm sei. Geistesgegenwärtig ließ Maria einen schönen Kristallgegenstand fallen, und die Aufmerksamkeit aller richtete sich auf diesen Unglücksfall. Damit hatte ich Zeit, die nun bewußtlose Mila aus dem Schrank zu ziehen und sie wieder unter meinem Bett zu verstecken. Erst später erfuhren wir, daß Mila unter Asthma litt und in dem Schrank erstickt wäre.

Am nächsten Tag bekamen wir einige Papiere für Mila und brachten sie für ein paar Nächte zu unserem Schuhmacher. Wir fanden für sie eine Stellung bei einer Familie im deutschen Quartier. Aber nach ein paar Wochen erschien Mila wieder an unserer Tür. Trotz unserer Warnung hatte sie begonnen, mit der noch unvollständigen Kennkarte in der Stadt herumzulaufen. Obwohl wir sie gewarnt hatten, daß die Karte ohne Unterschriften und Fingerabdrücke nicht viel Schutz bieten würde, mißachtete sie unsere Bitten, im Haus zu bleiben. Sie war ein leichtes Opfer für die Erpresser auf den Straßen und lieferte ihnen bald ihr ganzes Geld aus. Sie brauchte sofort noch mehr.

»Schaut zum Fenster hinaus! Seht ihr die beiden Halbwüchsigen auf der anderen Seite der Straße? Sie warten darauf, daß ich ihnen mehr gebe.«

Wir wurden halb wahnsinnig vor Angst. Es ging nicht um das Geld. Es ging um unser Versteck, das sie im Begriff war, auffliegen zu lassen, indem sie diese Gauner an unsere Tür brachte. Außerdem war es ja nicht nur unser Versteck allein, sondern das noch einiger Dutzend Menschen.

»Hier«, sagte ich und gab ihr einige Banknoten. »Aber sag ihnen, daß es deutsches Geld ist, das sie nehmen, und daß sie, wenn sie noch einmal wiederkommen, erledigt sind.«

Wir beschlossen, nie wieder Fremde an unseren sicheren Ort zu bringen. Das war aber leichter gesagt als getan. Die Not war zu groß, und so mußten wir gelegentlich das Risiko eingehen.

Als der April 1944 kam, hielten wir uns beinahe ein Jahr in Warschau auf. Die Nachrichten von der Front wurden immer besser, und über die BBC hörten wir, daß die Russen Kolomyja am 29. März 1944 befreit hätten. Unsere Freude war vorüber, als wir uns daran erinnerten, daß Kolomyja »judenrein« war. Niemand würde aus den Kellern auftauchen, um die Befreiung zu feiern – mit Ausnahme von Menek. Als die deutsche Armee sich aus Lwów zurückzog, freuten wir uns für Frania, Helene und den kleinen Leszek.

Trotz der guten Kriegsnachrichten taten wir weiterhin unser Bestes, um unsere Arbeitgeber zufriedenzustellen. In und um Warschau herum gab es keine unmittelbaren Aussichten auf eine Veränderung der Lage. Aber es war nicht einfach, ihnen alles recht zu machen. Kleine Sachen, Angelegenheiten, über die man normalerweise nur lachen würde, bedrohten manchmal unsere Sicherheit. Eines Nachmittags mühten sich Maria und ich mit einem Käsekuchen ab. Die Familie hatte geplant, für deutsche Bonzen ein Diner zu geben. Aber das Holz für den Herd war feucht und wollte nicht anbrennen. Erst recht nicht gelang es uns, die gleichmäßige Hitze zu erzeugen, die für das Gelingen eines Käsekuchens nötig ist. Ich blies so lange auf das Holzfeuer, bis meine Lungen versagten; genau zu diesem Zeitpunkt hielt sich auch Frau Schmidt in der Küche auf und verlangte, daß wir den Kuchen fertigbackten. Schließlich, kurz bevor das Diner beginnen sollte, stocherte ich wütend in dem Feuer herum, und der ganze Käsekuchen fiel in den Herd und auf den Boden.

Tränenüberströmt stand ich da. Maria aber kratzte das ganze Gemengsel wieder zurück in die Kuchenform und steckte alles erneut in den Ofen.

»Aber es ist doch alles verdreckt«, protestierte ich unter Tränen.

»Unsere Leute haben Schlimmeres gegessen.«

Als sie die Ofentür geschlossen hatte, brannte das Feuer plötzlich gleichmäßig. Vierzig Minuten später lobte die Gesellschaft den Kuchen in den höchsten Tönen.

Erfolg oder Versagen solcher belangloser Angelegenheiten konnten unser Schicksal besiegeln. Maria sagte oft, daß das Apfelstrudelrezept meiner Mutter uns das Leben gerettet hätte. Eines Tages entschloß ich mich, das Rezept nachzubacken: Es war an einem Abend im Mai 1944, und die Schmidts hatten Besuch zum Abendessen. Er war ein »hohes Tier« und leitete ein anderes Steuerbüro des Generalgouvernements in Warschau. Der Gast muß das Abendessen sehr genossen haben, denn zum Schluß kam er in die Küche und verkündete entschieden, daß er bald nach Hause fahren werde und die Absicht habe, mich nach Heidelberg mitzunehmen. Seine Familie, so schien es, brauchte ein Dienstmädchen. Er würde die ganzen Formalitäten erledigen, so daß ich in acht bis zehn Tagen würde fahren können.

Um mich herum brach meine Welt zusammen in einer Weise, wie ich es mir nie vorgestellt hätte. Ich würde meine einzige Familie verlassen müssen: Maria, meine Freunde, die Welt, die ich mir unter Opfern aufgebaut hatte. Maria versuchte, mich zu trösten, und verbarg dabei ihren eigenen Schmerz über unsere Trennung.

»Die Freiheit ist noch nicht in Reichweite. In Deutschland hast du mehr Sicherheit. Dort gibt es keine patriotischen Polen. Vielleicht kannst du sogar für mich etwas finden. Du mußt es als Glücksfall betrachten. Wir werden das bis zum Ende durchfechten.«

Bevor ich nach Deutschland fuhr, traf ich heimlich an einem Sonntagnachmittag Ania und Bolek in ihrer Wohnung. Irgendwo hatten unsere Freunde eine Flasche Wein entdeckt, die uns helfen sollte, unseren Abschiedsschmerz zu lindern. Da wir überhaupt nicht zu trinken gewohnt waren, waren wir rasch beschwipst. Erst am späteren Abend gingen wir »nach Hause«. Wir stiegen in eine Straßenbahn. Kaum hatten wir uns gesetzt, da hörte ich, wie Maria ihre Stimme erhob, wobei sie die anderen Passagiere kampfeslustig ansah:

»Wenn Sie es wissen wollen, ich bin eine Jüdin, na und?« Die Leute in der Straßenbahn erwachten plötzlich zum Leben und sahen Maria bedrohlich an. In diesem Augenblick hielt die Straßenbahn, ich zog Maria mit mir hinaus und zwang sie, mit mir davonzulaufen. Wir schafften es bis nach Hause, manchmal versteckten wir uns in Hauseingängen, um sicher zu sein, daß uns niemand verfolgte. Wieder einmal waren wir mit knapper Not entkommen.

Die nächsten paar Tage verliefen traurig für uns. Da ich so gut wie nichts mehr besaß, brauchte ich mir um mein Gepäck keine Sorgen zu machen. Alles, was mir geblieben war, waren menschliche Verbindungen, und die konnte ich nicht mit mir forttragen. Ich überließ Maria meinen einzigen Schatz, den ich noch hatte, ein Bild von Zygmund und von Romek, mit der Hoffnung, daß es den Krieg überleben würde. Leider sollte es nicht so sein.

An Deutschland und daran, was mich dort erwarten würde, wollte ich nicht denken. Ich dachte nur an den Verlust, der mir bevorstand. Wie würde ich die dunklen Stunden ohne Marias Lächeln ertragen, ohne ihre Freundschaft. Ich war tief betrübt.

Zwölftes Kapitel
Heidelberg

Wir kamen mit dem Zug an einem herrlichen Morgen im Mai des Jahres 1944 in Heidelberg an. Ich stieg aus und sah mich nach meinem Arbeitgeber um. Herr Binder (Pseudonym) kam mir beschwingten Schritts auf dem Bahnsteig entgegen; er sah ausgeruht und nach einem guten Frühstück aus.

Ich folgte ihm auf den Bahnhofsvorplatz und hinein in den Charme und die Schönheit der alten Stadt Heidelberg. Durch die Straßenbahnfenster konnte ich das aus dem zwölften Jahrhundert stammende Schloß sehen, das oberhalb der Stadt auf die Gebäude der berühmten Universität hinunterblickte. Die Straßenbahn glitt aus der alten Stadt hinaus und fuhr weiter, am Neckarufer entlang. Auf der anderen Seite des Flusses erhob sich ein dichtbewaldeter Hügel, auf dem viele elegante Villen standen. Ein Pfad wand sich am Hügel entlang und folgte den Windungen des Flusses.

Mein Arbeitgeber bemerkte die Bezauberung in meinen Augen: »Das ist der Philosophenweg. Sicher haben Sie den Namen schon gehört?« Der Name schien mir genau zu dem Pfad zu passen: nachdenklich und friedlich. Wie war es möglich, daß Menschen, die hier entlanggewandert waren, sich in die Bestien verwandelten, aus denen die deutsche Nation jetzt bestand? Andere, die dort spazierengingen, einige lange nach meiner Zeit, haben sich, wie ich weiß, ebenfalls Gedanken darüber gemacht. Herr Binder meldete sich plötzlich: »Das ist unsere Haltestelle.« Wir waren in einem Vorort angelangt, uns gegenüber schlängelte sich ein Pfad den Berg hinauf. An dessen Ende stand ein Haus. Frühlingsblumen säumten die Ränder des schmalen steilen Weges, aus den umliegenden Häusern klangen fröhliche Kinderstimmen. Der blaue Himmel, der Duft der Tannen, die vollständige Abwesenheit von Krieg, Tragödie und Märtyrertum führten mich in eine frühere Welt zurück, in eine Welt, in der es weitere Pfade, Blumen, Wälder, Jugend, Freude gegeben hatte. Mit einem Mal fühlte ich mich wieder wie ein Mensch.

Mein Dienstherr unterbrach meine Gedanken. »Hier wohnen wir.«

Als wir durch das Gartentor ins Haus kamen, sprang eine Schar Kinder von allen Seiten in die Diele; sie alle wollten von ihrem Vater geküßt und umarmt werden. Tränen traten mir in die Augen, als ich sah, wie glücklich sie waren – und meine Gedanken kehrten zurück zu den Ereignissen damals in Kolomyja, als die Gestapoverbrecher Kinder den Armen ihrer Mütter entrissen, um sie gegen die Betonmauern zu schleudern. Ich wandte mich ab, um meinen Schmerz und meinen Haß zu verbergen.

Nach der Begrüßung wurde ich gleich vorgestellt. Die Dame des Hauses kam herein und musterte mich von oben bis unten. Nachdem ich die Prüfung, meine Jugend und meine Gesundheit betreffend, bestanden hatte, lächelte sie und bat mich, ihr in die Küche zu folgen. Zu meiner Überraschung arbeitete dort bereits eine andere Frau. Sie sah mich an und begrüßte mich auf polnisch.

Eine Gleichgesinnte? Aufgrund ihres Aussehens war es klar, daß ich nicht allein sein würde. Ich war sicher, daß auch sie Jüdin war. Als wir allein waren, klärte mich Cesia sofort auf. Sie lebte schon ein Jahr in diesem Haushalt. Die Arbeit war viel zuviel für sie gewesen, ihre Gesundheit war ruiniert. Schmal und bleich, wie sie war, sollte sie abgelöst werden – und ich war der Ersatz.

»Aber was wirst du denn machen?«

»Ich werde mich beim Arbeitsamt melden, die werden schon etwas für mich finden. Wenn nicht, könnte ich immer noch nach Polen zurückgehen. Das werde ich wahrscheinlich tun.« Die Tür öffnete sich, und die Dame des Hauses trat ein: »Broni, bring etwas Holz aus dem Keller!« Ohne die Möglichkeit, mich nach der schlaflosen Reise quer durch Polen etwas zu erholen, fing ich also gleich mit meiner Arbeit an. Jetzt wußte ich wieder, daß mir Zwangsarbeit und nicht ein Sanatoriumsaufenthalt bevorstand. In meinem Kopf pulsierte es, als ich die Kellertreppe hinunterging.

Erst als es schon Nacht geworden war, zeigte man mir im Luftschutzraum der Familie den Platz, an dem ich untergebracht werden sollte. Er war einer kleinen Mönchszelle ähnlich: Cesias hölzernes Bett, ein Tisch, zwei Stühle, eine Kommode und eine Koje für mich. In einem Zehnzimmerhaus mit einer Bibliothek voller Bücher, einem Salon, möbliert mit antiken Möbeln, die auf Perserteppichen standen, wurden wir in den Keller verwiesen.

»Du kannst deine Sachen dorthin tun«, sagte Cesia und zeigte mir eine Schublade in einer Kommode. Eine einzige Schublade genügte allerdings auch für die wenigen Dinge, die ich hatte mitbringen können: zwei Kleider, ein Überkleid, zwei Schürzen, ein kanariengelber Mantel und ein einziges Paar Schuhe.

Cesia bemerkte den Mantel: »Zum Winter wirst du etwas Wärmeres brauchen, und für das Haus würde ich mir an deiner Stelle ein Paar Pantinen anschaffen. Um deine Schuhe wäre es zu schade, abgesehen davon, daß sie nicht halten würden.«

Im Halbdunkel setzten Cesia und ich uns hin, um eine Unterhaltung fortzusetzen, die wir vor zwölf Stunden begonnen hatten. Sie begann damit, mir die Verhältnisse im Hause zu erklären: »Es gibt da zunächst die Dame des Hauses, die man zufriedenstellen muß, dann die sechs Kinder und eine Gouvernante. Der Ehemann arbeitet in Warschau und kommt selten nach Hause.« Als sie mich weiter unterrichtete, begann ich die Spannung zu fühlen, die in einem entsteht, wenn man im Begriff ist, einen anderen zu ersetzen. »Es gibt insgesamt zehn Zimmer. Dazu kommt der Garten, den man pflegen muß, mit Gemüsebeeten und Obstbäumen. Du bist für die Küche verantwortlich und für das Saubermachen, hinzukommen noch die Wäsche und Windeln. Die sind nicht zum Lachen, das kann ich dir sagen. Nachdem du die Wäsche hier unten gewaschen hast, mußt du das Ganze wieder nach oben bringen und auf die Wäscheleine hängen. Die Teppiche müssen regelmäßig ins Freie getragen und dort geklopft werden – und sie sind schwer.

Dann gibt es noch die Heizung, die man, um Warmwasser und Wärme zu haben, ständig besorgen muß. Du mußt das Gemüsebeet jäten und alles pflücken, was reif zum Einmachen ist. Dann machst du ein. Der Hühnerstall muß auch geputzt werden. Du hast den steilen Weg gesehen, der zum Haus führt? Nun, alle Lebensmittel und die Milch für die Familie mußt du diesen Weg herauftragen.«

In meinem Kopf schwirrte es, aber Cesia war noch nicht fertig.

»Was das Kochen betrifft: Sie essen jeden Abend dasselbe, einen Eintopf, eine Art dicker Suppe. Aber es dauert ewig, bis sie fertig ist. Du nimmst dazu das miserable Gemüse, das wir auf dem Markt bekommen, und das muß man erst putzen. Alles Gemüse aus dem Garten wird zum Einmachen verwendet. Die Familie rechnet damit, daß der Krieg noch Jahre dauert, und sie wollen gewappnet sein. Siehst du all die Einmachgläser, Krüge, Deckel und das Wachs da drüben?« Sie zeigte zur anderen Seite des Kellers. Als sie das tat, stöhnte sie plötzlich und wand sich vor Schmerzen. Zwischen ihren Krämpfen sagte sie mir, es sei ihre Gallenblase: »Ich kann nichts dagegen tun als warten, daß es vorbeigeht. Es wird vorbeigehen. Ich muß sowieso noch die Wäsche beenden.«

»Nein, das werde ich tun. Du bleibst ruhig liegen.« Sie war nicht imstande zu widersprechen und lag stöhnend da, bis sie in einen unruhigen Schlaf fiel. Ich ging leise in die Waschküche und versuchte, die Arbeit fertigzumachen. Es war zwei Uhr morgens, als sie aufwachte, sich besser fühlte und wieder an die Arbeit gehen wollte.

»Es ist alles erledigt«, sagte ich lächelnd. Wir hatten beide Tränen in den Augen, bei ihr Tränen der Dankbarkeit, bei mir Tränen des Erschreckens, weil ich sie ersetzen mußte.

»Willst du wirklich nach Polen zurückgehen?« Ich begann ihr ausführlich die Gefahren und die Greuel zu schildern.

»Du bist schon ein Jahr weg. Unsere Landsleute sind inzwischen Experten darin geworden, Juden ausfindig zu machen. Hier kann man sich besser verstecken.«

»Das macht nichts. Ich habe nichts, worüber ich mir Sorgen machen müßte.«

Es wurde mir plötzlich klar, daß Cesia nicht glaubte, daß ich eine Jüdin sei, deshalb wollte sie nicht zugeben, daß sie selbst eine war.

Ich mußte das klären. »Siehst du es denn nicht? Ich bin jüdisch.«

»Oh, was für eine Erleichterung!« Und damit begann sie, mich über alles auszufragen, was ich über das Warschauer Ghetto und über Warschau außerhalb des Ghettos wußte. Sie fragte mich, ob ich wisse, wie ihre Familie gestorben sei. Ich konnte ihr wenig mehr als allgemeine Auskünfte geben, und nach kurzer Zeit unterhielten wir uns wieder über die Gegenwart.

»Cesia, du mußt hier etwas finden. Du kannst unmöglich zurückgehen.«

»Aber ich kann nicht mehr, meine Nieren, meine Gallenblase. Ich muß zwanzig Pfund abgenommen haben, seitdem ich hier angekommen bin. Es ist einfach alles zuviel für mich – der Garten, die Fußböden, die Wäsche, das Kochen und noch dazu die Einkäufe, die ich vom Dorf heraufschleppen muß.«

»Es gibt keine Alternative.«

»Schon möglich. Aber sieh zu, daß du bei Kräften bleibst in dieser Stellung.« Damit legten wir uns zu einem kurzen Schlaf hin.

Während der nächsten Woche begleitete ich Cesia überallhin und lernte die Pflichten kennen, die mein neues Leben von mir verlangen würde. Um 5 Uhr in der Frühe stand ich auf und arbeitete durch bis 10 oder 11 Uhr nachts. Nach zwei Tagen fühlte ich mich so, als sei ich zur Arbeitsbiene geworden. Alle Muskeln taten weh, und mein kurzer Schlaf wurde durch Alpträume unterbrochen. Obwohl ich für die Kinder im Alter von sechs Monaten bis zu zehn Jahren nicht direkt verantwortlich war, mußte ich doch ihre Wäsche waschen, mit der Hand. Die Windeln waren wirklich eine Pest.

An Essen bekam ich soviel zugeteilt wie ein Zwangsarbeiter: einen kleinen Laib Brot pro Tag. Bestürzt über diese kleine Ration, wandte ich mich an Cesia: »Wie kommst du denn mit dieser kleinen Zuteilung aus? Kaufst du dir etwa Lebensmittel?«

»Ich und Essen kaufen?! Die Pfennige, die ich bekomme, reichen höchstens für ein paar Tassen Kaffee pro Woche, wenn ich frei habe. Nein, ich klaue.« Sie lächelte. »Schau mal, du bist die Köchin, also iß selbst ein wenig von der Suppe, die du kochst, und iß immer von den besten Stücken, bevor du sie servierst. Ich schneide immer etwas von den Kinderportionen ab. Sie merken nie etwas. Manchmal nehme ich ein rohes Ei oder sogar ein Stück Obst aus dem Garten, wenn ich glaube, daß man mich nicht erwischt. Die Speisekammer der Familie ist voll von Lebensmitteln, genug für weitere fünf Jahre. Aber sie ist immer abgeschlossen.«

(Auch ich bekam ein »Gehalt«. Nach dem Krieg weigerte sich die deutsche Regierung, Zwangsarbeiterinnen wie Cesia und mir irgendeine Entschädigung zu zahlen. Wir waren ja für unsere Arbeit »bezahlt« worden.)

Frau Binder gab mir ein baumwollenes Abzeichen, das mit roten Buchstaben OST (aus dem »slawischen Osten«) beschriftet war. Cesia riet mir, die Anordnung, nach der ich es stets in der Öffentlichkeit zu tragen hatte, zu übergehen. »Du kannst damit nicht mit der Straßenbahn fahren, und das Betreten öffentlicher Gebäude ist dir auch verboten. Da du fehlerlos Deutsch sprichst, brauchst du dich um das Ding nicht zu kümmern.« Ich folgte ihrem Rat und steckte das Abzeichen in eine untere Schublade.

Da Cesia ihren Abschied vorbereitete, rief mich Frau Binder zu sich, um mit mir den wöchentlichen Arbeitsplan zu besprechen. Sie führte alle Arbeiten auf und fragte mich, wieviel Zeit ich wohl für jede einzelne Tätigkeit benötigen würde. Ich antwortete so gewissenhaft, wie ich konnte, bis wir auf die Wäsche zu sprechen kamen.

»Und wieviel Herrenhemden können Sie in einer Stunde stärken und bügeln, Broni?« fragte sie mich. Da ich noch nie ein Bügeleisen in der Hand gehalten hatte, war ich ahnungslos.

»Oh, sechs oder acht.« An Frau Binders Gesichtsausdruck sah ich, daß ich einen Fehler gemacht hatte. Sie hatte sehr zufrieden gelächelt. Am nächsten Morgen, als ich mich über eine Stunde lang damit abplagte, ein einziges Hemd zu bügeln, wußte ich, daß es Ärger geben würde. Als sie das Resultat sah, beschimpfte sie mich, weil ich sie angelogen hätte. Aber wir wußten beide, daß sie für mich nicht so leicht Ersatz finden würde. (Deutsche Frauen nahmen diese Art von Arbeit nicht an.)

Eine weitere Woche verging, und Cesia fand eine Stellung bei einer Kriegerwitwe in der Altstadt. So mußte ich nun allein und aus eigener Kraft mit dieser Familie fertig werden. Ich hatte jede Woche einen halben Tag frei, dazu jeden zweiten Sonntagnachmittag. Ich machte Spaziergänge in die Wälder bis hinauf zum alten Schloß über Heidelberg. Ich ging allein, und niemand unterbrach meine sorgenvollen Gedanken. Nichts geschah. Für die Deutschen war ich nur eine polnische Hausangestellte, wie die anderen, die sie jeden Tag trafen.

Gelegentlich wurde meine Einsamkeit durch Briefe Marias aus Warschau unterbrochen. Diese Briefe waren die Höhepunkte meines Lebens. In meinen Antwortbriefen schilderte ich meine Arbeit als erträglich und verschwieg dabei den ständigen Nahrungsmangel. Ich hatte kein Recht, mich zu beschweren. Ich war sicher vor Entdeckung, ich wurde nicht verfolgt. Man konnte mich nicht von deutschen Frauen unterscheiden. Ich konnte durch die Straßen gehen, Straßenbahn fahren, sogar meinen Ausweis zu Hause lassen. Zwischen den Zeilen von Marias Briefen aber konnte ich von den täglich lauernden Gefahren in Warschau lesen.

Ich war ein unscheinbares kleines Dienstmädchen, dem niemand Beachtung schenkte. Ich verlor mein fortdauerndes Mißtrauen, und meine Nerven beruhigten sich. Allein daß man mich nicht beachtete, wenn ich durch die Stadt oder auf den Wanderwegen in den nahegelegenen Wäldern spazierenging, machte mich maßlos glücklich. Es war ein Gefühl, wie ich es seit Kriegsbeginn nicht mehr empfunden hatte. Nach einiger Zeit konnte ich sogar ohne Furcht vor einer »Aktion« einschlafen, und die Alpträume ließen allmählich nach. Solange ich hier in Deutschland meine Arbeit zufriedenstellend erledigte, besaß ich die Freiheit, die mir in meiner alten Heimat nicht vergönnt war.

Das Verhalten gegenüber meiner Arbeitgeberin war korrekt, aber zurückhaltend. Ich erzählte ihr wenig über mich selbst und versuchte, meine Geschichte so unkompliziert und glaubhaft zu halten wie möglich.

»Sie sprechen ein sehr gutes Deutsch«, bemerkte sie einmal.

»Ja, meine Familie ist volksdeutsch.«

»Aber Ihre Sprache klingt gebildet.«

»Nun, vor dem Krieg habe ich kurze Zeit studiert.«

»Und was ist mit Ihrer Familie?«

»Die Russen holten sie. Sie wurden alle nach Sibirien deportiert. Ich bin ganz allein. Meine Rettung grenzt an ein Wunder.«

»Dann sind Sie aber nicht an diese Art zu leben gewöhnt.«

»Aber ich muß doch meinen Lebensunterhalt verdienen. Ich bin dankbar dafür, daß ich als Hausmädchen arbeiten darf. Im übrigen hat mir meine Mutter Hausarbeit sehr gut beigebracht.«

Nachdem wir uns einige Male unterhalten hatten, begann Frau Binder, mich anders als ein gewöhnliches Dienstmädchen zu behandeln. Zunächst bot sie mir an, die Bibliothek zu benutzen. Ich lehnte ab. Dann begann sie, mit mir vertraulich zu reden.

»Oh, Broni, was für ein Elend hat doch dieser Krieg über

uns gebracht. Und all dieses Unglück verdanken wir nur den verdammten Juden.«

Ich kochte. Andererseits fiel es mir manchmal schwer, nicht in hysterisches Gelächter auszubrechen. So wurde ich zum Beispiel eines Tages darüber aufgeklärt, daß der jüdische »Nichtswisser« Einstein seine Relativitätstheorie einem arischen Wissenschaftler abgeluchst hatte. Dies und weitere »Leckerbissen« stammten direkt aus dem *Stürmer*. Diese Familie war ohne weiteres damit einverstanden, ihr Leben nach den Ansprüchen des Führers auszurichten.

Frau Binder hatte jung geheiratet, aber in den ersten acht Jahren ihrer Ehe kein Kind bekommen können. »Es waren entzündete Eierstöcke. Ich wurde operiert und verlor einen. Aber mit dem übriggebliebenen habe ich sieben Kinder für das Vaterland geboren, und ein achtes ist unterwegs. Das erwartet unser Führer von uns.«

Erziehung zum Patriotismus begann früh in dieser Familie. Das sieben Jahre alte Mädchen war schon bei den Pimpfen, einer Kinderorganisation. Wenn sie von der Schule nach Hause kam, konnte ich hören, wie sie die Parolen übte, die die Mitglieder auswendig lernen mußten, mit bösartigen Verunglimpfungen von Juden und Slawen. Jude war im Haus ein Drohwort. »Benimm dich, oder der Jude wird dich holen.« Selbst der acht Monate alte Junge reagierte darauf.

Eines Nachmittags kam Frau Binder in die Küche. Sie wollte sich mit mir unterhalten und lud mich zu einer Tasse Kaffee ein. Als gebildete Frau wollte sie mehr über Polen wissen, wie es vor dem Krieg war und wie es jetzt dort aussah.

»Sagen Sie mir, Broni, haben Sie je einen Ostjuden gesehen? Ich noch nie. Aber mein Mann hat sie mir beschrieben: häßlich, schmutzig, behaarte Tiermenschen. Sie müssen sie doch in Warschau gesehen haben.«

»Nun ja.« Ich sah sie erstaunt an. »Aber sie sahen alle ungefähr so aus wie wir. Mit Ausnahme der Orthodoxen vielleicht, die Bärte trugen.«

»Nein, das kann nicht stimmen.«

Ich wollte mich nicht mit ihr streiten, fragte jedoch im Ton ehrlicher Wißbegierde zurück: »Haben Sie hier in Heidelberg schon einmal einen Juden gesehen?«

»Aber natürlich. Es gab hier viele Juden, hauptsächlich Wissenschaftler und Professoren, auch einige Anwälte und Ärzte; aber das ist etwas anderes. Und obwohl sie keinerlei Recht hatten zu leben, ließen wir sie vor Jahren allesamt nach Amerika auswandern.«

Wie Cesia es vorausgesagt hatte, gab es in diesem Haus soviel Arbeit, daß eine einzelne Person sie nicht bewältigen konnte. Nicht anders als sie begann auch ich Gewicht zu verlieren, und mir blieb nur der Diebstahl. Ich begann damit, die besten Einlagen aus den Suppen und den Eintöpfen, die ich für die Familie kochte, herauszufischen; dann stahl ich Lebensmittel aus der Speisekammer, dem Keller und dem Garten. Die Obstbäume waren voll, aber meine Hausfrau führte Buch über alles, was reif geworden war.

»Broni, gestern waren noch fünf Pfirsiche an diesem Ast. Was ist aus ihnen geworden?«

»Ich habe keine Ahnung.« Sie sah mich ungläubig an.

Zur Deckung meines Proteinbedarfs gab es den Hühnerstall. Wenn ich ihn säuberte oder die Hühner fütterte, griff ich unter ein Huhn, nahm mir ein Ei, zerbrach es in meiner Hand und aß es roh. Im Gegensatz zu den Obstbäumen verrieten die Hühner mich nie.

Als später im Krieg die Versorgung wirklich knapp wurde, gelang es mir, den Schlüssel zur Speisekammer nachzumachen und ein oder zwei Gläser des Eingemachten, das wir dort aufbewahrten, zu stehlen. Ich hob sie bis zum Sonntagnachmittag auf und aß sie dann mit einem Löffel oder mit den Fingern fein säuberlich leer, wenn ich in den Wäldern mit Cesia und später mit Maria spazierenging.

Um in diesem Haus zu überleben, brauchte man Erfindungsgabe und Fleiß. Einige Arbeiten waren anders nicht zu bewältigen. Beim Kolonialwarenhändler im Dorf kauften wir alles, was verfügbar war. Einmal war es ein großer Sack dikker Bohnen. Es würde unmöglich sein, alle einzeln zu enthülsen. Denn außer der Vorbereitung des Abendessens hatte ich noch den ganzen Tag zu arbeiten. Mir kamen die Tränen, als ich den großen Sack ansah. Es mußte doch einen Weg geben, um mit dieser Arbeit schneller fertig zu werden. Ich hob den zwanzig Pfund schweren Sack auf und trug ihn hinaus in den Garten. Dort legte ich ihn auf eine Werkbank und breitete die Bohnen darauf aus. Nachdem ich sie mit einem Tuch abgedeckt hatte, begann ich, mit einem Holzhammer draufzuschlagen. Nach einigen Hieben untersuchte ich das Resultat. Und siehe da: feiner roter Staub bedeckte mich, aber die Hülsen lösten sich. Um das Ergebnis noch zu verbessern, ging ich ins Schlafzimmer des Ehepaars, wo ich einen Haartrockner fand. Im Garten schloß ich ihn an eine Steckdose an. Während ich weiter schlug, blies der Luftstrahl die Hülsen und den Staub fort. In einer Stunde hatte ich die Arbeit beendet – allerdings auf Kosten eines ganzen Tages, den ich keuchend und hustend damit verbrachte, den Staub aus meiner Nase und meiner Kehle herauszubekommen.

Dem Mai folgten Juni, Juli und August. Die Nachrichten über den Verlauf des Kriegs im Westen brachten wenig Neues. Aber dann kam die Nachricht über den Aufstand der Heimatarmee in Warschau. Die Russen hatten die Weichsel erreicht und besetzten den Vorort Praga. In der Stadt kämpften die Polen, darunter auch einige meiner Freunde, um ihre Freiheit. Und ich saß hier, tausend Meilen hinter der Front. Trotzdem besserte sich meine Stimmung von Tag zu Tag. Meine Hausfrau wurde von Tag zu Tag besorgter.

»Broni, hast du von den Greueln gehört? Sie greifen doch wirklich unsere Leute auf Warschaus Straßen an.«

Ich begann, mir über Maria Sorgen zu machen, die sich mitten im Kreuzfeuer befand. Es kamen keine Briefe mehr von ihr. Ich war überzeugt davon, daß sie zu den Widerstandskämpfern gestoßen war. Dann, am 2. Oktober, gab das deutsche Radio bekannt, daß die Wehrmacht die Stadt zurückerobert hatte.

Als Herr Binder zu einem kurzen Urlaub nach Hause kam, erhielten wir einen Bericht aus erster Hand. Mir war klar, wenn ich zu viele Fragen stellte, käme ich in Gefahr, mich zu verraten; aber ich mußte es riskieren.

»Haben Sie in Warschau die Familie Schmidt gesehen? Oder einige der Angestellten in seinem Büro?«

»Sicher, ja.« Er sah mich an: »Erinnern Sie sich an das wunderhübsche Mädchen, das dort arbeitete? Ludmilla hieß sie. Es stellte sich heraus, daß sie eine bösartige Terroristin war, die der Untergrundbewegung beitrat und anfing, deutsche Soldaten zu töten. Aber sie bekam, was sie verdiente. Sie wurde von Kugeln durchsiebt, als die Wehrmacht die Kontrolle wieder übernahm.«

Ich war entsetzt. Ich erinnerte mich sehr gut an Ludmilla, die schöne Schauspielerin, die sich so sehr nach Freiheit sehnte und nach der Gelegenheit wieder im Theater aufzutreten. Ich dachte an ihre Worte: »Mach dir keine Sorgen! Die Deutschen werden zum Teufel gehen, und ich werde unterwegs zur nächsten Vorstellung sein.« Wenigstens konnte sie einige Deutsche mit in den Tod nehmen. Eine passendere Grabinschrift für sie kam mir nicht in den Sinn.

Von Maria hatte Herr Binder nichts gehört. Ich wagte nicht daran zu denken, daß vielleicht auch sie nicht mehr war. Sie mußte überleben, meine letzte Hoffnung durfte man mir nicht zerstören.

Herr Binder kehrte nach Warschau zurück, und das Leben nahm seinen gewohnten Gang. Meine ziellosen Spaziergänge und Straßenbahnfahrten führten mich manchmal hinunter in die Stadt, wo ich Cesia besuchte. Ich war froh, daß sie jetzt eine weniger anstrengende Stellung hatte, die es ihr erlaubte, ein Stück weit zu gesunden. Ihretwegen und auch meinetwegen war ich froh, daß sie in Deutschland geblieben war.

Eines Tages im Herbst führten mich meine Wanderungen zu den altehrwürdigen Gebäuden der Universität. Ich schlenderte durch die Flure und las die Anschläge. Es stellte sich heraus, daß jeden Donnerstagnachmittag – an meinem halben freien Tag – öffentliche Vorlesungen über Literatur gehalten wurden. Wie wundervoll wäre es doch, dachte ich mir, wenn ich hier einige Stunden verbringen könnte, um meinen Geist von dem schmerzenden Körper, in dem er wohnte, zu befreien.

Es kam der Donnerstag, und ich beeilte mich, mit meinen morgendlichen Arbeiten fertig zu werden, in der stillen Hoffnung, mich bald in einem Vortragssaal wiederzufinden, vielleicht zusammen mit einigen »Freidenkern«, nämlich Deutschen, die ihre Seele nicht dem Reich verkauft hätten. Es sollte ein böses Erwachen geben.

Der große Saal war schon überfüllt, als ich eintrat. Als der Vortragende sich dem Rednerpult näherte, wurde er mit dem gemeinsamen »Heil Hitler«-Schrei begrüßt.

Das Thema unseres Vortragenden hieß: »Der Einfluß der Nibelungen auf die deutsche Literatur und Musik«. Das germanische Epos aus dem frühen dreizehnten Jahrhundert schildert die Ideen des Schicksals und der Vasallentreue. In ihm enthalten sind viele heidnische Legenden und Überlieferungen. Das Lied endet mit einem Holocaust und allgemeinem Gemetzel. Der Redner begann seinen Vortrag mit einer langen politischen Abhandlung und wandte sich dann dem Thema Feuer und Feuergötter im germanischen Mythos zu, der Apotheose und Inspiration allesverzehrenden Feuers. Diese Schilderungen führten meine Gedanken zurück zu den mit Entsetzen erfüllten Augen im Ghetto, wo die alten orthodoxen Menschen zusammengekauert das Lied Shma Israel sangen, während über ihnen die Synagoge in Flammen stand. Junge Nazis warfen Bündel von Büchern ins Feuer. Laut schreiend verkündeten sie ihren Haß auf die Dichter, Denker und Wissenschaftler, die die deutsche Kultur großgemacht hatten. Ich wurde aus meiner Vorstellung des brennenden Reichstags geweckt, als der Redner seine Rede schloß und die Menge »Heil Hitler« rief. Die Anwesenden gingen zu den Ausgängen, ich mitten unter ihnen. So also sah das intellektuelle Leben im modernen Deutschland aus. Als ich auf die Straße trat, dachte ich: Sind denn wirklich alle Mörder?

Wochen später traf ich den ersten Menschen, den ich »rechtschaffen« nennen konnte. Er war ein Arzt, den die Binders gelegentlich konsultierten, wenn eines ihrer Kinder krank wurde. Als er einmal einen Hausbesuch machte, muß ihm meine Aussprache aufgefallen sein, denn er fragte mich, woher ich käme. Ich sagte ihm, daß ich eine Polin sei. Sehr bald gewann ich sein Vertrauen, und er erzählte mir seine Geschichte. Er war Mitglied der Fakultät der Universität gewesen. Er wurde entlassen, als die eifrigen Bürokraten entdeckten, daß seine Frau halb-, vielleicht viertel- oder gar nur achtel-jüdisch sei. Man hatte ihn vor die Wahl gestellt, sich entweder scheiden zu lassen oder seine Stellung aufzugeben. Er entschied sich für letzteres. Er eröffnete eine Privatpraxis, aber alle »Rechtdenkenden« mieden ihn. Sein Ruf als Diagnostiker war jedoch so gut, daß man ihn gelegentlich, wenn auch diskret, konsultierte. Als ich ihn kennenlernte, hatte man seine Frau schon nach Theresienstadt geschickt. Sie überlebte den Krieg nicht.

Trotz dieser anfänglichen Erfahrungen an der Universität besuchte ich weiterhin an meinem freien Donnerstagnachmittag die Vorlesungen. Ich beeilte mich, mit meiner Arbeit fertig zu werden, wobei mich meine Hausfrau spöttisch ansah. Ich glaubte, sie argwöhnte, ein Mann sei in mein Leben getreten.

Das Thema des Vortrags an einem dieser Donnerstage war der Dichter Rainer Maria Rilke, den die Nazikultur sich einverleibt hatte. Lange vor dem Kriege hatte ich viele seiner Gedichte auswendig gelernt. Ich machte es mir bequem, freute mich darauf, sie zu hören und über ihre Bedeutung nachzudenken. Als ich möglichst unauffällig in der hintersten Reihe saß, wanderten meine Augen über die Rücken und Köpfe der anderen Zuhörer. Frau Binder, was machte denn sie hier? Sie mußte mir wohl nachgegangen sein. Warum? Was sollte ich ihr für eine Erklärung geben? Ich konnte mich nicht mehr auf den Vortrag konzentrieren. Ich verließ so geräuschlos wie möglich meine Reihe und machte mich in der Hoffnung, sie habe mich nicht gesehen, auf den Heimweg. Vielleicht war sie nur zufällig in den Vortrag geraten?

Am nächsten Morgen, als ich das Frühstück zubereitete, kam sie in die Küche.

»Broni, ich sah Sie gestern in einem Vorlesungssaal der Universität. Was haben Sie dort gemacht? Für ein Dienstmädchen oder für ein Bauernmädchen ist doch Rilke uninteressant. Wer sind Sie überhaupt?«

»Ich habe es Ihnen doch gesagt. Vor dem Krieg habe ich kurze Zeit an einer Universität studiert.« Es fiel schwer, kühl und ruhig zu bleiben, wenn man ertappt wurde. »Es macht mir Freude, mich in meiner Freizeit weiterzubilden. Ich arbeite dann auch besser.«

Zur Abwechslung hatte ich einmal die Wahrheit gesagt, obwohl Dichtung und Wahrheit über mein Leben so eng verknäult waren, daß ich es gar nicht gemerkt hatte. Irgendwie akzeptierte sie meine Geschichte und ließ das Thema fallen. Aber ich kam zu dem Schluß, daß es doch ein zu großes Risiko sei; ich würde aufhören müssen hinzugehen. Statt dessen begann ich die Waldwege zu erkunden, auf der Suche nach Frieden in der Einsamkeit unter den Tannen des Philosophenweges und auf den Feldern in Heidelbergs Umgebung. Manchmal kam ich zum alten Schloß über dem Flußtal, und manchmal tönte aus den Fenstern des großen Saals die Musik Haydns oder Mozarts an mein Ohr. Ich erinnere mich daran, die Klänge von »Freude schöner Götterfunken« aus Beethovens Neunter Symphonie gehört zu haben.

Immer besser lernte ich die schmalen kopfsteingepflasterten Gäßchen der Altstadt kennen. Ich blieb vor jeder historischen Inschrift stehen, las sie sorgfältig und erfuhr viel über die Geschichte der Stadt. Ich erinnere mich an ein graviertes Täfelchen, das an der Wand eines Gebäudes am Neckar angebracht war:

Alt Heidelberg, du feine,
Du Stadt an Ehren reich!

Am Rheine und am Maine
Kommt keine Stadt dir gleich!

Versteckt in den Wäldern, nicht weit von meiner Wohnung entfernt, entdeckte ich ein bezauberndes kleines Café. Ich besuchte es an meinem freien Sonntagnachmittag. Mit den paar Pfennigen, die ich hatte, kaufte ich mir eine Tasse Ersatzkaffee und einige Stunden, in denen ich meine Wirklichkeit vergessen konnte.

Eines Morgens, es war im November 1944, und ich hatte seit Monaten keine Nachrichten mehr aus Warschau erhalten, unterbrach mich die Stimme von Frau Binder beim Klopfen der schweren Teppiche.

»Broni, es ist ein Brief für dich gekommen.« Ich bekam heftiges Herzklopfen, versuchte aber ruhig zu bleiben und redete mir ein, daß es wahrscheinlich ein Irrtum sei. Ich wagte nicht zu hoffen. Einige Augenblicke später hielt ich eine zerknitterte Postkarte in der Hand. Ich erkannte Marias Handschrift und ließ sofort meine Arbeit liegen und eilte in den Keller, um allein für mich ihre Karte mehrmals langsam zu lesen, bis ich den Text auswendig kannte. Mir war, als hätte mir jemand seine Hand aus dem Totenreich entgegengestreckt und mich berührt. Im Laufe der Kämpfe war Maria verwundet worden, sie wollte wegen gewisser »Umstände« so schnell wie möglich nach Heidelberg kommen. Natürlich verstand ich sehr gut, um welche »Umstände« es sich hierbei handelte, aber ich war überglücklich, daß sie überlebt hatte. Alles andere war gleichgültig. Aber wie würde es mir möglich sein, sie nach Heidelberg kommen zu lassen?

Sie hatte als Adresse angegeben: »Postlagernd, Tomaszow Mazowiecki«; das war eine Stadt in der Nähe Warschaus. Ich antwortete ihr sofort, obwohl ich wußte, daß sie wegen der »Umstände« viel unterwegs sein würde. Dann machte ich mich daran, ihr eine Arbeitserlaubnis zu besorgen, damit sie nach Deutschland einreisen könnte. Nachdem ich Erkundigungen eingezogen hatte, erfuhr ich, daß einer unserer Nachbarn ein neues Dienstmädchen suchte. Sie bestanden aber darauf, daß es erfahren, kräftig und gesund sei. Zu ihren Pflichten würden Haus- und Gartenarbeit, die Wäsche und andere Dinge gehören.

»Sie ist durchaus kräftig und fähig«, versicherte ich ihnen, obwohl ich über ihren derzeitigen Zustand nichts wußte. So füllte dann die Familie die notwendigen Formulare aus, und ich schickte sie an die einzige Adresse, die ich kannte. Ich konnte nur hoffen, daß sie zum Postamt zurückkommen würde, um die Papiere rechtzeitig abzuholen. Maria war eine Kämpferin, das wußte ich. Und nur dieses Wissen gab mir die Hoffnung, daß sie es schaffen würde.

Eine Woche verging, und ich begann, den Briefträger abzupassen. Wenn er den Weg heraufkam, fing ich ihn ab. Ich hatte Angst, daß möglicherweise eines der Kinder die Post zuerst bekommen und dann den Brief zerreißen könnte. Nachdem ich einen weiteren Tag vergeblich auf die Post gewartet hatte, erschien das neunjährige Kind oben auf der Kellertreppe.

»Broni, eine Bettlerin steht vor dem Tor. Sie sagt, sie kennt dich, aber das kann ich nicht glauben, sie sieht so zerlumpt aus. Sie sagt, ihr Name sei Maria.«

Ich stürzte die Treppe hinauf und rannte zum Eingang. Und da stand Maria: sie hatte ein Tuch um ihren Kopf und trug ein Bündel, sie lächelte glücklich, so als ob sie sagen wollte: »Hier bin ich.«

Voller Freude umarmte ich sie und führte sie hinunter in mein Zimmer im Keller. Nach einem kurzen Augenblick mußte ich mich von ihr losreißen und an meine Arbeit zurückgehen. Frau Binder bemerkte die Fremde und fragte mich, was diese hier zu schaffen hätte.

»Es ist alles in Ordnung, sie ist das neue Dienstmädchen unserer Nachbarn. Morgen fängt sie mit ihrer Arbeit an. Darf sie über Nacht hierbleiben? Sie wird bestimmt keine Umstände machen.«

»Ja, ich denke schon.«

Als es Nacht wurde, explodierte ich fast vor lauter Wißbegier. Wir setzten uns auf die Matratzen, und ich teilte meine Essensration mit ihr. »Erzähl mir alles, was geschehen ist, nachdem ich von Warschau fortgegangen bin.«

Maria holte tief Atem und begann. »Die ersten paar Wochen, nachdem du fortgegangen warst, verliefen stürmisch. Die Schmidts stellten keinen Ersatz für dich ein, und so blieb mir nichts anderes übrig, als die ganze Arbeit allein zu machen. Ich bemühte mich, die Verbindung zur Untergrundbewegung aufrechtzuerhalten, und besuchte Eduard bei jeder Gelegenheit. Alle begannen sich Hoffnung zu machen, denn es sah so aus, als ob das Blatt sich gewendet hätte. Die Rote Armee rückte jeden Tag näher, und als eine von Rokossovskis Einheiten die Weichsel bei Praga erreichte, forderte die polnische Widerstandsbewegung die deutsche Besatzungsmacht heraus. Am 1. August 1944 griffen sie zu den Waffen. Der Warschauer Aufstand hatte begonnen in der Hoffnung, man werde den Abzug der Deutschen aus Warschau beschleunigen können. Die Kämpfe dauerten zwei Monate lang, aber am 2. Oktober ergaben sich die polnischen Widerstandskämpfer. Die russischen Kräfte blieben, ohne in die Kämpfe eingegriffen zu haben, an den Ufern der Weichsel im Vorort Praga stehen.«

»Aber was war mit dir, wie bist du herausgekommen?«

»Zum Schluß, als wir wußten, daß es keine Hoffnung mehr gab, krochen wir aus der Kanalisation ans Ufer des Flusses. Viele Menschen versuchten, den Fluß zu überqueren, um die Sowjets zu erreichen. Das war unsere einzige Hoffnung. Ich erreichte mit Bolek und Halina das Ufer. Es gab ein paar kleine Boote, aber eine riesige Menge Menschen, die alle versuchten, auf ihnen Platz zu finden. Wir banden uns mit einem Seil aneinander, als wir zu den Booten drängten. Die Scheinwerfer, die die Deutschen, um den Fluß zu beleuchten, aufgestellt hatten, blendeten fürchterlich. Artilleriegranaten schlugen zwischen den Booten, die sich mitten im Fluß befanden, ein. Viele Menschen ertranken.

Wir versuchten zusammenzubleiben, aber es gelang nicht. Bolek aber fand ein Schiff, und ich glaube, er ist entkommen. Dann traf mich ein Schuß. Halina hatte mich fest in ihren Armen gehalten, und ich wurde im Rücken getroffen. Die Kugel durchschlug meinen Körper und landete in Halinas Arm. In dem Gedränge bemerkten wir es nicht einmal. Aber dann, als ich immer stärker blutete, verlor ich das Bewußtsein. Ich war wohl ziemlich lange bewußtlos. Plötzlich umzingelten uns deutsche Soldaten, die uns nach einem unbekannten Ziel abführten. Viel mehr noch stießen zu uns. Die Stadt brannte. Man zwang uns, ein weißes Tuch als Zeichen der Kapitulation zu tragen. Der Rauch erstickte uns beinahe, ich kann mich nicht mehr daran erinnern, wie lange der Marsch dauerte. Wir wurden alle in ein Sammellager nach Pruszków gebracht. Ich war furchtbar durstig, und meine Wunde blutete weiter. Ich war nur halb bei Bewußtsein und kann mich daher nicht genau daran erinnern, wann wir zu einem Bahnhof gebracht und in einen Zug gestoßen wurden. Halina war bei mir. Wir fuhren zusammen mit Kämpfern in zerrissenen Uniformen. Jemand erwähnte, daß wir wahrscheinlich in das Pruszków-Arbeitslager gebracht werden würden. Als der Morgen graute, sagte ein Pole, der uns gegenüber saß, zu einem anderen: »Diese beiden Mädchen sehen jüdisch aus.« Halina und ich wußten, daß man uns denunzieren würde, noch bevor der Zug sein Ziel erreicht hätte. Als die beiden Männer einnickten, blickten Halina und ich zum Fenster und beschlossen zu springen.

Ich kann mich nicht mehr daran erinnern, was dann geschah, sondern nur daran, daß ich im Hause einer polnischen Frau aufwachte, die uns sagte, daß ein Priester uns im Feld gefunden und uns, als er bemerkte, daß wir noch atmeten, zu ihr hier nach Tomaszow Mazowiecki gebracht habe. Er nahm an, wir seien polnische Kämpferinnen aus dem Warschauer Aufstand. Sie behandelte uns ehrfürchtig und bewunderte uns, als seien wir Heldinnen. Obwohl sie offensichtlich arm war, teilte sie ihr Essen großzügig mit uns. Sie versuchte, meine Wunde zu verbinden, und brannte darauf, Einzelheiten über den Warschauer Aufstand zu erfahren.

Wir wußten, daß wir die Maskerade als Polinnen nicht sehr lange würden aufrechterhalten können. Halina verschwand, sobald sie sich erholt hatte. Ein oder zwei Tage später besuchte uns ein Nachbar. Meine Wirtin stellte mich vor und prahlte dabei mit der patriotischen Rolle, die ich während des Warschauer Aufstands gespielt hätte. Ohne eine Bemerkung zu machen, folgte er ihr in die Küche und sagte, daß ich jüdisch aussähe. Mein Herz setzte aus. Am nächsten Morgen legte die Frau mir nahe, mich davonzumachen. Es gab keine Diskussion. Sie legte einen halben Laib Brot und zwei Äpfel in ein Tuch, brachte mich zur Türe und segnete mich zum Abschied. Sonst besaß ich nichts, außer meinem Mantel mit dem Einschußloch.

Als ich in der Innenstadt war, sah ich eine Apotheke, und da ich das Gefühl hatte, nichts mehr zu verlieren zu haben, ging ich hinein und fragte, ob sie Arbeit für mich hätten. Der Besitzer interessierte sich sehr für meine Erzählungen über den Warschauer Aufstand und bot mir eine Stellung an. Ich sollte Medizinflaschen spülen und mußte ihm bei anderen Arbeiten helfen. Er war so begeistert, daß er einer Polin aus Warschau behilflich sein durfte, daß er mich zum Übernachten und Essen zu seiner Frau schickte. In jener Nacht hab ich dir die Postkarte geschrieben.

Ich kann unmöglich beschreiben, wie herrlich es war, in einem sauberen Bett zu schlafen und mich gründlich waschen zu können. Ich fühlte mich in dieser Familie und mit der Aussicht auf Arbeit irgendwie sicher. Jedoch eröffnete mir die Frau des Apothekers – unter vielen Entschuldigungen –, daß ich nicht bei ihr bleiben könne. Ich war überzeugt, daß sie mich für eine Jüdin hielt. Du kannst es mir glauben oder nicht, aber das war nicht der Fall. Verlegen sagte sie, man habe Läuse in meinem Bett gefunden. Als sie erfuhr, daß die Wunde in meinem Rücken infiziert war, schlug sie mir vor, doch ins städtische Krankenhaus zu gehen und mich behandeln zu lassen. Ich wurde in die Ambulanz gebracht, wo ein Arzt meine Verletzung behandelte. Mitten unter den schrecklichen Schmerzen, die ich erdulden mußte, weil er die Wunde ohne Betäubung säuberte, hörte ich, wie die assistierende Krankenschwester dem Arzt sagte, daß ich jüdisch aussehe. Ich ging. Ich war vollständig resigniert, ohne Heim und Hoffnung. In dieser Nacht schlief ich auf einer Bank, wurde aber plötzlich von einem deutschen Soldaten geweckt, der mir befahl, ihm zu folgen. Er brachte mich in eine öffentliche Entlausungsanstalt.

Dieses Haus war voller Polinnen. Einige waren obdachlos oder Prostituierte. Nachdem man unsere Kleider desinfiziert hatte, brachte man uns zum Bahnhof, dort wurden wir in einen Zug gesetzt, der uns in ein Arbeitslager in Deutschland bringen sollte.

Der Zug hielt in Kattowitz, Schlesien, einer Stadt an der deutschen Grenze. Der Stationsvorsteher führte uns zu einer Ecke des Bahnhofs und sagte uns, der nächste Zug nach Deutschland würde am Abend fahren. Es war uns nicht erlaubt, den Bahnhof zu verlassen.

Suppenküchen waren von den Deutschen für Volksdeutsche, die vor der russischen Front zurückfluteten, eingerichtet worden. Sie gaben auch einige Portionen an uns ab.

Bereits vorher hatte ich dem Geflüster einiger polnischer Frauen entnommen, daß es nur eine Frage der Zeit sein würde, bis jemand mich denunzieren würde. Ich nutzte das Durcheinander auf dem überfüllten Bahnhof aus und schlüpfte auf die Straße. Dort fand gerade eine Parade der Braunhemden statt, sie marschierten durch die Stadt, und ich schloß mich an. Ich grüßte sogar mit dem Hitlergruß. Später am Abend, als ich sicher war, daß der Transport, mit dem ich hätte fahren sollen, abgegangen war, kehrte ich zum Bahnhof zurück.

Zu diesem Zeitpunkt beschloß ich, zu dir nach Heidelberg zu fahren. Ich brauchte einige Wochen, mußte immer wieder von einem Zug auf den anderen umsteigen. Ich aß in Suppenküchen, die für die Flüchtlinge eingerichtet waren. (Ich gab mich als Volksdeutsche aus.) Meistens fuhr ich in der Nacht. Am Tage versteckte ich mich, gewöhnlich in Straßengräben oder im Wald, manchmal in öffentlichen Toiletten. Als ich einmal in einer Toilette war, sah ich eine Frau, die mir einen furchtbaren Schreck einjagte. Da war sie, sie glotzte mich an, schien halb verrückt zu sein. Blanca, das war mein Spiegelbild. All der Ruß und Kohlenstaub. Ich mußte dreimal hinsehen, um sicher zu sein, daß ich es war.

Jetzt sehe ich fast präsentabel aus. Aber am schönsten ist, daß ich hier bei dir bin. Wenn du nicht eine Fata Morgana bist, dann ist heute einer meiner glücklichsten Tage seit langer, langer Zeit.«

Marias Wunde war noch nicht ganz verheilt, und in der Nacht wärmte ich Wasser für ein Bad. Als ich ihre Wunde reinigte, begann ich, mir Sorgen zu machen. Würde sie in der Lage sein, morgen im Haushalt unserer Nachbarn in arbeitsfähigem Zustand anzutreten? Als ich mit ihr über meine Befürchtungen sprach, beruhigte sie mich: »Darüber machen wir uns morgen Gedanken, einverstanden?«

Nachdem nun auch Maria in Heidelberg war, verging die Zeit viel schneller und weniger sorgenvoll, denn wir hatten einander, und dadurch war jede Last leichter zu ertragen. Sicher, trotzdem mußten wir hart arbeiten, um unsere Arbeitgeber bei Laune zu halten, aber wenn der Abend kam, genossen wir unsere Zweisamkeit, manchmal in zufriedener Stille. Es gelang uns, jeweils am selben Tag freizubekommen, und dann wanderten wir auf den Waldwegen, die ich früher erkundet hatte. Manchmal war das Schloß das Ziel unserer Wanderungen. Dort hörten wir uns dann ein Freiluftkonzert an, Händehaltend, wie ein Paar verlorener, aber glücklicher Kinder.

Den Kontakt mit dem Osten hatten wir verloren und konnten lediglich hoffen, daß Eduard in Sicherheit war. Maria konnte nur berichten, daß er in einem Krankenhaus in einer kleinen Stadt weiter südlich lag.

Wir versuchten, zwischen den Zeilen der deutschen Presse zu lesen. Aber das war bald nicht mehr erforderlich. Die Zeitungsberichte konnten die deutschen Verluste und Rückzüge nicht mehr verheimlichen. Der Winter 1944 war unser vierter Kriegswinter. Wir hatten so lange überlebt, daß wir begannen, uns Hoffnungen zu machen, wir könnten den Sieg der Alliierten erleben. Radio und Plakate an den Wänden sprachen immer noch vom baldigen Endsieg, die Ardennenoffensive begann und blieb stecken. Das deutsche Volk blieb zuversichtlich, aber wir wurden es mehr und mehr.

Im Winter wurde ich krank. Es begann mit einer Infektion meiner Oberlippe, aber bald bekam ich hohes Fieber. Ich wurde in die Klinik für Fremdarbeiter gebracht und lag unter zahlreichen Kranken und Sterbenden in einem Anbau des Universitätskrankenhauses. Das Essen war knapp und die ärztliche Betreuung ungenügend. Schließlich wurde ich in eine Abteilung für Zivilisten verlegt, dort wurde ich dann ordentlich behandelt. In meinem Delirium fing ich an zu schwören, daß ich eine Jüdin sei und man mich verurteilt habe, weil ich mein Kind verlassen hätte. Maria saß an meinem Bett und gab sich Mühe, mich zu beruhigen. Manchmal mußte sie mir einfach den Mund zuhalten, um meine Schreie zu unterdrücken. Aber Maria mußte arbeiten und konnte nicht ständig bei mir bleiben. Glücklicherweise sprach ich meistens polnisch.

Diese Weihnacht im Krankenhaus war für mich besonders traurig. Im Krankensaal war die Hitlerjugend damit beschäftigt, eine Weihnachtsfeier für die Patienten vorzubereiten. In meinem Delirium wollte ich nicht unter Deutschen sterben, die mich doch nur mit der üblichen Verachtung für »polnisches Gesindel« ansehen würden. Was hatte ich hier zu suchen, würden sie sich denken, ich beanspruchte ja nur Platz, der eigentlich einem Deutschen gehörte. So langsam trieb das Gerede mir den Überlebenswillen aus.

Am Weihnachtstag besuchte mich Maria und brachte mir ein Geschenk meiner Arbeitgeber. Großzügigkeit paßte überhaupt nicht zu ihnen, und ich mußte annehmen, daß man mir die kleinen Geschenke deshalb gab, weil man sich die Freundschaft der Untermenschen, Sklaven und Fremdarbeiter sichern wollte. In Anbetracht der schlechten Kriegsnachrichten müssen sie wohl an die Zeit danach gedacht haben.

An jenem Weihnachtstag wurde ich aus dem Krankenhaus entlassen. Am nächsten Tag, in Marias Dachwohnung, feierten Maria und ich unsere Geburtstage (beide am 26. Dezember), indem wir mit nur in unserer Vorstellung vorhandenem Wein auf den bevorstehenden Sieg der Alliierten anstießen.

Neunzehnhundertfünfundvierzig fing unglücklich an. Diesmal war es Maria, die krank wurde. Sie war die Dachbodenstiege hinuntergefallen und hatte sich ein Bein gebrochen. Sie konnte nichts anderes tun, als einige Wochen lang still im Bett zu liegen. Ihre Arbeitgeber beschlossen, sie bei sich zu lassen. Der Krieg näherte sich dem Westen Deutschlands, und sie dachten wohl, sie würde es bei ihnen besser haben. Als sie im Bett lag und sich langsam erholte, begann das deutsche Radio, endlich Nachrichten über die wahre Lage an den Fronten zu senden: Rückzug aus Belgien, aus Lodz und aus Krakau. Dann Warschau, Schlesien, ein Separatfrieden mit Ungarn, der Ungarns Zugehörigkeit zur Achse beendete. »Aber wir werden die Welt noch in Erstaunen versetzen«, schrien die Radiosprecher. Wir zählten die Tage, die uns noch von der Freiheit trennten.

Als Pattons dritte Armee auf das nahegelegene Mannheim vorstieß, begannen wir wieder die Geräusche des Kriegs zu hören, doch diesmal als Symphonie der Befreiung. Aber das hatte seine Überraschungen und Gefahren. Eines Morgens ertönten die Luftschutzsirenen. Ich war dabei, von den untenliegenden Geschäften nach oben zu steigen, ich trug Lebensmittel und Milchkannen. Plötzlich sah ich Flugzeuge, amerikanische Kampfmaschinen, die sehr tief flogen. Ich stand vollständig im Freien, Deckung war nirgends vorhanden. Also warf ich mich auf den Boden und rollte in den Schutz einer Hecke. Wie dumm wäre es, wenn ich nach allem, was ich erlebt hatte, noch einer alliierten Kugel zum Opfer fallen würde: es war beinahe komisch. Als ich wieder aufstand, bemerkte ich, daß ich, als ich mich Deckung suchend warf, die Milchkannen umgestoßen hatte. Das schien mir ein geringer Preis zu sein, aber Frau Binder war anderer Ansicht. Noch tagelang sprach sie über die Milch, die ich verschüttet hatte. Ich hätte nichts anderes erwarten sollen: Jedesmal, wenn ich etwas zerschlug, behauptete sie, es sei ein »unersetzliches Erbstück«.

Als die Luftangriffe sich häuften, mußte ich meinen Keller mit den Binders teilen. Frau Binder weckte mich dann rücksichtslos und befahl mir, meine Koje ihren Kindern zu überlassen und den Rest der Nacht stehend zu verbringen. Ich konnte das, in Anbetracht der Ursache, nicht wirklich bedauern.

Mit der Befreiung buchstäblich am Horizont überlegten Maria und ich uns, ob wir den näherkommenden Amerikanern durch die Frontlinien entgegengehen sollten. Aber Mannheim war ein Bollwerk der Deutschen. Wahrscheinlich wäre es uns nicht gelungen, aber wir dachten ständig darüber nach.

Während das Radio seine Warnung vor der neuen »Wunderwaffe« hinausposaunte, sahen wir in den Wäldern Deserteure auf der Flucht. Einige kamen ins Dorf und baten um Zivilkleider. Man beschimpfte sie wegen ihrer Pflichtvergessenheit und schickte sie fort.

Mit dem Zusammenbruch entstand für uns eine neue Bedrohung. Wir wußten, daß die Nazis alles daran setzten, die von ihnen begangenen Greueltaten zu verwischen, indem sie die in den Lagern Übriggebliebenen töteten und die ausländischen Arbeitskräfte zusammentrieben, um sie zügig zu eliminieren. Das erfuhren wir durch Flugblätter, die über den Wäldern abgeworfen wurden und alle ausländischen Arbeitskräfte aufforderte, solche Ansammlungen zu meiden und sich zu retten. Maria und ich beschlossen, als Volksdeutsche aufzutreten. Wir erzählten unseren Arbeitgebern diese Geschichte, die sie auch ohne weiteres akzeptierten. Schließlich würden wir als Volksdeutsche nicht zusammengezogen werden, und sie würden ihre Bediensteten nicht verlieren. Vielleicht dachten sie auch, daß wir ihnen nach dem Sieg der Alliierten zur Dankbarkeit verpflichtet sein würden. Wir wurden bei den Behörden pflichtgemäß gemeldet, danach ließ man uns in Ruhe.

In den letzten Tagen des Dritten Reiches fiel mir eine weitere List ein, bei der ich ein wenig Genugtuung verspürte. Es herrschte eine hysterische Angst vor dem bevorstehenden Untergang. Meine Arbeitgeber fürchteten für ihr Eigentum, nicht für ihr Leben. Es zirkulierten Gerüchte, daß die Amerikaner alle Wertgegenstände, hauptsächlich Antiquitäten, beschlagnahmen würden. So fingen wir damit an, die wertvollsten Gegenstände zu verstecken. Ich mußte im Garten eine Grube graben, um dort Porzellan, Kristall, Gold, ja sogar Lebensmittel und Kleider zu deponieren. Jede Schaufel Erde gab mir das Gefühl, das Dritte Reich zu begraben.

Manchmal war Frau Binder von dem Gedanken besessen, daß dieser Teil Deutschlands von den Russen besetzt werden würde. Eines Abends wandte sie sich sehr besorgt an mich: »Broni, Sie haben doch unter der sowjetischen Besatzungsmacht gelebt. Wie war es denn, wie haben Sie es geschafft?«

»Oh, Frau Binder, es war fürchterlich. Sie können sich das nicht vorstellen.« Und ich begann ihr jede mir bekannte, von den Nazis begangene Untat zu schildern – nur daß ich sie nicht den Deutschen, sondern den Sowjets unterstellte.

»Aber das ist ja unglaublich. Was wird aus meiner Familie, aus meinen Kindern?« Sie wollte ausreichend Gift für sich selbst und für ihre Kinder besorgen für den Fall, daß die Sowjets einmarschieren würden.

Ich dachte zurück an die inbrünstige Hoffnung so vieler Ghettomütter, sich selbst und ihren Kindern Gift geben zu können. Ich fragte: »Aber, Frau Binder, wenn Sie Ihre Kinder vergiften und sich erweist, daß es nicht nötig gewesen wäre? Würden Sie sich auch dann umbringen?«

»Ach nein. Ich wäre dann immer noch jung genug, Kinder zu bekommen, für den Führer und für das Vaterland.«

Der März kam, und Deutschland stand in Flammen. »Bombenterror« nannte man es. Das war eine neue Art der Kriegsführung, die die Deutschen erfunden hatten, aber nicht zu vergleichen mit ihren Greueltaten. Vier Millionen sowjetische Soldaten standen in Preußen. Die dritte US-Division stand an den Ufern des Rheins und im Saarland. Dann überquerte die neunte Division die Brücke von Remagen. Aus dem Führerbunker kamen weiterhin Appelle und Drohungen an die Adresse des deutschen Volks. Doch niemand glaubte mehr an die Behauptungen, daß der Krieg schließlich doch noch gewonnen werden würde.

Etwa am 20. März hörten wir von Eisenhowers Aufruf an die Bürger von Frankfurt und Mannheim, zu ihrer eigenen Sicherheit die Städte zu evakuieren. In Heidelberg appellierten die deutschen Behörden an die sehr alten und sehr jungen Deutschen, dem »Volkssturm« oder den »Werwölfen« beizutreten, die hinter den alliierten Fronten weiterkämpfen sollten. Aber einen Tag später eroberte die neunte Infanterie-Division der Amerikaner Mannheim. Am nächsten Morgen war Heidelberg in angstvoller Erwartung. Plötzlich ertönten die Luftschutzsirenen. Was hatte das zu bedeuten? Ich rannte, jede Gefahr ignorierend, hinaus auf den Weg.

»Sie wollen die Straßen freimachen, damit eine Abordnung der Stadt die einmarschierenden Amerikaner empfangen und ihnen Kooperation zusichern kann.« Tatsächlich geschah an diesem Tag gar nichts, denn die Stadträte konnten sich offenbar auf die zu ergreifenden Maßnahmen nicht einigen.

Als ich am nächsten Morgen gerade dabei war, den Küchenboden zu scheuern, kam Maria hereingestürmt.

»Wirf deine Bürste, wirf den Besen fort, komm heraus, die Amerikaner marschieren durchs Dorf!«

Einen Augenblick lang war ich unfähig mich zu rühren. Ich konnte nur die Worte auf mich wirken lassen. Dann stand ich auf und rannte in meinen Pantinen den Bergweg hinunter.

Hinter mir hörte ich die Stimme meiner Hausfrau: »Halt, Broni, wo rennen Sie hin? Kommen Sie sofort zurück, sonst werde ich Sie dem Arbeitsamt melden.«

Lachend blieb ich stehen: »Es ist vorbei. Jetzt ist meine Zeit gekommen, Ihre gehört der Vergangenheit an.« Maria zog schon an mir.

»Komm, kümmere dich nicht um sie!«

Als wir die Straße erreicht hatten, sahen wir die Soldaten in Khaki-Uniform, einige in Panzern, einige zu Fuß, einige jung, einige alt, einige müde, andere neugierig; unter ihren Helmen hervor starrten sie auf zwei »deutsche Mädchen«, die sich umarmten, die vor unbeschreiblichem Glück weinten und lachten.

Aber die Begeisterung sollte von kurzer Dauer sein. Während der Kriegsjahre hatten wir zwei alles beherrschende Ziele gehabt: zu überleben und den Zusammenbruch der Nazis zu erleben. An diesem Karfreitag, dem 1. April 1945 – auf den Tag genau waren es zwei Jahre her, daß Maria und ich auf jenem Polizeirevier in Warschau landeten –, waren unser Gelöbnis und unsere Hoffnungen in Erfüllung gegangen. Die Nazis waren besiegt, und unser Leben, für das wir so hart gekämpft hatten, war nicht mehr in Gefahr. Aber was war es wert? Wir hatten keine Familien, kein Zuhause, keine Zukunft – nur die unerträgliche Vergangenheit. Wie zum ersten Mal öffneten wir uns ganz den Bildern und Gerüchen aus den Ghettos, die sich über so viele Jahre angesammelt hatten: von nicht gekennzeichneten Gräbern, von dem Übelkeit erregenden Geruch verwesender Körper in der Luft, von erstickten, verstümmelten, gemarterten Kindern. Wie würden wir mit diesen Erinnerungen, mit diesen Schuldgefühlen leben können? Mit diesen Gedanken, diesen Fragen, diesen Ängsten begrüßten wir die ersten Augenblicke unserer Befreiung.

Dreizehntes Kapitel
Nachspiel

Als wir so am Straßenrand saßen, überschattete unsere Hoffnungslosigkeit das Glücksgefühl der Erleichterung. Truppen marschierten an uns vorüber, ein amerikanischer Offizier löste sich aus der Reihe und kam auf uns zu. Er schien sich über unsere Tränen zu wundern. Er sprach uns auf englisch an, was wir nicht verstanden. Wir unsererseits versuchten es auf deutsch, polnisch, russisch und französisch. Nichts schien zu funktionieren. Dann leuchteten seine Augen auf – und heraus kamen einige Worte in Jiddisch: »Seid ihr etwa Jüdinnen?« Wir nickten überrascht.

Irgendwie gelang es ihm, sich uns gegenüber verständlich zu machen. Er sagte uns, daß er Feldprediger in der US-Armee sei und wir die ersten jüdischen Überlebenden, die er treffe. Er konnte nicht bleiben, kritzelte aber seinen Namen auf einen Zettel und sagte uns, wir möchten ihn doch im Rathaus in Heidelberg besuchen, wo sich das amerikanische Hauptquartier befand.

Als er fortgegangen war, folgten wir den Truppen bis ins Stadtzentrum. Heidelberg hatte sich zuletzt ohne Widerstand ergeben, deshalb gab es auch keine Zerstörungen. Als wir langsam durch die Stadt gingen, wurde uns klar, daß wir noch immer in großer Gefahr schwebten. Obwohl wir uns auf der amerikanischen Seite der Front befanden, war der Krieg immer noch im Gange, und es gab keinerlei Anzeichen einer unmittelbar bevorstehenden deutschen Kapitulation. (Tatsächlich endete der Krieg in Europa offiziell erst einen ganzen Monat später.) Die neunte Division befand sich nur auf dem Durchmarsch. Sie würde höchstens eine kleine Abteilung zur Kontrolle der Stadt zurücklassen. Wir hätten ebensogut in Niemandsland sein können. Wir fürchteten uns davor, zu unseren Arbeitgebern zurückzukehren, und gingen statt dessen in die Wohnung, in der Cesia arbeitete. Sie nahm uns für die

Nacht auf. Jetzt, da der Krieg zu Ende war, tat die Witwe, bei der sie arbeitete, alles, um uns behilflich zu sein.

Am nächsten Morgen stellten wir uns im Rathaus vor und erkundigten uns nach dem Feldprediger. Er war schon fort, hatte aber hinterlassen, daß wir erwartet würden. Der diensthabende Offizier versprach, so schnell wie möglich etwas für uns zu finden.

Als wir gingen, fragte mich Maria: »Nun, was sollen wir jetzt anfangen?«

»Ich habe keine Ahnung; ich denke, wir sollten in Cesias Keller zurückgehen.«

»Das kommt für mich nicht in Frage«, antwortete Maria energisch. »Ich werde zu meinem Arbeitgeber zurückgehen. Ich habe dort sechs Monate wie eine Sklavin gearbeitet; jetzt sollen sie mich für einige Tage aufnehmen. Dann werde ich den Ortsvorsteher aufsuchen und mir eine nette kleine Wohnung requirieren.«

Ich war entsetzt: »Maria, der Platz wimmelt von Nazis. Du bist viel zu ungeschützt. Es lohnt sich nicht.«

»Im Gegenteil, es wird sich lohnen. Ich will sehen, wie der Herr Doktor und seine Frau es erdulden werden, mit ihrem ehemaligen Dienstmädchen, das obendrein noch Jüdin ist, für einige Zeit zusammenleben zu müssen in ihrem arischen Heim. Übrigens werden sie mich beschützen müssen. Jetzt brauchen sie uns. Man kann im besetzten Deutschland keinen besseren Freund haben als einen Juden.«

Es stellte sich heraus, daß Maria recht hatte.

In jenem Frühjahr, befreit aus der Sklaverei, wanderten wir jeden Tag viele Stunden auf dem Philosophenweg, obwohl es nicht erlaubt war, nach Anbruch der Dunkelheit noch draußen zu sein. Wie uns von den Besatzungsbehörden versprochen worden war, wurde mir nach ein paar Tagen eine kleine Wohnung in der Altstadt zugewiesen. Nachdem wir ein Dach über dem Kopf hatten, bestand unser wichtigstes Problem darin, Lebensmittel und Geld zu beschaffen. Deutsche Mädchen hatten keine Bedenken dagegen zu fraternisieren, aber

wir konnten uns nicht überwinden, unsere Hände auszu-
strecken, um Schokolade oder Büchsenfleisch zu bekommen.
Nach Jahren der Sklaverei wollten wir nicht zu Bettlerinnen
werden. So mußten wir uns also vor der Suppenküche beim
Stadtkrankenhaus anstellen.

Immer wenn wir mit den Besatzungsbehörden verhandeln
mußten, waren wir den Dolmetschern ausgeliefert, das waren
Deutsche, die kein Interesse daran hatten, unsere Wünsche
an die amerikanischen Offiziere weiterzugeben. Obwohl wir
zusammengenommen ein halbes Dutzend Sprachen beherrschten, konnten sich weder Maria noch ich mit unseren
Befreiern direkt verständigen.

Als wir eines Tages durch die Stadt schlenderten, bemerkten wir ein neues Plakat. Die amerikanischen Behörden organisierten ein Treffen aller Juden, die überlebt hatten. Die Versammlung sollte in einem Haus hinter der ausgebrannten
Synagoge von Heidelberg stattfinden.

An dem betreffenden Tag machten wir uns rechtzeitig auf
den Weg und fragten jeden Passanten nach dem Weg zur
alten Synagoge. Sie sahen uns erstaunt an:

»Wo wollen Sie hin? In Heidelberg gibt es keine alte Synagoge.«

»Ja, ja, das wissen wir. Aber die Ruine, wissen Sie, wo die
sich befindet?«

Endlich zeigte uns ein kleiner Junge den Weg. »Dort ist
jetzt ein Kinderspielplatz«, sagte er.

Eine Gruppe verhältnismäßig junger Leute hatte sich schon
versammelt. Nur wenige kannten sich. Wir fingen an, uns in
kleinen Gruppen vorzustellen. Einige hatten, wie wir auch,
mit falschen Papieren überlebt. Andere waren in Arbeitslagern gewesen. Manche waren Dienstmädchen, andere Fabrikarbeiter gewesen, und immer wieder hörten wir die Rufe der
Freude oder der Überraschung. Aus Fremden wurden sofort
Freunde. Die Menschen umarmten, küßten sich – oder hielten
sich einfach fest an der Hand. Ich stand mittendrin und verstand nur einzelne Bruchstücke der Unterhaltung.

»Das kann ich nicht glauben, Friedrich! Sie sind doch kein Jude! Ich habe zwei Jahre an Ihrer Seite gearbeitet und hatte immer Angst, daß Sie mich denunzieren würden!«

»Ich Sie denunzieren? Sie sahen so hundertprozentig aus wie ein Goj und schienen mich immer mißtrauisch anzusehen.«

Ein junger amerikanischer Rabbiner hatte die Versammlung organisiert. Zu Tränen gerührt sagte er uns, wir seien die ersten überlebenden Juden, die er kennengelernt habe. Während der folgenden Wochen machte er es sich zur Aufgabe, uns zu helfen, Unterkunft, Nahrung und Arbeit zu finden. Er unterstützte unsere Bemühungen, uns in unserem neuen Leben zurechtzufinden. Sein Ratschlag an alle war: »Lernt Englisch!« Daraufhin lud ich eine junge deutsche Frau, die die Sprache gut beherrschte, ein, bei mir zu wohnen. Sie hatte nichts anderes zu tun, als mit mir Englisch zu sprechen. Es war Intensivunterricht. Nach einigen Tagen konnte ich schon einfache Gespräche führen. Maria machte auch gute Fortschritte.

Aber sie flößte mir weiterhin Sorge ein. Als sie eines Morgens von der Wohnung ihres Arbeitgebers in die Stadt kam, wartete sie mit einer neuen Geschichte auf:

»Gestern abend machte mir der Herr Doktor einen Besuch. Er sagte mir, daß ich gehen müsse. Er sagte auch, daß seine Frau den Haushalt nicht allein bewältigen könne und sie deshalb ein neues Dienstmädchen würde einstellen müssen, daher benötigten sie mein Zimmer.«

»Du hättest schon vor Wochen ausziehen sollen«, bemerkte ich.

»Ich sagte zu ihm: ›Sicher, ich werde gern gehen, sobald die Behörde eine Wohnung für mich findet.‹ Dann wechselte er das Thema: ›Maria!‹ sagte er, ›Was werden Sie und Ihre Freundin Broni jetzt, da der Krieg zu Ende ist, tun? Werden Sie nach Polen zurückgehen?‹ ›Nein‹, sagte ich, ›jedenfalls nicht sofort. Wir werden noch eine Weile hierbleiben und uns ausruhen. Es ist sehr schön hier, und wir müssen uns von den vielen Kriegsjahren erholen.‹ Daraufhin er: ›Nun, ich nehme an, Sie haben es sowieso nicht gerade eilig, nach Polen zurückzukommen. Dort werden Sie vieles, was Sie in Deutschland getan haben, erklären müssen: Zuerst traten Sie als Polen auf, dann als Volksdeutsche. Die sowjetische Besatzungsmacht wird Ihnen knifflige Fragen stellen.‹ Das war zuviel des Guten. Ich starrte zu Boden und sagte ihm, daß wir von den Sowjets nichts zu befürchten hätten. Wir seien weder faschistische Polen noch Volksdeutsche: ›Wir sind Juden, Sie dummer Mensch, und wir werden von den antifaschistischen Kräften dafür geehrt werden, daß wir Ihren Krieg überlebt haben.‹«

Ich war überrascht. »Du meinst, du hattest es ihnen nicht gesagt, und sie hatten es nicht selber herausgefunden?«

»Nach dem Gesichtsausdruck des Herrn Doktor mußte ich annehmen, daß sie es nicht erraten hatten. Aber er begann, andere Töne anzuschlagen. Unvermittelt sagte er: ›Komisch, ich habe immer geglaubt, Sie seien Jüdinnen. Das ist der Grund, weshalb wir Sie bei uns behalten haben: nämlich um Sie zu beschützen.‹ Ich sagte: ›Wenn Sie auch nur die leiseste Ahnung gehabt hätten, daß wir Jüdinnen sind, hätten wir doch keinen Tag überlebt.‹ – ›Nein, nein‹, sagte er, ›ich gebe Ihnen mein Wort.‹ Und dann legte er los, die Dämme öffneten sich, und er redete unaufhaltsam über die vielen jüdischen Ärzte, denen er das Leben gerettet, indem er sie in die Schweiz geschmuggelt habe. Schließlich konnte ich es nicht mehr aushalten und warf ihn hinaus.«

»Aber wann wirst du denn endlich auszuziehen?« fragte ich. »Blanca, ich werde nicht weggehen. Mein Chef sagte schließlich, ich könne solange bei ihm bleiben, bis ich eine eigene Wohnung gefunden hätte. Als ob er mich hindern könnte. Als er gegangen war, fühlte ich mich großartig und wollte sofort zu dir gehen und dir alles erzählen. Aber wegen des Ausgehverbots mußte ich in der Wohnung bleiben. Wenn du nur hättest dabeisein können. Die Rache war süß. Nur die Deutschen haben ein Wort dafür: Schadenfreude.«

Bald darauf bekamen Maria und ich eine Stellung in einem USO-Club für Soldaten. Unsere Beschäftigung bestand hauptsächlich im Servieren oder Aufwärmen von Doughnuts, die die Soldaten liebten. Auch wir aßen davon und begannen zuzunehmen. Was aber wichtiger war: wir lernten die Sprache immer besser, und zwar die lebende Sprache der Amerikaner und nicht das hochtrabende Schulbuch-Englisch meiner deutschen Lehrerin. Ich lernte sogar Worte, die in einem Wörterbuch nicht zu finden waren. Ohne ihre Bedeutung genau zu kennen, begann ich meine Umgangssprache mit »damn« und »hell« und noch viel Schlimmerem zu würzen.

Eines Nachmittags unterhielt ich mich mit einem Offizier auf englisch. Nach ein paar Sätzen unterbrach er mich. »Wo haben Sie gelernt, ein solches Englisch zu sprechen?« fragte er.

»Genau hier, von den Soldaten.«

»Nun, Sie sprechen ja ganz gut, aber dieses Gossen-Englisch dürfen Sie nicht sprechen. Damen gebrauchen solche Wörter nicht. Kapiert?« Bald genug hatte ich, zu meiner Verlegenheit, verstanden.

Das Wichtigste für mich unmittelbar nach dem Krieg war, Englisch zu lernen. Meine ganze Zukunft hing davon ab. Als ich besser sprechen lernte, wurde ich in bessere Positionen befördert, die mehr und mehr Englisch verlangten. Eine Woche nachdem ich Kellnerin geworden war, avancierte ich zum Informationsschalter des Freizeitzentrums. Um meiner Aufgabe gerecht zu werden, lernte ich ein halbes Dutzend Auskünfte auswendig, um sie dann je nach Stichwort einzusetzen. Wenn ich also »mess hall« hörte, setzte ich meinen angelernten Spruch über die Öffnungszeiten, den Weg dorthin und so weiter ein.

Eines Nachmittags kam ein Offizier an meinen Schalter und bat um eine Auskunft. Was er sagte, klang wie »mess hall«. Ich gab ihm die auswendig gelernte Auskunft. Er sah mich überrascht an, und ich begann, mich darüber zu wundern, was ich wohl falsch gemacht haben könnte.

»Welche Sprachen sprechen Sie?« fragte er mich.

Ich dachte, er hätte mich gefragt: »Was für eine Sprache sprechen Sie?« und antwortete: »Na, Englisch natürlich!«

Der Offizier merkte, daß ich ihn nicht verstanden hatte: »Ich meine: außer Englisch.«

Ich nannte drei andere Sprachen, aber keine von ihnen sprachen wir beide. Schließlich versuchte er es, wie der Feldprediger, mit ein wenig Jiddisch.

Das gelang dann auch, und er sagte mir, er habe um eine Wegbeschreibung zum Schloß, nicht zur »mess hall« gebeten. Er ging lachend. »Sie werden schnell Englisch lernen, meine Liebe, weil Sie genug Chuzpe haben, sich hinter den Informationsschalter zu stellen, obwohl Sie nicht einmal die Sprache beherrschen.«

Nach einigen Minuten kehrte er zurück: »Hören Sie bitte: Anstatt das Schloß zu besichtigen, würde ich lieber einige Zeit mit Ihnen zusammen sein. Wie wäre es, wenn wir irgendwo hingehen würden?« So verbrachten wir dann den Rest des Nachmittags in einer Konditorei, wo ich diesem jungen Offizier in meinem gebrochenen Jiddisch und Englisch meine Erlebnisse während des Krieges erzählte. Betrübt verließ er am nächsten Tag Heidelberg. »Das, was geschehen ist, darf nicht vergessen werden.« Das war mir schon zu einem Motto geworden.

Einen Monat später stellte mich die UNRRA an – die »United Nations Relief and Rehabilitation Administration«. Der Direktor der Heidelberger Zweigstelle war ein kanadischer Jude namens David Wodlinger. Maria, Cesia und mir gegenüber war er von größter Höflichkeit, aber es lag ihm sehr viel daran, alles nur Mögliche über das zu erfahren, was geschehen war. Nachdem wir einige Tage in seinem Büro gearbeitet hatten, verschaffte er Maria und mir Arbeitsplätze, erst im UNRRA-Hauptquartier in Frankfurt am Main, später im »American Joint Distribution Committee« im Gebäude der UNRRA – ein beschlagnahmtes Büro der IG-Farben. Der Leiter des Büros, Jacob Trobe, sagte uns, wir seien seine ersten europäisch-jüdischen Angestellten.

Als der Krieg schließlich am 9. Mai beendet war, hatten wir noch keine unmittelbaren Kenntnisse von den Leiden in den Lagern und in den Fabriken für Zwangsarbeiter. Erst jetzt, als die Menschen nach und nach Frankfurt erreichten, erhielten wir Kenntnis von den schrecklichen Einzelheiten. »Joint« – unter diesem Namen war es bekannt – eröffnete für »displaced persons«, DPs, ein Lager in Zeilsheim bei Frankfurt-Höchst. Dort versuchten wir, sie mit den lebensnotwendigen Dingen zu versorgen. Da wir mehrere Sprachen sprachen, gingen Maria und ich täglich in die Lager und lernten dort kürzlich befreite Überlebende kennen, die aus ganz Deutschland ins Lager kamen. Meistens wollten sie wissen, ob Mitglieder ihrer Familien es ebenfalls geschafft hätten. Sie fragten uns immer und immer wieder. Ich tat genau das gleiche; ich suchte jemanden, irgend jemanden, der aus meiner Heimatstadt Gorlice stammte. Ich mußte wissen, was mit meinen Zwillingsbrüdern geschehen war. Ich hatte sehr bald den Kontakt mit ihnen verloren, nachdem sie in das Arbeitslager von Płaszów eingeliefert worden waren. Endlich erzählte mir ein Mann etwas über einen Jungen, mit dem er in einem Konzentrationslager zusammengewesen war und der gesagt hatte, er sei aus Gorlice.

»Ist er hier? Können Sie ihn finden?«

»Ich glaube ja.«

Ich folgte ihm durch das Lager, bis er mich zu einem achtzehnjährigen Jungen brachte, der mich mißtrauisch ansah.

Ich erkannte ihn, es war mein Vetter Josef Korzenik, der Bruder von Paula Bergman. Lächelnd sagte ich zu ihm: »Ich bin deine Cousine Blanca.« Er brach weinend in meinen Armen zusammen. Ich konnte nicht erwarten, daß er mich wiedererkannte, denn er war erst sechs, als ich nach meiner Heirat Gorlice verlassen hatte. Als die Deutschen kamen und die Aktionen begannen, wohnte er noch dort. Er wußte alles, was meiner Familie zugestoßen war. Er erzählte mir die Geschichte jedes einzelnen.

»Was ist aus Bernie und Izak geworden?« fragte ich ihn und unterbrach seinen Bericht.

»Als ich sie das letzte Mal sah, wurden wir alle in eine große Halle getrieben. Dort nahmen sie die Selektion vor, Mütter und Kinder nach links, Männer nach rechts. Ich hielt mich an meines Vaters Hand fest, deine Brüder an den Händen ihres Vaters, deines Vaters. Als die Deutschen mit der Selektion begannen und die alten von den jüngeren Männern trennten, schoben uns unsere Väter, deiner und meiner, zu einer Gruppe junger Leute, die auf ihren Abtransport in ein Arbeitslager warteten. Wir alle wurden an jenem Tag weggeschafft. Das war das letzte Mal, daß ich deine Brüder gesehen habe. Wir fuhren in verschiedenen Transporten.

Später erfuhr ich, wie es ihnen ergangen war. Sie brachten die ersten drei Jahre in Arbeitslagern hinter sich. Sie kamen in verschiedene Lager, landeten dann aber im Lager Krakow-Płaszów. Erst eine Woche oder zehn Tage vor dem Ende räumte die SS die Lager und trieb die Insassen in Richtung Westen, um den Sowjets zu entkommen. Tag und Nacht trieben sie sie gnadenlos weiter, ohne Nahrung, ohne Wasser. Wer stürzte oder stolperte, wurde einfach erschossen. Das war auch das Schicksal deiner Brüder; ich hörte es von Augenzeugen.«

Meine Zwillingsbrüder. Sie waren erst achtzehn und der Rettung so nah gewesen. Wir baten Joe, uns in Höchst zu besuchen. Er war vielleicht der einzige, der von meiner Familie übriggeblieben war. Joe hatte sechs verschiedene Lager überlebt. Wir fragten ihn gründlich aus, da wir alles wissen wollten. Er erzählte von den Greueln, die er und andere erlitten und gesehen hatten. Joe seinerseits wollte alles erfahren, was wir erlebt hatten. Nachdem er uns angehört hatte, bemerkte er: »Aber ihr seid ja Heldinnen.«

»Warum sagst du das, Joe?« antwortete ich. »Was wir erlebten, ist nichts im Vergleich zu dem, was dir in den Lagern angetan wurde.«

»Nein, siehst du nicht den Unterschied? Wir wußten, wo wir waren, und wir wußten auch, was mit uns geschehen würde. Solange wir arbeitsfähig waren, würden wir überleben, und sollten wir nicht mehr arbeiten können, würde man uns töten. So einfach war das. Ihr beide habt draußen gelebt, ihr mußtet um euer Überleben kämpfen, von Feinden umgeben, allein, ihr mußtet stets auf der Hut sein und habt nie gewußt, aus welcher Richtung die nächste Bedrohung kommen würde.« Ich widersprach ihm nicht.

»Ich erinnere mich an den Tag, an dem es mir bei der Arbeit gelang, ein paar halbverfaulte Kartoffeln zu ergattern. Als ich nachts in die Baracke zurückkam, verlangte die Wache, daß ich mich ausziehen solle, er fand die Kartoffeln und schlug mich bewußtlos ... und das für zwei halbverfaulte Kartoffeln.«

An diese Erzählungen mußte ich stets denken, wenn ich hörte, wie deutsche Zivilisten behaupteten, nie etwas von den Vernichtungslagern gehört zu haben. Unsere Wirtin gehörte dazu. Ihr Mann war ein Sanitätsoffizier in einem der Lager gewesen und jetzt von den amerikanischen Behörden interniert. Unmißverständlich erklärte sie, nie etwas von diesen Lagern gehört zu haben, obwohl ihr Mann jedes Wochenende nach Hause gekommen war.

Unsere Anstellungen in der UNRRA und danach im »Joint« brachten uns in Verbindung mit einer ganzen Flut von heimatlosen Menschen, die ziellos von einem Ort zum anderen über alle Grenzen Mitteleuropas zogen. Mit den jungen Leuten hatten wir am meisten Mitleid. Alles, was wir tun konnten, war, ihnen materielle Hilfe zu geben. Ihre Wunden konnten wir nicht heilen, sie saßen zu tief. Obwohl der Krieg zu Ende war, verleugneten viele weiterhin ihre jüdische Herkunft, selbst wenn sie damit auf die Unterstützung von »Joint« verzichten mußten. Sie hatten ihre Lektion zu gut gelernt.

Als dann die UNRRA das Vermißtenbüro organisiert hatte, verbrachten wir den größten Teil unserer Zeit bei den Flüchtlingen damit, daß wir lange Listen mit ihnen durchgingen, um Verwandte zu finden, und vor allem, um Eltern und Kinder wieder zusammenzubringen. Meist war alles, was wir tun konnten, die Informationen zu speichern sowie auf den Listen Namen und noch mehr Namen einzutragen; selten kam es zu einer Zusammenführung. Wir brachten Menschen aus der gleichen Stadt oder auch nur Region zusammen und zeichneten gewissenhaft jeden Namen auf, an den sie sich erinnern konnten. Aber wir hatten wenig anzubieten – ausgenommen vage Hoffnungen.

Eines Tages kamen zwei Mädchen aus Gorlice in unser Büro. Obwohl wir in derselben Stadt aufgewachsen waren, kannte ich keine von beiden.

Ich fragte sie, ob sie meine Brüder, Bernie und Izak, gekannt hätten?

»Ja, wir arbeiteten ungefähr ein Jahr zusammen mit ihnen in Krakow-Płaszów, aber dann wurden sie nach Skarzyska geschickt.«

»Moment mal«, sagte das zweite Mädchen, »ich erinnere mich daran, daß mir jemand gesagt hat, sie hätten es geschafft und überlebt!« Diese Nachricht weckte in mir selbst den Zwiespalt zwischen Hoffnung und Verzweiflung, den ich bei so vielen anderen beobachtet hatte.

Ein paar Tage später sagte mir ein neu aus dem Osten angekommener DP, daß er meinen Mann Wolf in Kattowitz gesehen hätte. Auf solche Berichte konnte ich mich nicht verlassen, aber ich wußte, daß ich nach Polen zurückgehen müßte, um selbst soviel wie möglich herauszubekommen. Vielleicht hatte jemand aus meiner Familie überlebt. Auch Maria hatte etwas über die Überlebenden ihrer Familie erfahren. Ihre Schwester Frania und Franias Sohn Leszek waren als Überlebende gemeldet worden. Wir entschieden uns beide zur Rückkehr. Das würde nicht einfach sein. Die Grenzen waren noch immer geschlossen. Wir hatten keine Dokumente. Wir würden durch mehrere Besatzungszonen fahren müssen, und einen Reiseauftrag, den wir zum Erwerb der Fahrkarten brauchten, gab es sowieso nicht.

Wir besprachen das Problem mit unserem Chef bei »Joint«, Jacob Trobe.

»Fahren Sie nicht«, riet er uns. »Es ist zu riskant. Sobald die Grenzen geöffnet werden und alles sich einspielt, werden wir Ihnen helfen. Jetzt ist es noch zu früh.«

»Nein, wir müssen sofort fahren.« Maria und ich blieben unnachgiebig. »Mit jedem Tag verwischen die Spuren mehr und mehr.«

Wir gaben unsere Stellungen auf, bereiteten uns auf die Abreise vor und verabschiedeten uns. Trobe gab uns Empfehlungsschreiben mit auf den Weg, worin die Offiziere des »Joint« gebeten wurden, uns auf der Reise durch Deutschland nach Polen jede Unterstützung zukommen zu lassen. Und die bekamen wir auch. Quer durch Deutschland bekamen wir immer Unterkunft und Transportgelegenheiten, Nahrung und Schutz. Von Frankfurt war unser Ziel Regensburg via München. Wir waren zu dritt, denn wir hatten Joe mitgenommen, der seine Schwester suchen wollte. Die Grenze bei Regensburg würden wir nachts in einem Wald überqueren müssen. Als wir nach München kamen, warnte man uns, daß dies gefährlich sein könnte. Sowohl die deutschen wie auch die tschechischen Grenzpatrouillen hatten damit begonnen, auf Menschen aus beiden Richtungen zu schießen. In München lernten wir Leute kennen, die Juden aus Polen nach Palästina schleusten. Auch sie rieten uns dazu, noch einige Wochen zu warten, aber wir hörten nicht auf sie.

Auf dem Bahnhof in München, als ich auf die Abfahrt des Zuges nach Regensburg wartete, begann ich mir Sorgen zu machen. Was würde geschehen, wenn wir den Übergang nicht schafften oder auf der anderen Seite geschnappt wurden? Ich wandte mich an Maria:

»Hör zu: es wäre dumm, wenn wir beide zusammen gingen. Das wäre nicht klug. Wenn eine von uns zurückbleibt und die andere Schwierigkeiten bekommt, dann kann die Zurückgebliebene beim ›Joint‹ in Frankfurt Hilfe organisieren. Ich werde fahren, und du kehrst um, ich werde für dich Frania und Leszek finden.«

Es war nicht leicht, sie zu überzeugen, aber schließlich

stimmte Maria meinem Vorschlag zu. Wir trennten uns wieder einmal, es war zum dritten Mal. Während wir uns weinend in den Armen lagen, zog sie ihren Mantel aus und bemühte sich, eine Naht zu öffnen. Heraus kam eine zerknitterte Hundert-Dollar-Note, die sie seit ihrer Abreise aus Warschau im Herbst 1944 aufgehoben hatte. Mit diesem Guthaben sollte ich das sowjetisch besetzte Polen erreichen.

Als wir den Pfiff der Lokomotive hörten, bestiegen Joe und ich den Zug. Einige Stunden später erreichten wir Regensburg und trafen den Führer, der uns über die Grenze bringen würde.

Mitternacht war schon vorüber, als wir die Stelle erreichten. Der Führer ging voraus. Um uns herum hörten wir Gewehrschüsse, er forderte uns auf zu laufen. Einige von unserer Gruppe ließen ihr Gepäck fallen, um schneller vorwärts zu kommen, aber nach einiger Zeit verlangsamte unser Führer seine Schritte, lächelte und sagte: »Willkommen in der Tschechoslowakei!« Wir erreichten einen Grenzbahnhof und stiegen in einen Zug nach Prag.

In Prag machte ich mich auf den Weg zum »Joint«-Büro; dort bekam ich aufgrund meines Empfehlungsschreibens Unterkunft, Essen und Unterstützung für den nächsten Abschnitt meiner Reise. Ich mußte einen Tag warten, bevor ich mich auf den Weg nach Polen machen konnte, und so versuchte ich, soviel wie möglich von Prag kennenzulernen.

Ich war noch nie in Prag gewesen, obwohl Wolf dort studiert und mir viel von der Schönheit der Stadt erzählt hatte. Ich wollte Prag als freie Frau, nicht als Bronislava Panasiak erkunden. Das erste war, daß ich mein sorgfältig gepflegtes »arisches« Aussehen ablegte. Ich ging in einen Schönheitssalon und bat die Friseuse, eine junge Tschechin, meine langen blonden Zöpfe, die ich wie eine bayrische Bäuerin in einem Kranz um meinen Kopf geschlungen hatte, abzuschneiden. Das Mädchen sprach tschechisch und ich polnisch, trotzdem kamen wir miteinander ganz gut zurecht. Wir hätten uns genausogut auf deutsch unterhalten können, eine Sprache, die wir beide beherrschten, aber beide hatten wir keine Lust mehr, sie zu gebrauchen.

»Sie haben so wundervolles blondes Haar, warum wollen Sie es loswerden?«

Ich erzählte ihr kurz meine Geschichte. Trotz der Tränen in ihren Augen arbeitete sie weiter. Als sie fertig war, sah ich in den Spiegel und erblickte eine ganz veränderte Frau.

»Was bin ich Ihnen schuldig?«

»Bitte, es war für mich eine große Freude und eine Ehre. Sie sind die erste jüdische Überlebende, die ich kennengelernt habe. Ich kann von Ihnen nichts annehmen.«

Ich verließ sie mit dem Gefühl, daß wir mehr gemeinsam hatten, als nur den Haß auf alles Deutsche.

Am nächsten Tag machten Joe und ich uns auf den Weg nach Kattowitz, ausgerüstet mit einer Besuchserlaubnis, die »Joint« uns ausgestellt hatte. Morgens, gleich nach unserer Ankunft, gingen wir zum Ausschuß für jüdische Überlebende und baten um ein Verzeichnis für Kolomyja. Der einzige Name auf der Liste, den ich kannte, war der eines Kollegen von Wolf, eines Dr. Stern. Aber er war mit einer Adresse in Gdingen aufgeführt, einer Hafenstadt an der Ostsee, Hunderte von Kilometern weiter nördlich. Mir blieb nichts anderes übrig, als dorthin zu fahren; es würde gefährlich sein, und ich würde zwei Tage auf eine Fahrkarte und einen Platz im Zug warten müssen, aber daran war nichts zu ändern. Selbst auf den Wagendächern war kein Platz frei.

Ich nahm ein Zimmer, um die zwei Tage bis zur Abfahrt meines Zugs zu warten. Am nächsten Morgen, als ich wieder zum jüdischen Ausschuß ging, bemerkte ich einen hochgewachsenen Mann, der eine russische Uniform trug. Als wir uns näherten, sah ich, daß es mein Mann Wolf war; wie ich war er ebenfalls unterwegs in dasselbe Büro und mit derselben Absicht: mich zu finden.

Unsere Begegnung verlief zurückhaltend. Unsere Unterhaltung war gezwungen, beinahe kalt. Ich schauderte über die innere Leere, die ich nach den vier Jahren der Trennung von meinem Mann empfand. Wir standen uns gegenüber, versuchten, uns einzuschätzen, wir faßten uns nicht an, wir weinten nicht, wir blickten uns nur an. Schließlich sagte ich: »Laß uns in mein Hotel gehen.«

Als wir uns auf den Weg machten, begann Wolf zu sprechen: »Blanca, was ist mit unserem Sohn?« Plötzlich fühlte ich mich angeklagt und brach zusammen: »Er ist dort, wo jetzt die meisten unserer Kinder sind.« Jetzt erkannte ich den Abgrund, der uns beide trennte: auf meiner Seite das Gefühl, verlassen und betrogen worden zu sein; auf seiner Seite ein Gefühl der Schuld, das Bedürfnis, sich zu rechtfertigen, sich zu erklären. Und doch begann er mit Vorwürfen. Warum hatte ich überlebt und nicht sein Sohn? Während ich weinte, fing er an, sich über Belanglosigkeiten zu unterhalten. Ich haßte ihn.

Später unterhielten wir uns. Wolf war in Preußen stationiert mit einem sowjetischen Feldlazarett. Er hatte schon vor einiger Zeit erfahren, daß ich überlebt hatte. Es gab Gerüchte, ich sei irgendwo in Deutschland. »Ich wollte dich finden, aber ich wußte nicht, wie ich es anfangen sollte.«

Ich schwieg.

»Ich habe heute nachmittag frei, laß uns nach Gleiwitz gehen!« Das war eine kleine Stadt in der Nähe.

»Warum gerade Gleiwitz?«

»Ach, ich habe vergessen, es dir zu sagen: Sam wohnt dort. Erinnerst du dich: Samuel Rosenberg.«

Der Name traf mich wie ein Donnerschlag: hier war ich nun zum ersten Mal seit vier Jahren mit meinem Mann zusammen – und er war mit Eifer dabei, mich in eine Vergangenheit zurückzuversetzen, die zu unterdrücken und zu vergessen ich mich gezwungen hatte. Allein die Erwähnung dieses Namens erweckte lang schlummernde Gefühle, und dies in einer Stärke, der ich kaum zu widerstehen vermochte.

Wir fuhren nach Gleiwitz. Das Wiedersehen rührte uns tief. Wir drei tauschten unsere Ansichten und alles, was wir wußten, über Menschen, die wir verloren oder wiedergefunden hatten, aus: Helden und Schurken. Sam holte alles aus mir heraus, was ich über seine Frau und seine Tochter wußte. Dann sprachen sie über ihren Krieg, Wolf über Sibirien, Sam über Stalingrad.

Nach einiger Zeit begann Wolf über ein Mädchen zu sprechen, ein russisches Mädchen, das er sehr gern hatte. Er hatte gehofft, es aus Rußland heraus nach Polen bringen zu können. Nachdem er aber nun wieder eine Frau hatte, griff er nach einem Strohhalm und wandte sich an Sam:

»Könntest nicht du sie heiraten und nach Polen bringen?« Obwohl er seine Zuneigung zu mir behauptete, begriff ich, was in Wolfs Herz und Verstand vorging. Nachdem ich von seinem Mädchen in Moskau gehört hatte, war für mich das Maß voll. Wir waren nur kurz verheiratet gewesen, und das lag schon so lang zurück. Durch die Kriegsjahre war alles anders geworden. Um überleben zu können, hatte ich einen furchtbaren Preis bezahlen müssen. Keine Eltern, keine Brüder, kein Kind – mein nächster Verwandter war ein Vetter zweiten Grades. Die Zeit war, so schien mir, gekommen, ein neues Leben auf den zerstörten Resten meines alten aufzubauen. Jetzt endlich fühlte ich mich wirklich frei und wußte, es war an der Zeit, auch Wolf seine Freiheit zu geben.

»Für uns gibt es kein Zurück«, sagte ich. »Laß jeden von uns seinen eigenen Weg gehen.« Wolf schien traurig, aber ich hatte den Eindruck, daß er gleichzeitig auch erleichtert war.

Einige Tage später ging ich nach Krakau und fand Frania und Leszek. Es war ein warmes und herzliches Wiedersehen. In unseren Gedanken war die abwesende Maria stets gegenwärtig. Sie sagten mir, daß Menek auch überlebt habe und nun in Lwów arbeite. Von Krakau ging ich nach Lodz, um dort meine Freundin Lodzia Klepfisz zu treffen. Der Zweck meiner Reise war erreicht, ich fuhr zu Sam nach Gleiwitz zurück und begann, meine Rückreise nach Frankfurt und zu »Joint« zu planen. Ich wußte, daß mir mein Heimatland nichts mehr zu bieten hatte. Ich traf Vorbereitungen für die Abreise, aber Joe wollte mit mir zusammen unsere alte Heimatstadt Gorlice besuchen.

»Du mußt mitkommen. Es war deine Heimat. Deine Großeltern besaßen dort ihre Häuser und eine Fabrik. Du bist die einzige, die übriggeblieben ist. Du mußt deine Ansprüche anmelden auf das, was dir gehört. Man sagte mir, daß deine Großeltern Gold, Juwelen und Geld auf dem Gelände der Fabrik vergraben hätten. Wenn du es findest, gehört es dir.«

»Nein, Joe. Gorlice ist für mich nichts anderes als ein Friedhof ohne Grabsteine.« Ich machte mir nichts aus den verlassenen Häusern und der verwünschten Fabrik. Ich sehnte mich nicht danach, für meine Lieben ausgerechnet dort einen Kaddisch zu beten: »Geh allein, Joe, du wirst dort deine Schwester wiedersehen. Ich fahre zurück in den Westen.«

Am nächsten Tag fuhr ich los. Aber diesmal war ich nicht allein. Sam war an meiner Seite. Wortlos saßen wir nebeneinander, und sein warmer Händedruck war mir ein Trost. Der langsam anfahrende Zug trennte uns von den Trümmern all dessen, was unser Leben gewesen war. Eine Zukunft, von der wir uns keine Vorstellung machen konnten, lag vor uns.

Epilog

Ursprünglich wurden diese Erinnerungen an den Krieg als ein Vermächtnis für meine Kinder Mark und Alex und meine Enkelkinder Eugene und Adrianne geschrieben. Aber während der langen Stunden und Tage der Niederschrift kehrte zuerst meine Trauer mit Macht zurück, die dann einem langsamen Heilungsprozeß Platz machte. Fortwährendes Verständnis, Unterstützung und Ermutigung durch meinen Mann Sam trugen wesentlich zu dieser Heilung bei.

Sam und ich heirateten gegen Ende des Jahres 1945 in Salzburg. Unsere Zwillingssöhne Mark und Alex wurden dort geboren. Mit Visa, die wir durch Unterstützung des amerikanischen »Joint Distribution Committee« bekamen, wanderten wir im April 1949 in die Vereinigten Staaten aus. Solche Visa wurden einer Anzahl jüdischer Ärzte ausgestellt, die keine Verwandten hatten, die für sie hätten bürgen können.

Unsere erste Zeit in dem neuen Land war schwierig. Die Zwillinge waren zweieinhalb Jahre alt. Obwohl Sam noch kein Englisch sprach, verlangten seine Förderer von ihm, sofort mit der Arbeit zu beginnen. Während des ersten Jahres unterstützte uns in New York die NYANA, die New York Association for New Americans. Sam begann sofort mit seinem Praktikum im New York Jewish Hospital. Er verdiente fünfzig Dollar im Monat, ein bescheidener Zuschuß kam von der NYANA. Ich mußte zaubern, um mit dem Betrag auszukommen. Weil ich für unsere Kinder zu sorgen hatte, konnte ich selbst keine Arbeit annehmen; statt dessen nahmen wir einen »Untermieter« auf, der im Wohnzimmer auf der Couch schlief. Die zusätzlichen zehn Dollar pro Woche waren eine große Hilfe. Als unser erstes Jahr zu Ende gegangen war, hörte die Unterstützung von der NYANA auf, und man sagte Sam, daß er einen Posten als Arzt an einer staatlichen psychiatrischen Klinik in Spencer, West Virginia, annehmen müsse. Die Stellung war ein Segen für uns, denn er verdiente jetzt

genug, um unsere Miete und unseren Lebensunterhalt zu bezahlen. Sam nahm die Stellung allerdings mit Bedauern an.
Wegen unseres Geldmangels war es ihm nicht möglich, die
zwei Jahre zu absolvieren, die er noch zur Facharztapproba-
tion für Gynäkologie und Geburtshilfe benötigte. Er liebte
diese beiden Gebiete und war begabt für sie.

Im Sommer 1952 verließen wir Spencer und zogen nach
Cedar Grove, New Jersey. Dort bekam Sam eine Stellung als
Psychiater in der psychiatrischen Klinik Overbrook. Ein Jahr
später kamen wir nach New York zurück. Dort bestand Sam
sein Examen vor der Gesundheitsbehörde des Staates New
York und bekam seine Approbation. Man bot ihm dann eine
Stellung als Psychiater beim Veteranenverband an. Er blieb
dort bis 1973, dann wurde er in den Ruhestand versetzt.

Im Herbst 1953 schrieb ich mich an der Columbia University School für Sozialwissenschaften ein und graduierte im
Jahre 1955. Nach meiner Graduierung begann für mich ein
neues Leben. Ich liebte meinen Beruf, er gab meinem Leben
einen neuen Sinn und stärkte mein Selbstbewußtsein. Anderen in Schwierigkeiten befindlichen Menschen helfen zu können, war für mich eine große Genugtuung. Mein Berufsleben
dauerte fünfunddreißig gute Jahre. Zwanzig Jahre lehrte ich
an meiner Alma mater.

Niemals werde ich die Menschen vergessen, die mir zur
Seite standen und mir halfen, die Jahre des Holocaust zu
überstehen. Allen voran meine liebe Freundin Maria Rosenbloom, sie ist mein »alter ego«. Maria emigrierte 1947 in die
Vereinigten Staaten. Sie arbeitete für das »American Joint
Distribution Committee« und bekam bald ein Stipendium,
das es ihr ermöglichte, in die Adelphi School für Sozialarbeit
einzutreten. 1952 gehörte sie zu dem ersten Jahrgang, der
dort graduierte. Verschiedene Zeitungen schrieben Artikel
über diese brillante Studentin, die zu den Überlebenden gehörte. Maria stellte ihr ganzes Leben in den Dienst und in
die Ausbildung anderer. Sie wurde Professorin an der Hunter
School für Sozialarbeit und unterrichtete Generationen von

Studenten, ungefähr dreißig Jahre lang. Während der letzten fünfzehn Jahre entwickelte sie den Lehrplan für einen Kurs über den Holocaust. Jüdische und nichtjüdische Studenten schrieben sich dafür ein. Maria war eine überragende Lehrerin, hochangesehen und geehrt. Zum Zeitpunkt ihrer Emeritierung richtete die Hunter School eine Holocaust-Bibliothek unter dem Namen Maria Hirsh Rosenbloom (Najder) Bibliothek ein und ehrte damit die erste und einzige Holocaust-Lehrerin dieser Schule.

Maria und ich sind weiterhin eng befreundet. Die Bande die uns verbinden, sind stärker als die des Blutes.

Die Familienmitglieder Marias, die den Krieg überlebt hatten, waren ihre ältere Schwester Frania Gitterman und ihre beiden Neffen Menek Goldstein und Alex (Leszek) Gitterman. Sie wurden für mich in den Nachkriegsjahren zur »Familie«. Nach wie vor nehmen sie mich bei sich auf, sorgen für mich und lieben mich, wie sie es in den Tagen des Ghettos von Kolomyja taten. Franias Sohn, der wie durch ein Wunder den Flammen des Holocaust entgangen war, wurde in meiner Familie zärtlich der »große Alex« genannt, um ihn von unserem Sohn Alex zu unterscheiden. Der »große« Alex wurde erst Professor und dann Dekan der Abteilung für Sozialarbeit an der Columbia University.

Marias älterer Neffe Menek Goldstein, unser anderes »Ghettokind«, überlebte den Krieg in der Scheune von Frau Wajnarowska am Rand von Kolomyja. Nach dem Krieg gelang es Menek, seine Tanten Frania und Maria in Europa wiederzufinden, und er schien vor einem neuen Leben zu stehen. Wegen seiner angeschlagenen Gesundheit mußte er allerdings einige Rückschläge hinnehmen. Als er in Bremerhaven an Bord eines Dampfers gehen wollte, um zu seinen Tanten nach New York zu reisen, erlitt er einen Blutsturz und mußte bis zur Ausheilung seiner Tuberkulose mehrere Jahre in einem Schweizer Sanatorium verbringen. Als es ihm besserging, schrieb er sich an der Universität Bern ein und promovierte zum Doktor der Biochemie. Schließlich ging er in die Vereinigten Staaten und wurde Professor an der New York University. Vor einigen Jahren verlieh ihm das Karolynski-Institut in Schweden den Ehrendoktor der Medizin.

Nie vergaß Menek die polnische Frau, der er sein Leben verdankte. All die Jahre hindurch unterstützte er sie, und als sie starb, pflanzte er zur Erinnerung an sie in der Allee der rechtschaffenen Christen in Yad Vashem in Jerusalem einen Baum. Ich hatte die Ehre, zu dieser unvergeßlichen und bewegenden Feier eingeladen zu sein.

Von den vielen anderen, die in meinem Leben eine besondere Rolle spielten, erwähne ich besonders Lydia, die Direktorin der Ghetto-Fabrik. Sie war es, die mir die falschen Papiere verschaffte und mir die Unterstützung gab, die ich brauchte, um aus dem Ghetto zu fliehen. Trotz vieler Versuche gelang es mir nach dem Kriege nicht, mit ihr in Kolomyja in Verbindung zu treten. In meinem Herzen wird sie für immer eine Heldin bleiben. Der andere Freund, der uns einmal in arge Bedrängnis brachte, war Eduard oder »Herr Glac«. Er überlebte, heiratete wieder und lebte längere Zeit in Israel, bis er Mitte der sechziger Jahre an einem Herzanfall starb.

Pan Stelmachowicz, der stets sorgenvolle Bürovorsteher in unserem Haushalt in Warschau, hatte nicht soviel Glück. Nach seiner an ein Wunder grenzenden Flucht aus dem Vernichtungslager Treblinka starb er kurz nach dem Krieg an einer schweren Herzattacke.

Von den verschiedenen Freunden, die Maria und ich im Warschauer Untergrund gewonnen hatten, blieb Lodzia (Rose) Klepfisz, die Witwe von Michael, einem der Helden des Warschauer Ghetto-Aufstands, am engsten mit uns verbunden. Lodzia hatte das Glück, ihr einziges Kind, Irena, durchzubringen. Es hatte die Kriegsjahre in einem christlichen Waisenhaus in Warschau verbracht. Kurz nach Kriegsende verließen Lodzia und ihre Tochter Polen und gingen zuerst nach Schweden und dann in die Vereinigten Staaten. Nach schwierigen Jahren wurde Lodzia Archivarin in den Büros des »American Joint Distribution Committee« in New

York. Sie war vielen Schriftstellern eine große Hilfe. Irena wurde eine Poetin, eine Schriftstellerin und Verfechterin der Frauenrechte. In Verantwortung für ihr jiddisches Erbe hielt sie Vorlesungen über jiddische Themen an verschiedenen Universitäten in den Vereinigten Staaten und in Übersee. Die sozialistische polnische Regierung verlieh ihrem Vater posthum den Orden »Virtuti Militari«. Eine von Irenas unvergeßlichsten Gedichten erinnert an ihre Suche nach dem Leichnam ihres Vaters in den Trümmern des Warschauer Ghettos.

Mila, das verzweifelte jüdische Mädchen, das ich auf den Straßen von Warschau getroffen und in einem Schrank versteckt hatte, überlebte den Krieg. Sie fand in Schweden eine neue Heimat.

David Wodlinger, unser kanadischer Freund und der erste Chef der UNRRA in Heidelberg, heiratete eine jüdische Überlebende. Er und seine Frau leben in Kalifornien, und wir sind in Verbindung. Mit besonderer Dankbarkeit erinnere ich mich an seine Bemühungen, uns nach den Hungerjahren in Heidelberg aufzupäppeln.

Besonders erwähnen möchte ich Cesia Osenton, das Dienstmädchen in dem deutschen Haushalt in Heidelberg. Kurz nach dem Krieg heiratete sie einen amerikanischen Soldaten. Sie ließen sich in Tacoma, Washington, nieder. Durch Briefe und einfallsreiche Geschenke für unsere Söhne blieb sie mit uns in Verbindung.

Mein Vetter Joe Korzenik kam mit einem Visum in die Vereinigten Staaten, das ihm seine Verwandten väterlicherseits verschafft hatten. Dieses überlebende Kind heiratete später eine Amerikanerin und ließ sich in Hartford, Connecticut, nieder. Wir sind uns nah. Seine Schwester Paula hatte großes Glück: sie fand ihren Mann wieder, der in Auschwitz überlebt hatte. Sie wohnen in Israel.

Von den wenigen Polen, die uns halfen, erinnere ich mich mit besonderer Dankbarkeit an den Polizisten Stach, der uns laufen ließ und uns damit vor der Gestapo rettete, an den Schuhmacher an der Ecke, der Menschen »unserer Art« seine

Hilfe anbot, und an den Arzt, der Maria nach ihrem Straßenbahnunfall in Warschau betreute. Jeder von diesen Menschen brachte einen Funken Licht in die Finsternis.

Meine Ehe, die zweiundvierzig Jahre gedauert hatte, endete am 28. Dezember 1987 mit dem Tode Sams. Obwohl wir am Anfang unserer Ehe lange um unsere Existenz kämpfen mußten, lebten wir viele Jahre lang glücklich zusammen. Wenn ich jetzt zurückblicke, denke ich in Frieden an die Erfahrungen meines Lebens.

Viel Freude bereiteten uns unsere beiden heranwachsenden Söhne. Alex ist Professor der Philosophie an der Universität von Kalifornien in Riverside. Er ist ein produktiver Schriftsteller und Redner und macht unserem Namen Ehre. Er und seine Frau Merle haben uns zwei wundervolle Enkelkinder geschenkt. Marks Leben ist weniger traditionell verlaufen. Er ist ein Anhänger des Yoga geworden und lebt zeitweise in Südindien. Er arbeitet zur Zeit an einer Dissertation in vergleichender Religionswissenschaft an der Universität von Virginia in Charlottesville. Meine beiden Söhne stehen mir nahe, ich bedaure nur, daß sie so weit entfernt von mir wohnen.

Meine Erzählung ist nun abgeschlossen. Die Arbeit gestaltete sich schwierig, sie war aber auch entscheidend für mein eigenes Gesunden. Romeks Auftrag ist endlich erfüllt. Möge es der Sache des Friedens dienen.

Dank

Viele Menschen halfen mir, meine Geschichte zu erzählen.

Mein erster ganz besonderer Dank geht an meinen Sohn Alexander Rosenberg. Er unterstützte und ermunterte mich nicht nur, sondern übernahm die beträchtliche Aufgabe, das unfertige Manuskript zu redigieren. Für diese Arbeit brauchte er mehrere Sommer, und ich danke ihm für Aufmerksamkeit, Hingabe und Zeit, die er dieser Aufgabe widmete.

Sehr dankbar bin ich meiner lieben Freundin und früheren Studentin Helen Sloss Lucy. Selbstlos übernahm sie es, das Manuskript für die Ablieferung an den Verlag zu redigieren. Ihre Hilfe bereicherte das Manuskript, nicht nur weil sie es redigierte, sondern auch weil sie mir Fragen zu stellen vermochte, die mir halfen, meine eigenen Gedanken und Erinnerungen zu vertiefen. Ich bin ihr dankbar für ihre Liebesmühe.

Dank möchte ich der Histadrut aussprechen, welche mir am 9. Juli 1991 den angesehenen »Egit-Preis für Literatur über Holocaust und Jüdischen Widerstand« verlieh.

Vor über vierzig Jahren begann das Buch in meinen Gedanken Gestalt anzunehmen, und in der Zwischenzeit ging es durch viele Stadien in zwei Sprachen. Teile des Manuskripts habe ich mit Freunden und interessierten Lesern durchgesprochen. Besonders enthusiastisch war mein Sohn Mark. Peter Nabokov war einer der Freunde, die das Manuskript lasen und seine Veröffentlichung unterstützten. Seine Ideen, seine Anregungen und Fragen halfen mir sehr; seine Begeisterung gab mir den Mut, es anderen zu zeigen.

Einer der Leser, dem ich eine frühe Fassung meines Werks gab, war Steven Weinstock vom WNET Kanal 13. Sein Enthusiasmus war herzerwärmend. Er half mir, indem er Empfehlungsbriefe an in Frage kommende Verleger schrieb.

Johanna Plaut, eine frühere Studentin und Freundin seit vielen Jahren, und ihr Mann Tom waren sehr an der Erzählung interessiert und ermutigten mich, meine Arbeit fortzusetzen. Ich danke ihnen von Herzen. Dank geht auch an meine lieben Freunde Sheila und Louis Menashe, Joel Agee und Elsa Leichter. Wir diskutierten viele Stunden lang über meine Empfindungen und meine Erinnerungen an die Kriegsereignisse. Meine Freundin Lily Bernstein prüfte einige Kapitel mit mir gemeinsam und war mir eine große Hilfe. Victor Perrera las eine frühe Fassung des Manuskripts und steuerte hilfreiche Vorschläge bei.

Dank schulde ich Alan Adelson, Direktor des »Jewish Heritage Writing Project«. Er las mein Manuskript zweimal: das erste Mal, als ich es dem Writing Project einreichte, das zweite Mal, als er beauftragt wurde, ein Gutachten für die University of Illinois Press zu schreiben. Dank geht auch an seinen Redaktions-Assistenten Isaak Mozeson. Er schickte mir den Zeitungsausschnitt über die Egit-Stiftung und ermutigte mich, das Manuskript einzuschicken.

Die Person, die seit anderthalb Jahren außer meiner Familie am engsten mit meinem Manuskript beschäftigt ist, ist Judith McCulloh von der University of Illinois Press. Ich möchte ihr meinen Dank aussprechen: für ihr Vertrauen, das sie von Anfang an meiner Arbeit entgegenbrachte, und für die vielen Stunden, die sie mit dem Redigieren verbrachte, für ihre eindringlichen und hilfreichen Anregungen und Fragen.

Dankbar bin ich meiner Sekretärin an der Columbia University School Of Social Work, Anne Lewis, für die Zeit und Mühe, die sie meiner Arbeit widmete.

Schließlich möchte ich meiner lieben Freundin Maria Rosenbloom danken. Nicht nur lebten wir während des Krieges zusammen, sondern sie half mir auch, indem sie viele Kapitel des Werks prüfend las. Ihre Erinnerung an die Ereignisse bereicherten mein eigenes Verständnis für Situationen, mit denen wir beide konfrontiert waren. Ich danke ihr für ihre Freundschaft und für ihre beharrliche Unterstützung in all den Jahren.